U0668317

暨南中文名家文丛

主编 程国赋 贺仲明

方光焘集

赵春利/编

人民出版社

方光焘（1898—1964）

总　序

程国赋　贺仲明

作为中国第一所由政府创办的华侨学府，暨南大学从创办开始就与中华文化传承传播息息相关。学校的前身是1906年清政府创立于南京的暨南学堂，后迁至上海，1927年更名为国立暨南大学。抗日战争期间，迁址福建建阳。1946年迁回上海，1949年8月合并于复旦大学、交通大学等高校。新中国成立后，暨南大学于1958年在广州重建，“文革”期间一度停办，1978年在广州复办。暨南学堂的创办，与清政府“宏教泽”“系侨情”的考虑密切相关。“暨南”二字出自《尚书·禹贡》：“东渐于海，西被于流沙，朔南暨，声教讫于四海。”意即面向南洋，将中华文化远播到五洲四海。2018年10月24日，习近平总书记视察暨南大学并发表重要讲话，肯定学校“作用独特”，指示学校“把中华优秀传统文化传播到五洲四海”。

暨南大学中文系成立于1927年，距今已有94年的发展历史，是暨南大学成立最早的院系之一。自此以来，中文系以其深厚的人文底蕴和国学基础，以传播中华文化为己任，坚持“宏教泽而系侨情”的办学宗旨，培养和造就了一代代人文英才，成为暨南大学办学历史上有着重要地位和影响的学系。

在中文系的发展历史上，名家荟萃，群星闪烁，1949年以前的各个时期，夏丏尊、方光焘、龙榆生、陈钟凡、郑振铎、许杰、刘大杰、梁实秋、沈从文、李健吾、钱锺书、洪深、曹聚仁、王统照、何家槐、沈端先（夏衍）等一大批名彦学者亲执教鞭，授业解惑。1958 年暨大在广州重建后，萧殷、黄轶球、何家槐、郭安仁（丽尼）、秦牧等著名专家、学者、作家在中文系任教。可谓鸿儒硕学，流光溢彩，有云蒸霞蔚之盛。这些专家、学者不仅有着很深的学术造诣和学术成就，而且拥有浓厚的家国情怀。在随学校几度搬迁的过程中，在暨南大学坎坷曲折的办学历程中，一代又一代暨南大学中文系的师生以爱国爱校、坚忍不拔、顽强拼搏、不折不挠的精神践行着“忠信笃敬”的暨南校训。以抗日战争时期发生在暨南园的“最后一课”为例，1941 年 12 月 8 日，太平洋战争爆发。日军坦克开进上海租界，并炮击停泊在黄浦江上的英美军舰。这天早晨，学校举行会议，作出了悲壮而坚毅的决定：“当看到一个日本兵或一面日本旗经过校门时，立刻停课，将这所大学关闭。”何炳松校长含泪向教师们宣布后，大家分头准备上课。上课铃响了，学生们如往日一样坐在座位上。教师们宣布了学校的决定，学生们脸上呈现出坚毅的神色，静静地坐着，听老师在讲台上严肃而镇静地讲授“最后一课”。在郑振铎撰写的《最后一课》（收入《蛰居散记》，上海出版公司 1951 年版）中，他用沉重的笔调记下了暨南大学百年历史上最为悲壮也最为神圣的一幕：

我不荒废一秒钟的工夫，开始照常的讲下去。学生们照常的笔记着，默默无声的。

这一课似乎讲得格外的亲切，格外的清朗，语音里自己觉得有点异样；似带着坚毅的决心，最后的沉着；像殉难者的最后的晚餐，像冲锋前的士兵们似的上了刺刀，“引满待发”。

然而镇定、安详、没有一丝的紧张的神色。该来的事变，一定会来的。一切都已准备好。

谁都明白这“最后一课”的意义。我愿意讲得愈多愈好；学生们愿意笔记得愈多愈好。

讲下去，讲下去，讲下去。恨不得把所有的应该讲授的东西，统统在这一课里讲完了它；学生们也沙沙的不停的在抄记着，心无旁用，笔不停挥。……

没有伤感，没有悲哀，只有坚定的决心，沉毅异常的在等待着；等待着最后一刻的到来。

远远的有沉重的车轮辗地的声音可听到。

几分钟后，几辆满载着日本兵的军用车，经过校门口，由东向西，徐徐的走过，当头一面旭日旗，血红的一个圆圈，在迎风飘荡着。

时间是上午10时30分。

我一眼看见了这些车子走过去，立刻挺直了身体，作着立正的姿势沉毅的合上书本，以坚决的口气宣布道：

“现在下课！”

学生们一致的立了起来，默默的不说一句话，有几个女生似在低低的啜泣着。

没有一个学生有什么要问的，没有迟疑，没有踌躇，没有彷徨，没有顾虑。个个人都已决定了应该怎么办，应该向哪一个方面走去。

赤热的心，像钢铁铸成似的坚固，像走着鹅步的仪仗队似的一致。

从来没有那么无纷纭的一致的坚决过，从校长到工役。

这样的，光荣的国立暨南大学在上海暂时结束了她的生命。默默的在忙着迁校的工作。

这天早上，王统照教授给学生讲的是大学一年级国文课，内容是陆机的《文赋》。徐开垒从学生的角度记述了“最后一课”对他心灵的震撼和终身的影响：

这天他的脸色非常严肃，课堂上一片静寂，而我们回头从阳台上望下去，康脑脱路上却是一片乱哄哄，但见日本军队卡车正在马路上横冲直撞，卡车的喇叭声像鬼哭狼嚎。王统照老师像法国著名作家都德的短篇小说《最后一课》里的韩麦尔先生那样认真地坚持讲课，在到剩下最后一刻钟时间，他才终于放下课本（讲义），讲课程以外的话了。

他的神情是这样严峻，在他黑瘦的脸上，从玳瑁边眼镜里射出极其严肃的眼光，用十分沉痛又十分关切爱护的口气对我们说：

“同学们，刚才何校长与我们许多教师商量，决定向全校师生员工发出通知：学校从现在开始，停办了！因为日本军队已经开始进入租界！我们决不能让敌人来接管我们的学校！今天这一节是最后一课，我们现在要解散了！”……

多么沉痛的现实！多么使人刻骨铭心的难忘印象！这时我又忽然听到王统照先生对我们讲话了：

“同学们，你们都很年轻，都二十岁不到吧？我们的日子正长，青年人要有志气，要有能冲破黑暗的精神，学校可能内迁，你们跟不跟学校到内地去，何校长说过了：这要看每个人的家庭环境来定，不要勉强。问题在不论留下来，还是跟着内迁，都要有个精神准备，这就是坚持爱国，坚持抗日！……”（徐开垒：《何炳松校长的爱国主义精神》，载刘寅生等编：《何炳松纪念文集》，华东师范大学出版社 1990 年版）

后来，何炳松曾对人谈及当时的情况，说：“与学校同仁共同经过‘一·二八’之变，经过‘八·一三’之变，又经过‘一二·八’之变。我们忍受，我们镇定，我们照应该做的步骤，默默地做去。我们没有丢自己的脸，没有丢国家民族的脸。在事变已过，局势大定以后，总是邀少数友好喝一次酒。我们斟了满满的一大杯‘干了吧！’一饮而尽。”（阮毅成：《记何炳松先生》，载刘寅生等编：《何炳松纪念文集》，华东师范大学出版社 1990 年版）正所谓仰天俯地，无愧于心！暨南百年，屡遭磨难，三度停办，数易其址，而终保华侨高等教育而不断，实有赖于是。

暨南大学中文系前辈学者的学术精神和家国情怀滋养、鼓励着一代代的中文人。在几代人的共同努力下，目前，暨南大学中文学科获得快速发展，在学科建设、人才队伍、教学、科研、社会服务等各方面均取得突出的成绩，截至2021年，本学科拥有一级学科博士点、博士后流动站、国家文科基础学科人才培养和科学研究基地、文艺学国家重点学科（2007年）、广东省一级攀峰重点学科。其中，国家文科基础学科人才培养和科学研究基地是全校唯一一个同类的研究基地；本学科拥有国家教学名师、长江学者特聘教授、青年长江学者、国家“万人计划”哲学社会科学领军人才、青年拔尖人才、教育部新世纪优秀人才等国家级人才20人次，广东省高校珠江学者特聘教授、广东省“千百十工程”国家级、省级培养对象等省级人才25人次，其中，长江学者特聘教授、青年长江学者、国家“万人计划”哲学社会科学领军人才、教育部新世纪优秀人才、广东省高校珠江学者特聘教授、广东省“千百十工程”国家级培养对象等人才称号的获批，均实现我校在同一领域的突破；目前本学科在研的国家社科基金重大项目14项，近五年新增国家社科基金项目62项；在2020年第八届教育部高等学校优秀成果奖评选中，中文系教师共获得一等奖1项，二等奖3项，这是全校迄今为止第一个教育部高等学校优秀成果奖一等奖，实现我校在科学研究领域的重要突破；近年来本学科教师发表论文715篇，其中在《中国社会科学》《文学评论》《文艺研究》《中国语文》等权威期刊发表论文125篇；入选首批国家级一流本科专业，在2020年软科中国最好学科排名中，暨南大学中文学科进入全国前5%，在全国排名第九。2020年9月，依托暨南大学文学院，中华文化港澳台及海外传承传播协同创新中心被教育部认定为省部共建协同创新中心，这是全国侨务系统第一家，同时也是广东省第二家人文社科类省部共建协同创新中心，协同创新中心的认定对于向港澳台和海外传播中华文化、对于包括中国语言文学学科在内的暨南大学文科的发展将起到很好的推动作用。

暨南大学中文系薪火相传，生生不息。目前，学科处在一个重要的发展时期。中文学科入选广东省高水平大学建设的行列，入选“冲一流、补短板、强特色”重点建设的学科。在国家双一流建设以及广东省高水平大学建设的征程中，暨南中文人将在前辈学者打下的扎实基础上不断开拓，力争将学科建设提上一个新的台阶。

为了纪念曾经在暨南大学中文系工作、任教过的前辈学者，为弘扬他们的学术精神和家国情怀，经中文系系务会集体讨论，决定编撰“暨南中文名家文丛”。暨南大学中文系前辈中优秀学者云集，我们无法悉数纳入，只能依据一定的选取原则。具体有三：一是学术或创作成就卓著；二是与暨大中文系渊源深厚；三是业已辞世。在此原则上，我们选取了夏丏尊、方光焘、龙榆生、郑振铎、刘大杰、许杰、王统照、何家槐、秦牧、萧殷等10位教授，编撰文集。其他许多名家大家，只能留遗珠之憾了。我们编撰该文丛的目的，既表达我们对前辈学者的崇高敬意，同时也希望更多的后来者知晓来路，立足当下，展望未来。这套丛书由中文系10位年轻老师主持编撰，分两年出版。

最后说明一下编选体例。版本方面，我们采用初版本和善本相结合的方式。编选上，尽量保留原文风格，但对一些术语、译名上的差异，以及异体字、标点符号等，则按照现在标准给予修订。个别逻辑错误或文字疏漏，也进行了补正。

“暨南中文名家文丛”的编撰得到中华文化港澳台及海外传承传播协同创新中心和广东省高水平大学经费的支持，得到人民出版社的大力支持，特此致谢。

2021年10月于广州

目录

CONTENTS

前　言

中国著名语言学家方光焘（1898—1964）教授的一生可以分成五个阶段：日本留学、回国执教、法国留学、暨南大学执教、南京大学执教，我们不仅细致地梳理了其思想发展历程，而且全面概括了其在暨南大学执教时在爱国文艺、教学指导和语言学理论方法上的贡献及其基于结构主义语法思想对“是否建立通用的文法体系、建立什么样的文法体系、如何建立文法体系”三个语法研究的本体核心问题的探讨，更为重要的是，我们还指出了他在南京大学期间在阐述广义形态论、界定一般语言学、辨析语言和言语的关系、讨论结构主义方法论四个方面的学术成就，从而奠定了其成为南派语言学主将和中国著名语言学家的基础。

情怀家国东西闯，暨南三将唱双簧，
体系求真探方法，文法革新论无双！
广义形态铸辉煌，南派语法成主将，
一生三辩雄才略，耿直正义美名扬！

方光焘，字曙先，中国著名语言学家、文艺理论家、教育家，1898 年 8 月 21 日生于浙江省衢县（今浙江衢州市）的一个商人兼地主家庭，但父辈已家道中落，主要依靠小酒坊和几亩薄地的佃金维持家用，目睹每况愈下的家庭窘境，面对望子成龙的严父慈母，耿直聪慧的方光焘奋发图强，努力学习。1916 年，他在衢县中学尚未毕业就考入上海保送留美预备学校，半年后转入沪宾英文专门学校。

1. **日本留学**（1918—1924）

1918年8月，考上了公费赴日留学生，因家庭经济拮据，他向亲友们筹借了两百元钱赴日求学，开始在日本东京东亚日语预备学校补习日语。1919年4月，进入学制四年的日本东京高等师范学校，但作为留学生要先读一年的特别预科，再与日本学生一起读正式预科，然后与田汉一起进入英文科专习英语和语言学，此时的方光焘才思敏捷、言辞锋利、勤奋好学、品学兼优，在语言学、政治思想、文学翻译与创作三个方面为未来的发展奠定了基础。

第一，在语言学方面，方光焘不仅精通日语和英语，而且在语言学理论上开始接触小林英夫翻译的《言语学原论》，初步了解索绪尔的学说，为以后从事语言学研究奠定了扎实的基础。

第二，在政治思想上，方光焘开始接触并研究马列主义和苏联革命，积极接触爱国主义积极分子，并逐渐成长为一位愿意为民族、民主和社会主义革命事业而奋斗的积极分子。1921年，他积极参加了五四新文化运动早期的新文学团体“创造社”，与郭沫若、郁达夫、成仿吾、张资平、田汉、郑伯奇等同为早期创造社“最初参加的同人”。

第三，在文学翻译与创作方面，方光焘不仅翻译了日本菊池宽的《父之回家》（《少年中国》，1921），还创作发表了具有写实主义和人道色彩的小说《疟疾》（《创造季刊》1922年一卷3期）、《曼蓝之死》（《创造季刊》1923年二卷1期）和《业障》（《创造周报》1923年第24期），后来《疟疾》和《曼蓝之死》被收入《中国新文学大系》，编者说：“他的作品不多，大约他好研究学问，早把创作生活牺牲了。可是，只说《创造季刊》和《周报》上所发表的几个短篇，已经可以看出他是一个相当写实的人道主义的作家。”

2. 留日回国工作（1924—1929）

1924 年 3 月，方光焘在日本东京高等师范学校毕业后立即回国，开始在浙江省立第四中学（在宁波）教书，8 月，经陈望道推荐到上海大学任教授，并应郭沫若邀请在上海学艺大学兼课。1926 年，应夏丏尊聘请担任上海立达学园教员兼任中文专修科主任，同时兼任上海暨南大学讲师。1927 年 8 月，任上海劳动大学教授兼编辑。这期间方光焘先生一直讲授英语、日语和语言学等，正如他自己回顾所说："1928 年索绪尔《一般语言学教程》日文版刊行。读了以后，对语言体系又有很大的兴趣，决定终身研究语言科学。"也正是这一点促使他决定留学法国。

3. 法国留学（1929—1931）

1929 年，方光焘以停薪留职方式由浙江省教育厅派遣，进入由李石曾等用退还的庚子赔款在法国开办的法国里昂中法大学去攻读一般语言学和语法理论的研究生，根据中法协议，该校的课程由法国国立里昂大学协助完成，方光焘的留学费用主要依靠勤工俭学。

从专业发展来说，方光焘先生对索绪尔、房德里耶斯等人的语言学理论产生了浓厚的兴趣，在理论语言学和语法理论方面均取得了很高的造诣。可以说，掌握索绪尔的语言学理论和语法思想是解读阐释方光焘语言学术思想的一把钥匙，索绪尔的理论思想使方光焘先生最终确定把语言学作为自己终生的学术研究方向。

4. 暨南大学时期（1935—1947）

1931 年"九一八"事变后，出于对国家的责任感，方光焘先生毅然辍学回国参加抗日活动，在上海中国公学任教，并加入"中国左翼作家联盟"。1932 年任安徽大学教授，曾公开演讲批判封建文学，介绍鲁迅反帝反封建新文学。1933 年 8 月，回上海担任复旦大学的兼任教授，并与夏衍合作为开明书店编辑英汉辞典。

1935 年 8 月至 1947 年 7 月，方光焘从 37 岁到 49 岁在上海暨南大学作为专任教授工作了整整 12 年，其中完整地伴随着暨南大学走过了最艰难的“上海孤岛时期（1937—1941）和南迁闽北建阳时期（1941—1946）”。这 12 年正是方光焘精力充沛、年富力强、思维活跃、言辞犀利的中青年时期，无论是爱国文艺、教学指导，还是语言学理论方法都已日臻成熟，也是方光焘教授学术发展的鼎盛时期，为其以后的学术研究奠定了扎实的基础并提供了动力源泉和方法指导。

第一，在爱国文艺上，无论是孤岛时期还是建阳时期，方光焘一直是站在第一线的爱国主义学者，他与暨南大学文学院院长郑振铎、周谷城、周予同、李健吾等教授一道，通过日常的授课宣讲爱国主义思想，并在郑振铎、王任叔等人领导下参加各种讲演会、讲习班、读书会，宣传抗日，支持进步学生的革命活动。在上海孤岛时期，日本侵占上海，在文艺思想上支持汉奸文学，鼓吹所谓的大东亚文学、和平文学等，为此，方光焘与上海一批爱国文艺工作者和进步学生一起，积极参加党领导的孤岛抗战文艺运动，积极传播全国抗日信息和国际反法西斯战争信息，1937 年专门开设了历史唯物主义的文艺理论课程，1938 年加入“中华全国文艺界抗敌协会”，在 1946 年闽北建阳时期，他还与爱国学生协力将破坏民主的特务驱逐出暨南大学。可以说，方光焘是当时最著名的爱国学者之一。

第二，在教学指导上，方光焘曾在 1941 年和 1945 年两度出任暨南大学中文系主任，不仅在学科建设、教学科研、人才培养等方面作出了积极贡献，而且长期在教学第一线担任专任教授，根据教育部、侨校和自身专业特长，开设各类课程，如《二年日文（甲）》《修辞学》《翻译指导》《语言学》《语言学概论》《创作》《文艺学》《文学概论》等多门语言文学课程。他为人耿直，性情直爽，立场鲜明，能高屋建瓴地提出问题、分析问题和论证问题，充满了思辨性和哲理性，其教学不受条条框框的束缚，不受教学计划和大纲进度的限制，鼓励学生口头提问或写纸条提问，课堂气氛异常活跃，激发学生的学习兴趣，在问答中潜移默化地启发学生积极进行思考，提高学生的思维水平和思辨能力；他还经常邀请学生去他家进行讨论，因此深受学生的喜爱。比如创作课，让学生用自己熟悉题材进行创作，并在课堂上剖析学生习作，提高学生的文学修改和书面表达能力，并积极鼓励学生创办刊物《文艺》；翻译课则是让学生一方面根据英文原版来对照校对已经出版的汉译本，一方面选择英美作家的小说散文等试着翻译，并就译稿进行讨论，极大地提高了学生的翻译水平。

暨南大学在 1938 年开始实施导师制，在导师分配上，一年级学生采用集团指导方法，二、三、四年级学生则按相应人数分组，指定专门导师。方光焘教授作为著名语言学家，自导师制实行以来一直担任指导教师，培养并指导了著名语言学家胡裕树先生。胡裕树 1945 年毕业于暨南大学中文系（建阳时期），留校担任助教，在方光焘指导下开始现代汉语语法研究，1949 年调入复旦大学。

第三，在语言学理论方法上，方光焘不仅是“中国最早讲授索绪尔现代语言学说的学者之一”，而且在他任教期间也使暨南大学成为“中国最早传播和研究现代语言学的高校之一”[①]。更为重要的是，这 12 年是方光焘在中国语言学界引领文法革新论争走向而理论方法逐渐成熟的活跃时期，他为介绍普及现代西方语言学理论、特别是结构主义语法思想、从语言事实出发建立汉语语法体系、建设中国的普通语言学理论以及培养语言学研究人才等方面都作出了突出的贡献，也奠定了他成为南派语言学主将和中国著名语言学家的基础。

---

① 王文豪：《方光焘与暨南大学》，《南方语言学》2018 年第 14 辑，第 135—141 页。

马建忠 1898 年出版的《马氏文通》是中国第一部系统的汉语语法学著作，开启了中国传统语法的新时代。黎锦熙 1924 年出版的《新著国语文法》，不仅标志着从文言文向白话文研究对象的转变，而且还标志着从词本位转向句本位的研究方法转变，以及从以模仿为主向注重创新的研究方式转变。一直到 1936 年王力发表《中国文法学初探》，这篇号召革新旧语法体系的纲领性论文，其论著与吕叔湘、高名凯的论著共同形成了以传统语法的独立探索为标记的中国语言学北派，而复旦大学的陈望道 1938 年在上海《语文周刊》15 期上发表了《谈动词和形容词的区别》，并鼓励傅东华、张世禄与方光焘三位暨南大学的语言学教授作为主将唱双簧，整体上形成陈望道支持的方光焘为一派，张世禄支持的傅东华为另一派的论争格局，掀起了轰轰烈烈的第一次文法革新论争，这次论争不仅成为方光焘教授吸收、消化并宣传普及索绪尔结构主义语法思想的标志性历史事件，也是以结构主义语法为标记的中国语言学南派的里程碑性事件。可以说，1938—1942 年由复旦大学陈望道发起的文法革新论争，暨南大学的方光焘、傅东华和张世禄是这次论争的三员主将。

在这次论争中的 1939 年 1—3 月间，方光焘在《语文周刊》上共发表了六篇论文，分别是《体系与方法——评东华先生的总原则》《再谈体系与方法——敬答东华先生》《问题的简单化与复杂化——敬答世禄先生》《一点声明》《要素交替与文法体系——敬答世禄先生》《建设与破坏——敬答世禄先生》，讨论了“是否建立通用的文法体系、建立什么样的文法体系、如何建立文法体系”三个语法研究的本体核心问题：

（1）是否建立通用的文法体系。主要争论焦点是要不要建立一个文言文与语体文通用的国文法新体系。傅东华提出“语体文和文言文可用同一架格的文法来处理”，陈望道支持傅东华的观点，即“我们不相信文言和白话文要有两个不同的文法体制”。方光焘“反对通用于文言与语体的文法体系”，而主张“建立文法体系，应该以同时代的、民众的共同意识做基础。一时代应有一时代的文法体系”，因为文言和语体的文法组织不同。

（2）建立什么样的文法体系。主要争论焦点是建立一线制还是双轴制。傅东华提出建立一个“分部依于析句，析句依于分部”的一线分解法，硬把言语材料的名称拉到析句里来应用，通俗地说就是把“名词、指词、状词”等词类名称与句法成分统一起来。方光焘教授反对一线制，主张“保留双轴制，并不是无条件地接受西方的 parts of speech，西方的 parts of speech 但就名称而论，……动词和名词是根据意义的命名，前置词、感叹词是根据句法位置的命名，而代名词、副词、形容词却又是根据对于他词之关系的命名”，分类不科学。方光焘主张“根据表现关系中语词的功能”分类，从研究对象说，“文法的对象是‘言语’（language）同时是‘言’（speech），以‘言语’为对象的部门叫做 morphologie（形态论），以‘言’为对象的部门叫 satzlehre（句子论）”，从本质上说，就是建立词法与句法分开的双轴制。

（3）如何建立文法体系。傅东华认为应该以句子的意义做骨架来建立文法体系，方光焘则认为“研究文法决不可以意义为出发点”，因为“句子是个人言语行动的产物，所谓句子的意义，不外是个人的思想”。方光焘认为“文法学是以形态为对象的，是要从形态中发现含义”，“从词与词的互相关系，词与词的结合上，也可以认清词性。所谓‘关系’，所谓‘结合’，都无非是一种广义的形态”，这就是著名的“广义形态说”，即一词类与他词类的关系就是文法形态，因此，词性都不必一定要在句中才能辨别得出来，从词与词的相互关系上，词与词的结合上（结合不必一定是句子），也可以认清词的性质。只有凭形态而建立范畴，集范畴而构成体系。而“语言是记号的体系，一个语词就是一个记号。索绪尔把记号分成能记（significant）和所记（signifie）两部，意义当然隶属于所记部分，而表现关系，似乎应该是隶属于能记部分的”，而广义形态则属于能记的符号与符号之间的关系。

可以说，以暨南大学方光焘、傅东华、张世禄三位教授为代表的中国文法革新论争的主将，为推动中国语言学的现代化作出了杰出贡献，为普及索绪尔结构主义语法思想、厘清中国文法建设的原则性问题作出了不可磨灭的功绩。

5. 南京大学时期（1948—1964）

1947 年 8 月，方光焘任职中山大学语言学系教授，1948 年 1 月至 1949 年 4 月，任中央大学中文系教授，随后中央大学更名为南京大学，方光焘教授长期担任系主任，兼任江苏省人民委员会委员、省文化局局长、全国文联委员、江苏省文联主席、江苏省作协主席、中国科学院哲学社会科学部学术委员、第三届全国政协特邀委员等，1956 年 3 月 15 日加入中国共产党，1964 年 7 月 27 日逝世，终年 66 岁。

方光焘教授在南京大学的主要学术成就表现在四方面：一是阐述广义形态论；二是界定一般语言学；三是辨析语言和言语的关系，四是讨论结构主义方法论。

（1）阐述广义形态论。方光焘在参加 20 世纪 50 年代的汉语词类问题的讨论时，在 1956 年南京大学五・二〇校庆的科学报告会上做的学术报告《汉语词类研究中的几个根本问题》中，在梳理辨析高名凯、王力、吕叔湘、岑麒祥对“形态”的不同看法的基础上，进一步在文法革新论争中提出“广义形态”论，即“语法史研究语言要素间的各种关系的学问。具有一定的形式标志，表达出一定关系的结构，构造叫做‘形态’。语法学是以‘形态’为研究对象的。词类的划分也应该以‘形态’为唯一的标准”。1958 年的《汉语形态问题》从历时和共时两个维度梳理了国内外对“形态”的理解后，界定了“形态”的内涵，即“形态指具有一定的形式标记，表示出一定的关系的构造、结构。”

（2）界定一般语言学。方光焘教授的《语言学引论》分成绪论、语音、语法、词汇四章，不仅把言语活动定义为“是说话者采用分节的声音，把意识内容传达给听话者这样一种有目的的活动，这种活动是社会的行为。”，而且从社会性、独立性、本质性、具体性四个角度廓清了语言学的对象“语言”的特质，并认为“语法是语言的结构规律，……语法学是记述或说明某一民族的语言结构的习惯的学问，……语法学的目的……在于提高运用语言结构规则的自觉性”。在《语法学原理》中详细讲述了科学的语法、语法与逻辑、语法与心理、语法的下位区分、组合关系与联合关系、论句子等语法学原理问题。而在《一般语言学的对象与任务》中，一方面，提出了“一般语言学是以语言的一般性、共同性作为研究对象的”；另一方面，根据索绪尔提出的“记述并编辑各种语言的谱系、总结所有语言和语言史的规律，廓清语言学的范围及其定义”三大任务，还从共时与历时角度提出了“指导个别语言的静态分析的原理和方法，……指导编辑语言史的理论”两大任务。

（3）辨析语言和言语的关系。1959 年，方光焘与施文涛在《南京大学论坛》上针对高名凯“言语有阶级性”的论断发表了《言语有阶级性吗？》，由此引发了一场语言与言语的争论。五年多，先后发表了《评索绪尔的语言和言语的区分》（1959）、《语言和言语问题讨论的现阶段》（1961）、《漫谈语言和言语问题》（1962）、《语言与言语问题答客问》（1962）、《分歧的根源究竟在哪里？》（1964）等重要论文，方光焘在提出言语没有阶级性的论断之后，认为：“语言和言语的关系是本质与它的表现的关系。具有社会性质的语言只能通过个人的表现形式才被表现出来，可是个人的言语也并不是和社会的语言相对立的，它只是作为具有社会性质的语言的存在形式罢了。同时，我们也认为，语言是一般的，稳定的，而言语却是个别的，变易的。”

（4）讨论结构主义方法论。1962年方光焘从发表《论语言记号的同一性——评朱德熙先生的〈说“的”〉》开始，先后发表了《我们从〈说“的”〉一文中学习些什么》（1962）、《〈说“的”〉讨论总结》（1962）、《研究汉语语法的几个原则性问题》（1962）、《试论语言的研究方法（提纲）》（1963）、《谈方法论、方法问题》（1963）等方法论论文，方光焘提出：“方法论是关于认识手段的学说，……和客观相符合的认识手段，其方法论是正确的，而不相符合的就是错误的方法论。”“我们的原则是在语言观、方法论的指导之下，吸收、改造一些结构分析方法，化人之长为我所用。”而“朱先生深入地系统地运用了美国描写语言学的分析方法。这是值得我们语法学界重视的一个新尝试。……是值得采用的一个有效的新的分析法。”

方光焘非常重视人才培养。除了在暨南大学培养了著名语言学家胡裕树之外，在南京大学培养了徐思益、施文涛、黄景欣、吴为章、冯凭、卞觉非、于根元、龚千炎、曹建芬、庄文中、赵诚、王希杰、裴显生、王继中、许惟炎、方华、夏锡骏、黄家教、黄伯荣、方文惠、边兴昌、陆学海等一大批语言大家和杰出学者，为中国语言学和出版编辑等事业的发展作出了杰出贡献。正如赵春利[①]所赞：

一代宗师方光焘，才思睿智理论高，
革新论战皆主将，广义形态逞英豪；
旗帜鲜明索绪尔，根植汉语最地道，
语言言语见分晓，南派语言传今朝！

本文集主要根据“时间顺序”和“主题相关”两个编选原则一共收

① 赵春利：《经典回顾，纪念方光焘先生》，微信公众号“追梦汉语”2020年5月31日。

录了方光焘教授的25篇学术论文，论文按照时间先后分成四个主题：文法形态论（11篇）、一般语言论（2篇）、语言言语论（4篇）和符合方法论（8篇）。

第一编

文法形态论

体系与方法——评东华先生的总原则 *

望道先生在《文法革新的一般问题》一文里，曾经指出“妥贴”“简洁”“完备”三点，作为评衡文法的体系的标准。这实在是很精当的。不过，我以为我们在批评一个体系之前，似乎对于建立这体系的方法，有充分注意的必要。体系能否成立，以及经得起事实的验证与否，全看所用的方法如何而定。东华先生自从在本刊发表《国文法新体系》，复又陆续发表了《请先讲明我的国文法新体系的总原则》《怎样处置同动词》《三个体制的实例比较和几点补充的说明》等三篇文字。我们从这些文章里，可以窥见东华先生建立新体系的方法的一斑。《总原则》可说是东华先生的方法的骨子。我觉得这些原则，颇有讨论的余地。现在想把我的疑问逐一写在下面，还乞东华先生多多指教。

《总原则》的第一条是：国文法的简易化。东华先生之所以要力求简易，目的是在“增进语文教学的效率”。这在原则上，是不应该有什么异议的。其实就是“建立”“旧体系”的马氏，也无非想要增进教学的效率。马氏在《后序》里，曾经说过“……童蒙入塾，能循是而学文焉，其成就之速，必无逊于西人”的话。马氏有这样的自信，才敢把《文通》刊行问世。《文通》在教学效率上，究竟有无相当贡献，今日时过境迁，实在已无从悬断，东华先生对于旧体系的教学效率有无，也没有明白指出，不过说“旧体系由外国文法脱胎而来，所以不大自然”而已。东华先生所指的文法，当然是实用的学校文典，而不是求知的“科学的文法”。据我所知，学校文典，无分中外，都免不了“不大自然”的弊病。摹仿外国（英德法各国文典都模仿拉丁，

* 原文载于《语文周刊》1939 年 1 月第 28 期，后编入《中国文法革新论丛》。

日本文典也模仿西洋）诚如东华先生所说，是造成这弊病的主因；可是学校文典一味力求简易，一味想要增进教学效率，那也很容易流于不大自然的。东华先生的新体系国文法，究竟简易化到了怎样的程度，会不会流于不大自然，因为全书尚未出版，现在不敢妄加评断。不过细读东华先生的各篇文章里所举的实例和说明，觉得有些地方，似乎也不大自然。例如：东华先生不承认“是”字是同动词，而把它归入“语词”里去，这在“花是红的”一例里，虽然还可以说得通；但对于“色即是空，空即是色”的例句，东华先生将何以说明？难道前一“色”字是名词，后一“色”字是“言词”么？东华先生认“是”字为“语词”，所以在句中可有可无，但在“色即是空，空即是色”一例里，“即是”两字只能省去一个，若把两字都省去，变成“色空空色”，那就猜想不出什么意思来了。又如在“你这个人简直不是人”一例里，东华先生说明前一“人”字是指“人之体”，所以是名词，后一“人”字是指“人之性”，所以是“言词”。譬如说：（我待你这样好，你还要疑心我）“你这个人简直不认识人”。这最后的一个“人”字，照东华先生的文法体系说，应该是“客名”，可是这“人”字，明明指人之性，何以又不是“言词”？又如在“昨天来看你的，就是这个人”一句里，东华先生若把“就是”列入“衬语词”，那末这句里的“人”字，当然是“言词”了。可是这“人”字明明指人之体，何以又不是“名词”？又如在“教育即生活”“生活即教育”两句话里，“即”字已被东华先生归入到“助词”（旧副词）里去，那末前一“教育”当是名词，后一“教育”当是言词，前一“生活”应是“言词”，后一“生活”应是名词，“教育”“生活”似乎不应有“体”“性”之分，东华先生将何以自圆其说？东华先生为增进教育效率，力求简易，所以才把“是”字列入了“语词”，但究竟会不会因此也落到“不大自然”的陷阱里去呢？

《总原则》第二条是：“否认词的本身，有分类之可能，就是认定词不用在句中，便不能分类。”东华先生以为：“中国文字无形体之变化（意思恐系指中国单语〔word〕没有形态变化），词类之分，须视其在句中之职务而定。”中国单语无形态变化，固是事实，不过中国单语究竟有无形态，却是一个很值得讨论的问题。我这里所指的单语形态当然是指接头接尾等要素而言，东华先生正和许多外国学者一样，断定中国语是单节语，所以根本不承认会有什么“词尾”。中国文字无疑是单音节；可是中国语言，过去究竟是否单节语，现在是否还停滞在单节语的阶段里，这些都是值得研究的问题。外国语言学者，直到现在，还没有探寻出原始中国语的真相；他们仅仅受了文字的荧惑，便轻易地断定了中国语为单节语；这实在是很难使人信服的。至于现代中国语，一天一天地向着多音节发展，是不容否认的事实。现代中国语里，不特有许许多多复合语（compounds），而且还有不少的派生语（derivatives）。东华先生不承认“的”“地”为词尾，而把它们列入“语词”。可是“麻子”“驼子”的“子”，江浙方言里的“念头”“谈头”“找头”的“头”，难道也都可以列入“语词”么？假如东华先生的答案是肯定的，那么东华先生的“语词”所包甚广，我却想看一看东华先生的“语词”的定义。我以为中国单语的形态，并不能说是全无，不过所有不多，不足以区分词类罢了。其实就是英语也不是单靠单语形态，来区分词类的。up，on，about等词孤立地就单语本身看，谁也不知道应该归入哪一类。东华先生否认：词的本身，有分类之可能，这是很对的。可是，我以为词性却不必一定要在句中才能辨别得出来。从词与词的互相关系上，词与词的结合上（结合不必一定是句子），也可以认清词的性质。譬如说：“一块墨”“一块铁”，“墨”与“铁”既然都可以和“一块”相结合，当然可以列入同一范畴（此处所指，是文法范畴，而非论理范畴）。又如在“流水”“红花”的结合里，东华先生不是也可以辨别得出“流”“红”两字是状词么？我认为词与词的互相关系，词与词的结合，也不外是一种广义的形态，中国单语本身的形态，既然缺少，那么辨别词性，自不能不求助于这广义的形态了。

我以为文法学是以形态为对象的，是要从形态中发现含义。东华先生却以“句子的意义做骨架”来建立文法体系，这是我不敢赞同的。东华先生认定词只有在句中才能分类，于是就把 parsing 和 analysis 并和在一起；其实西洋文法的 parsing 和 analysis 是建立在两种不同的原理上的。parsing 是以“单语”（word）为对象；而 analysis 却以“句”（sentence）为对象。语言学家告诉我们：“语”是言语（language）的单位，隶属于言语世界的。“句”是“言”（speech）的单位，隶属于“言”世界的。上文我曾经说过：从词与词的互相关系，词与词的结合上，也可以认清词性。所谓“关系”，所谓“结合”，都无非是一种广义的形态。这形态确也是言语世界里的事实。可是一涉及“句子”，那已是跳出了言语世界，而跑进“言”世界里去了。西洋文法学者在析句工作里，不用名、动、形、副等等名称，却另用 subject，predicate，attribute 等等术语。那恐怕就是因为 word 与 sentence 所隶属的世界不同吧。东华先生在本刊 27 期所发表的文章里，对于离句没有分部的可能一语，曾经有一个很好的修正，他说：“或者说的再妥当些，一个词不从它和别的词的关系上去看，便无法可以归类。”可是东华先生却不肯从词和别的词的关系上去发见形态，仍坚持着他那“分部依附于析句”“析句依附分部”的一线分解法。这一点我也认为是很不妥当的。

《总原则》的第三条是：解剖工作，不应先把中文翻成西文再做。这实在是一语道破旧体系弊病的名言。我在原则上极表赞同。不过细读东华先生《怎样处置同动词》一文，似乎觉得东华先生也有先把白话翻成文言，再做解剖工作的嫌疑。东华先生之所以要把“是”字列入“语词”，是根据“是”字的历史的。我以为建立一时代的文法体系，应该以同时代的，用这言语的民众的共同意识为基础。文法体系的建立，和语源研究不同；若以单语的历史，作为建立体系的根据，那一定也会引起许多无谓的纠纷。例如在“我是去过的”一句话里，东华先生为了“是”字的前身是“实”字，就先把这句翻成“我实尝往”，然后说“实”与“是”都是可有可无的，所以“是”字应该归入语词。东华先生这样解说“是”字，究竟当否，我对于语源学没有研究，不敢妄加评断，可是我不相信：说“我是去过的”现代人意识中的是字的范畴，会和说“我实尝往”的古代人意识中的实字的范畴，是完全相同的。英语中的 will 一字，倘探究起它的历史来，原也是个和 wish 同根的独立动词，可是说“He will die.”“We expect that tomorrow will be fine”等等句子时的现代英国人，决不会意识到 will 是独立动词，而认为是一种不像动词那样重要的助动词（auxiliary verb）了。先把中文翻成西文，再做解剖工作，固然免不了削足适履之讥，但先把白语翻成文言，再做解剖工作，有时也容易流于牵强。东华先生既把“我是去过的”译成“我实尝往”，但对于“我实在是去过的”一句，又将何以翻译？我相信：文法体系只是以共同意识做基础的。许多语言现象，虽然有待于历史的说明，不过建立现代的文法体系却不能不和“历史”划开；因为现代的文法体系，应该是记述的（descriptive），而不是史的（historical）。西洋原也有史的文法（historical grammar）一个名称；但实际著述“史的文法”的人，也不过是用过去的文法事实来说明现在的体系罢了。我不相信有什么“文法的历史的体系”，我也不相信有一个可以通用于文言和语体的中国文法体系。东华先生在新体系的提议里，主张“此后编国文法，但须作语文对照体，可无用各自为编”。东华先生以为白话都可以一一对照地译成文言么？那末“立壁角”“坐监牢”，应该译成怎样的文言？即使退一步说，白话可以一一译成文言，所可翻译的，也不过是“意思”，而不是形态。东华先生固然可以把“我是去过的”，译成“我实尝往”，可是这里的“去”字，虽然可用“往”字译，但是“坐下去”就不能译作“坐下往”。而且“去”字与别的词的关系，和“往”字与别的词的关系，却又未必完全一样。“去”字底下可接“过”字，而“往”字底下却不能接“过”字。“去”字“往”字上面，在文言里，都可加“未”

字，但在白话里却不说“未去”。这些就是所谓文法形态。凭形态而建立范畴，集范畴而构成体系。我希望东华先生不必单以句子的意义为骨架，可在文法形态上下一番工夫，再去建立他的新体系。

末了，我得声明一句：我是对于国文法毫无素养的人；妄评之处，还乞东华先生原恕。倘能不吝教诲，那是更加感激不尽了。

再谈体系与方法——敬答东华先生*

一、先来回答“几个根本的问题”

我在批评东华先生的《总原则》一文里，曾经说过：我不相信有一个可以通用于文言和语体的中国文法体系。东华先生问我：文言文法与语体文法之间的差别，是否连所分的词类（系指 parts of speech）都应该不相同的呢？我以为这不是应该或不应该的问题；因为区分词类，是完全以文法的事实做根据的。假如东华先生根据研究的结果断定文言文法中所分的词类，和语体文法中的词类，没有什么不同，那也不会发生什么异议。不过我们应该注意：词类的名称，尽管可以相同，而文法体系却不一定是“同一”。我们知道：英法两国文法书中的词类名称，大体相同；但我们却不能说：英法两国的文法体系是同一的。体系决不是词类名称的总目录；而是共存的（co-existent）词类间的有脉络的关联。英法两国的文法书里，都有 adjective 这一词类名称，可是法文的 adjective 对于他词类的关系，和英文的 adjective 对于他词类的关系，却不一样。法文的 adjective，有阴阳性的划分，有单复数的区别，而且常常是紧接在所形容的名词后面。英文的 adjective 却常常放在所形容的名词前面，也没有“性”与“数”的区别。这些不同，实在可以说是造成两国不同的文法体系的要因。所谓体系，说得通俗一点，我以为不妨就当作“组织”解。东华先生虽然主张有一个可以通用于文言和语体的文法体系，可是我想东华先生总不会说：文言文的文法组织，和语体文的文法组织是完全相同的吧。在“我实尝往”和“我是去过的”两

---

* 原文载于《语文周刊》1939 年 2 月第 30、31 期，后编入《中国文法革新论丛》。

句里，若照东华先生的体系来说，“尝”字“过”字都应该归入“助词”的。可是我以为文言文法中的“助词”，和语体文法中的“助词”，仅仅不过是名称相同；两者各各对于他词的关系，决不会是完全一样的。譬如“过”字这一“助词”，在语体里，常常接在“言词”的后面，“尝”字这一“助词”，在文言里却常常放在“言词”的前面。这就是文言和语体的文法组织不同。我所以不相信有一个可以通用于文言和语体的中国文法体系，也就是为了这个缘故。

东华先生又问：如果学生学语体文，先学一部文法，等学文言文，再学一部文法，不嫌费事么？这个问题，似乎应该让教学经验宏富的国文教师来回答。我以为如果文言和语体的文法体系不同，那末在理论上似乎应该分作两部学习；可是究竟费事不费事，我缺乏教学经验，恕我不能瞎说。记得我初学日文的时候，读的是日本语体文，而文法却是松本龟次郎的《言文对照汉译日本文典》。我用功研读了二三个月，却觉得文法太繁复，理解很是困难，有经验的朋友，劝我不如专习“口语文法”。于是我抛开松本的《对照文典》，另买了一本口语文法来诵读。研习了三个月，浅显的语体文章已经勉强可以看得懂了。后来进了学校，复又学习日本文语文法；这一次因为有了一点口语文法知识做基础，阅读起来，不像初学言文对照文法时，那样地感到头绪纷繁，似乎比较容易了解一点。学习外国语的文法，当然和学习本国文法不同。我现在无非想把这一点个人的经验写出来，供东华先生做参考罢了。听说松本氏的《言文对照日本文典》，早已绝版；松本氏近年却另编《日本口语文法教科书》，教授初学日文的人，这实在是贤明的办法。东华先生为求国文法的简易化，推翻了旧体系，为怕学生太费事，就把文言文法和语体文法合并在一新体系里，可是究竟合不合学习心理，似乎还值得考虑一下。

东华先生因为我主张“建立一时代的文法体系，应该以同时代的，用这言语的民众的共同意识为基础”，就反问我：“那么干脆就不要文言文法了，是不是？”这不能不说是东华先生的误会。使用古代言语的民众，虽已死亡，但记载古代言语的典籍却还留存着。我们根据这些典籍，来建立古代文法体系，那也并不是不可能的事。我不但不说“干脆不要文言文法”，而且还希望将来会有“先秦文法”“两汉文法”等专著。一时代的典籍，是否忠实记载一时代的语言？一时代的典籍里哪一些文章是“摹古”“仿古”的？哪一些文章是忠实地表现出这时代的共同意识的？这些问题，都只有留待将来的国文法专家去解决。可是我们目前却不能不有“文言文法”，学校里教文言文，报纸上登载的是文言文，一切应用文件，也都是文言文。我们还能说“干脆不要文言文法”么？要不要实在是不成问题，不过究竟应该根据哪一类文言文去建立文言文法的体系，似乎还有斟酌的余地。马建忠根据《经》《子》《史》《汉》以及韩愈的文章，著作《文通》，我不反对。刘半农主张应该从梁任公、章行严、蔡孑民、李守常诸先生的文言文里，去找出个条理，我也赞成。惟独对于东华先生的通用于文言和语体的中国文法体系，我却始终认为：那是不很妥当的。

东华先生的第二个问题是：“学生学文法，是为了什么目的？是否为求作文的进步比较可以快些？如果是的，那末文法的对象到底应该是‘语’（language）或是‘言’（speech）？”问题里面的“文法”，当然是指国文法而言；但是“学生”究竟是小学生呢，中学生呢，还是大学生？学习文法的学生，既然不同，目的似乎也就不能一律。而且所谓“学文法”究竟是从文法专书中学习呢，或是从国文法教科书中学习呢？抑或是从国语读本的实例中学习？这些都是在语文教育中值得讨论的问题。为使问题简单化，我姑且退一步承认“学文法的目的，是为求作文的进步比较可以快些”，可是能否达到这目的，却要看教学方法怎样。一部完善的国文法教科书，得不得教法，怕也不会有多大的成功。不用国文法教科书，不讲文法术语，专从用例中指导学生，假如得教得法，也许可以获得极好的效果。东华先生的题目出得真太复杂了。在这样一篇短文里，我实在觉得无从答起。我想把文法教育问题暂且搁起，留待异日再向东华先生请教。现在单对文法的对象，到底是“言语”或是“言”的问题，来回答几句。在回答之前，我觉得应该把“言语”与“言”的区别，略说一说。“言语”是社会的产物；“言”是个人的行为。说得简单一点，language 是言语材料，speech 是言语行动，研究单语形态，研究单语与单语间的互相关系，研究单语与单语的结合，那都无非是言语材料的研究。一旦用这些材料构成了句子，那就是个人的言语行动。个人的言语行动，发于个人的思想。析句所以要从研究思想法式的论理学中借用 subject predicate attribute 等等术语，其原因就在于此。东华先生主张“分部依于析句”“析句依于分部”的一线分解法，却硬把言语材料的名称拉到析句里来应用（或者说，硬把析句的术语来做言语材料的名称），这实在很易惹起无谓的纠纷的。还请东华先生再加以考虑。东华先生问我：文法的对象到底应该是“语”或是“言”，我的回答是：文法的对象是“言语”（language）同时是“言”（speech）。以“言语”为对象的部门叫作 morphologie（形态论），以“言”为对象的部门叫作 satzlehre（句子论）。这是以言语事实做根据的回答，东华先生也许认为不能满意吧。东华先生喜欢把教学问题和文法问题夹在一起，我在这里，倒想趁便问一问东华先生：“为了教学的方便，是不是可以歪曲言语事实呢？”

第三个问题是关于词尾的。东华先生在《三个体制的实例比较和几点补充的说明》一文里，曾经说过这样一段话：

> ……但是我决不能同意把“的”“地”两字定为“形容词词尾”和“副词词尾”，因为中国语是单节语，根本就没有词尾。……若是凭空闯进了这一个元素，便要把中国文法的历史的体系搅乱了。

东华先生不承认词尾的理由有二：一是“因为中国语是单节语，根本就没有词尾”；二是因为怕“词尾”搅乱了“中国文法的历史的体系”。现在东华先生却放弃了这两个论点，又把词尾问题牵涉到教学问题上去；他问道：

> 我不主张认“的”“地”为词尾，已经指出对于学生作文有相当的好处，就是使他们的语体文更像大众的语言，如今光焘先生一定要维持词尾的承认，也能指出实际的好处来否？

承认“的”“地”为词尾，并不是主张一切形容词都要有“的”字的词尾，一切副词都要有“地”字的词尾。英文中的 -ness 和 -ly，文法家都认为是词尾；但是英文中的名词并不一定都要有 -ness，副词也并不一定要有 -ly。我以为“承认词尾”与教学问题无关。承认词尾，东华先生以为可以使语体文变成极不自然，我觉得这也是过虑。现今有许多不大自然的语体文，原也是事实。不过语体文所以不大自然，恐怕原因还是在于模仿翻译的文章，却与承认词尾没有多大关系。至于词尾的承认，究竟应不应该维持，那是要看中国语里，究竟有没有词尾的存在。假如有的，我觉得即使指不出实际的好处来，那也应当承认的。

第四个问题是图解法。惭愧得很！我对于图解法实在少有研究。黎锦熙先生似乎把图解法看作解决一切文法问题的法宝。他以为只要图解得出，一切问题就可化为乌有。其实图解尽管图解得出，问题恐怕依旧还是问题。现在既承东华先生下问，我没奈何只得依傍黎著《国语文法》，且把“我实在是去过的”一句，图解如下：

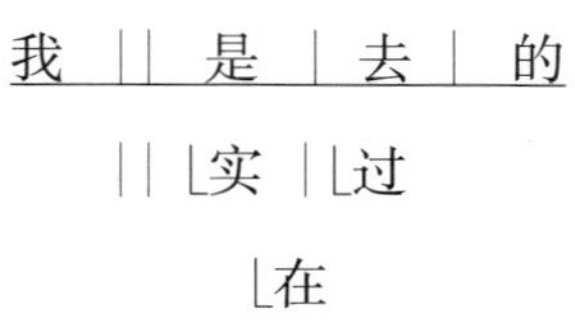

```
我 ‖ 是 | 去 | 的
   ‖ ⌊实 |⌊过
       ⌊在
```

临时抱佛脚，图解怕总免不了错误，为慎重起见，只得再加上一点补充的说明。这句的主语是“我”，“是去过的”是述语（“是”〔同动〕“去过的”〔补足语〕)，“实在”是副词附加语，黎著《国语文法》对于这“去过的”的“的”字，在原书87—88页有详细的说明，东华先生可一参阅，恕我不再抄了。我觉得旧制文法对于这类句子，不是不能解剖，不过那样的解剖，不能使东华先生满意罢了。所以我说：“图解尽管图解得出，问题恐怕依旧还是问题。”

最后的问题是关于文法形态的。我在批评东华先生的《总原则》一文里，曾经说过“去”字底下可以接“过”，而“往”字底下却不能接“过”字一句话，却引起了东华先生的误会，他就提出了为什么“桃红柳绿”不能改做“桃绯柳青”，为什么“怒发冲冠”不能改做“怒发冲帽”的问题。“桃绯柳青”“怒发冲帽”就文法论，都可以说是没有文法错误的句子。“桃红柳绿”所以不能改做“桃绯柳青”，“怒发冲冠”所以不能改做“怒发冲帽”，只是惯不惯的问题，而不是文法问题。这一点我跟东华先生的意见一样。至于“往”字底下不能接“过”字，“去”字底下可以接“过”字，却是一词类对于他词类的关系问题，和东华先生所举的例，根本上就不相同。我们从“去过”“来过”“谈过”“听过”“看过”等等实例里，推知“过”这“助词”(旧副词)是接在“言词”(旧动词)下面的；这就是一词类与他词类的关系，也就是文法形态。“过”字在文言里，似乎没有这样的用法。倘要把语体里的这“过”字翻成文言，那只有另找一意义相当的“尝”字这“助词”(旧副词)来翻译，“尝”这助词在文言里与他词类的关系，究竟是怎样的呢？我们从“尝闻”“尝见”“尝往”“尝思”等等实例中推知“尝”这“助词”是放在“言词”上面的。可见“尝”与“过”只是意义相当，而形态却不相同。我在那篇文章里说“去”字底下可接“过”字，而“往”字底下不能接“过”字，目的是在说明前文的“所可翻译的，不过是意思，而不是形态”一句。东华先生似乎没有注意我那句话，所以才会发生那样的疑问。现在虽然经了这一番噜噜苏苏的解释，东华先生也许还是不能认为满意，不过我相信至少可以使得东华先生明白我的“用意之所在”了。

二、主要的争论点

东华先生在答复我的批评的文章里，不肯积极地替他的总原则辩护，却消极地提出许多问题，要我回答。我虽然逐一答复了，可是问题牵涉太多，读者看了我的答案，也许会发生这样的疑问：“你们究竟在辩论些什么？你们辩论的要点，究竟在哪里？”我觉得我与东华先生的主要争论点，实在有重提一提的必要。

第一，东华先生主张建立一个可以通用于文言和语体的国文法新体系，我认为这主张是很不合理的。这一次，东华先生曾经声明他的国文法是记述的，而不是历史的。他又引用我的话说：他也不过用过去的文法事实来说明现在的体系罢了。所谓现在的体系，是不是语体文法体系？所谓过去的文法事实，是不是文言文法的事实？假如东华先生的回答是肯定的，那末，东华先生的新体系，已不是可以通用于文言和语体的文法体系，而是语体文法的体系了。可是东华先生又说：“我这体系的本身，似乎还没有发见破绽，我也只有暂时照原案维持着。”这却有点使我难于索解了。我希望东华先生能够给我一个详细的说明。

第二，东华先生主张“分部依于析句”“析句依于分部”的一线分解法，我认为这主张也是不很妥当的。我的理由已在批评《总原则》一文里详述过了，这一次答复东华先生的第二个问题时也曾经约略提及几句。东华先生以为我不了解他的本意，是为了 parts of speech 的观念盘踞得根深蒂固的缘故。东华先生的脑子里，假如没有 parts of speech 的观念盘踞着，为什么东华先生却要用“名词”“指词”“状词”等名称来作析句的术语呢？叹词既与析句无关，为什么又要把它和“相当于 analysis 的范畴”的词类并列呢？我以为 word 在言语世界里，是材料。一用到句子里去，便属于“言”世界，而变成辞项（terme）了。一个 word（在有几种语言里），可以构成二辞项；一个辞项有时可以包含几个 words。东华先生为什么要拿那些 word 的“名词”“状词”“指词”等名称，来作辞项的称呼呢？我不知道东华先生一线分解法，究竟是为谋教学便利呢？抑或是非如此就不能把国文法研究得彻底呢？一切还乞东华先生多多指教。

第三，东华先生主张研究文法应以句子的意义做骨架，这主张我也不能赞同。我已经说过：句子是个人言语行动的产物。所谓句子的意义，不外是个人的思想。研究思想法式，我们已有论理学。我不知道东华先生以句子意义做骨架的文法，究竟与论理学有什么区别。东华先生一方面主张国化的国文法，一方面又主张一线分解法。其实对于析句，各国文法所用的名称大抵相同，内容也没有极大的差异。真正有大差异的地方，反而是在单语的形态上，单语与单语的互相关系上，单语与单语的结合上。东华先生似乎不很注意这些。我倒很想看一看东华先生的国化的国文法，究竟国化到怎样一个程度。

三、枝节问题

（1）东华先生不承认词尾，把“麻子”的“子”、“找头”的“头”都归入到语词里。他的语词的定义是：“语词是表示语气或是帮助语音的词。”表示语气，自是从句子中看出来的；但帮助语音，却用不着在句子，即从单语或单语的结合上也看很出。东华先生主张离句不能分部；可是“子”“头”等等语词，不是离句也可以辨别得出来的么？

（2）“色即是空，空即是色”一例，东华先生认为可以去了语词，改成“色，空；空，色”，并且引了许多《尔雅》里的例作为证据。《尔雅》是一部字典式的书，其中的解释，是不是正常的句子，似乎还有问题。即退一步承认这些都是正常的句子，我以为这类训诂式的句子，往往用两个相同或相类的概念作主述两辞项的。可是“色”“空”并不是相同或相类的概念。“色即是空”实在是一个判断，与训诂式的句子，似乎不大相同。我认为“是”字是判断的动词；在“色即是空”里，是不可省的。东华先生把“是”字认为可有可无的语词，但在“上海人是江苏人”（望道先生提出的例）一句里，难道也可以把“是”字略去么？

（3）东华先生说，我没有看清他的例句，所以说他要等句子翻成文言再解剖。其实例句我倒还看得清楚，我所以会起这样的疑心，倒是由于东华先生的“但须作语文对照体”一句话。我不知道语文对照体究竟是不是翻译？假如是的，那末东华先生先翻译再解剖呢，抑还是先解剖后翻译呢？

写得太多了。关于同动词，我本还想说几句，但恐怕篇幅不能容纳，且待下次再写出来，请东华先生指教。

问题的简单化与复杂化——敬答世禄先生*

世禄先生觉得《语文周刊》上所发表的讨论文法的文章，当中包含的问题过于复杂，他为简单化起见，所以在《因文法问题谈到文言白话的分界》一文里，仅仅提出了两个问题，并且希望大家集中在这两个问题上讨论。这在原则上，真是一个极好的办法。不过世禄先生在那篇文章里，并不是单纯地提出问题，其中却有许多地方，牵涉到我《评东华先生的总原则》的那篇文字，我似乎不能不回答几句。现在想先把我对于“研究中国文法，应该注重中国语文上的那一种现象”问题的意见，分条写在下面，还请世禄先生多多指教。

（1）单节语与分析语　世禄先生以为“中国语是否为单节语，这个问题在文法学上并不很重要；最重要的还是在综合语和分析语的分别”。我在《体系与方法》一文里，所以要提出“现代中国语是否为单节语”一问题来，为的是：东华先生主张“中国语是单节语，根本就没有词尾”的缘故。中国语是否为单节语一问题，究竟在文法学上重要不重要，我却不敢断定。不过假如现代中国语已不是单节语，那末东华先生否认词尾的根据，就动摇了；倘欲继续主张“没有词尾”，势必另行提出其他的证据来。世禄先生对于现代中国语是否为单节语一问题，不肯下一肯定或否定的判断，仅仅说是在文法学上并不很重要，这实在不是解决问题的办法。综合语和分析语的分别，在文法学上固极重要；但与词尾问题无关。许多分析语都是有词尾的。难道因为中国语为分析语的代表，我们就可以断定中国语没有词

* 原文载于《语文周刊》1939 年 2 月第 32 期，后编入《中国文法革新论丛》。

尾么？假如世禄先生仅仅告诉我们：中国语是分析语，研究文法的人，应该注意这点；那我们当然不会有什么异议。现在他却不肯单纯地提出问题，硬要把因词尾问题而惹起的中国语是否为单节语一问题，也牵连在一起，我真不明白世禄先生究竟想把问题简单化呢？抑或是复杂化？

（2）morphology 和 syntax　许多文法学者都把文法分为 morphology 与 syntax 两大部门：morphology 专论单语形态，而 syntax 则论语词与语词的联接关系。我们认为这种区分是不很合理的。（详细的理由，恕我不能在这里缕述。世禄先生可参阅世禄先生自己曾在《语言学概论》一书里，一再提及的小林英夫译《言语学原论》第 270—275 页）morphology 和 syntax 实际上是很难分开的。一个动词变形的范例（paradigm），假如不想及这动词的各类形式与他词的联接关系，便无法制成。反过来说，我们若论动词与他词的联接关系，就不能不涉及动词变化的各种形式。简单地说一句，“形式”和“联接关系”，是很难分得开的。世禄先生似乎是以布隆菲尔德（L. Bloomfield）的 *An Introduction to the Study of Language* 一书，作为立论的根据；可是 Bloomfield 自己，却曾经在原书里声明过：morphology 和 syntax 的境界线，是很难划分的（见原书第 167 页）。西洋文法家根据传统，把文法分为 morphology 和 syntax 两大部门，虽然不很合理却也有实际的效用。至于研究国文法，究竟应该不应该把 morphology 和 syntax 划开，这倒是值得讨论的一个问题。我以为我们不妨把研究单语形态的 morphology 与研究语词和语词的联接关系的 syntax 合并起来，这部门叫作形态论也可以，或者就叫作措辞论也没有什么不可。向来隶属在 syntax 部门里的句子构造论，我想把它抽出来建立一个“句子论”（Satzlehre）的独立部门。这种区分法，我不知道是否合理，还请世禄先生指教。世禄先生只认“变化”（inflection）为语词形态，未免把“形态”看得太狭了。我在《体系与方法》一文里，所以要用“广义的形态”一辞，来概括形态学上和措辞学上的现象，就是因为我不承认“形态学”和“措辞学”是可以划分得开的缘故。世禄先生的文章里，我有一点不大理解的地方，现在想趁便提出来，请世禄先生赐教。世禄先生说：“变形是依文法范畴所规定的一个语词的几种形式：例如英语里的名词，依数目的范畴，有单数多数两种形式；英语里的代名词，依位格的范畴，有主位宾位领位三种形式。”这三个“依”字是否作“依照”“依据”解？假如我的解释是对的，那末世禄先生是在主张先有文法范畴、后有语词形式了。这显然是和我“凭形态建立范畴”的主张相冲突的。可是世禄先生又说：“光焘先生要凭广义的形态来研究文法，这是就普遍性的原理而说，我要凭语序来研究中国的文法，便是要适合中国语文的特殊性的。”我真不知道“语词形式为文法范畴所规定”的现象，是西洋语言的特殊性呢？抑或是中国语文的特殊性？

（3）派生语与复合语　为使读者容易把握一点，我想把这问题分作两项来讨论。

第一，派生语和复合语的区别，在文法学上是不是重要的？世禄先生以为“桌子”“指头”可以看作派生语，也可以算是复合语。这实在是模棱两可的说法，非特不能解决问题，反而使问题更复杂化了。我的意思，假如我们认“桌子”“指头”为派生语，那末“子”“头”两字，就是词尾，也就是一种词类的标识。这难道“可以归入训诂学上和语源学上去研究，不必把它们在文法学上看作很重要的一种现象”么？

第二，现代中国语里，究竟有没有派生语，或者说，现代中国语里究竟有没有词尾？我在《体系与方法》一文里，曾经说过“而且还有不少的派生语”一句话，这实在是个人的臆测，决不是定论。我认为这问题非经过长期的研究，是很难得到精确的断定的。现在想把研究这问题的方法略说一说。词尾的有无，我以为，应该以现代人的共同意识作为研究的基础。譬如“头”字，现代人究竟是不是当作词尾去创造新词呢？这本来是不容易回答的。不过我们从“谈头”“看头”“吃头”“听头”“花头”“噱头”“白相头”等等用例看来，“头”字似乎已有被当作词尾用的倾向了。借助语源，来证明词尾的有无，我以为那是不很妥当的。因为语源是一回事，现代人有没有这语源的意识，却又是另一回事。例如“方”字，照语源讲，是作“并船”解的，但在现代一般人的意识里，这并船的意义，却已经完全消失了。词尾（假如有的话）是现代人脑子里活着的言语手段。倘用死去了的语源，来证明词尾的有无，那决不会得到圆满的解决。世禄先生似乎想用史的语言学的事实来否定词尾，那我也以为是不很妥当的。他说：“桌子”的“子”，“指头”的“头”，与其说它们是标识名词的接尾语，不如说它们是为显明意义效用（大都为避免同音语词而增加的）的语尾词（particle）。“头”“子”等字就发生论，可以说大都是为避免同音语词而增加的。这是史的语言学的事。不过现代人说：“皮袍子”“黑绸子”“大汉子”“手指头”“脚趾头”的时候，难道也是为避免同音语词而增加“子”“头”的么？世禄先生所指的语尾词（particle）究竟是不是一种词类？可否把它的定义告诉我。它和词尾有没有不同的地方？这段文章里面还有一句话，我也觉得不易了解，现在趁便写在下面，一并请世禄先生指教。世禄先生说：“至于派生的作用，乃是语词形态的转变，并不依据于文法范畴的。”单就字面看，我倒还勉强懂得；不过我实在不知道：有什么作用是依据于文法范畴的？

（4）语序与形态　世禄先生为要适合中国语文的特殊性，把我的“凭形态而建立范畴”一语，改成“凭语序而建立范畴”。我以为语序不过是一种形态，单凭“语序”这种形态，来研究中国文法，实在是不够的。世禄先生所说的“语序”，似乎是指语词在句中的序次而言。我在《再谈体系与方法》一文里，曾经说过：语词一被用到句里去，就变成了辞项（terme）。一个句子大概可以分成主、述两辞项，所谓语序，也不过是主在述前，或主在述后而已。世禄先生也许觉得这样未免太简单，便只有借析句所用的六种名称来作研究语序的基础。实际主语、述语、宾语、补足语、形容词附加语、副词附加语等六种成分间的互相关系，是有限的。文法学假如专以研究这六种成分的排列次序为唯一目的，那末，文法的园地恐怕要日就荒芜，将会变成不毛之地呢！这也许是我这样不明中国语文特殊性的人的杞忧，好在世禄先生既有心尝试，我们不妨暂且静待着事实的证明吧。

（5）《读书杂志》与“语序”研究　世禄先生认为“语序”是研究中国文法的钥匙，一有了这钥匙在手，中国文法的范畴就不难建立，中国文法的体系也就不难构成了。他对于东华先生的“词类之分须视其在句中之职务而定”“词不在句中便不能分类”两语，也极表赞同。他复引用《读书杂志》中的四例，且证明王念孙也是“从字在句中的位置上来确定它的意义的”。惭愧得很，我实在没有读过《读书杂志》。看了世禄先生的这一段文章，我就立刻跑到友人那里去借一部来翻阅了一下。《逸周书》和《庄子》的两例，很容易地就找到了。《左传》的两例，是从另一同学处借来的《经义述闻》中找到的。我把这四例仔细看了几遍，但终于看不出王念孙是“从字在句中的位置上来确定它的意义的”。我本想把四个例都抄出来，请贤明读者判断一下：王念孙究竟是不是“从字在句中的位置上来确定它的意义的”？《左传》的两例，实在太长，抄了又恐太占篇幅，只得不抄了。好在《经义述闻》和《读书杂志》所用的方法是一贯的，况且这两部书也并不是难得的秘本；读者假如不信我的话，不妨去买一部或借一部来看一看吧。现在且把《逸周书》和《庄子》的两例，抄在下面：

《逸周书·度训篇》：力争则力政，力政则无让。念孙案：政与征同（古字多以政为征，不可枚举）。力征谓以力相争伐。《吴语》曰，以力征一二兄弟之国，《大戴记·用兵篇》曰，诸侯力政不朝于天子，皆是也。又《大武篇》，武有七制，政、攻、侵、伐、陈、战、斗，政亦与征同，故与攻、侵、伐、陈、战、斗并列而为七，而孔注云，政者征伐之政，则误读为政事之政矣。

《庄子》崔譔注拘于虚曰，拘于井中之空也。念孙案：崔训虚为空，非也。虚与墟同，故《释文》云虚本亦作墟，《广雅》曰，墟尻也（尻古居字）。《文选·西征赋》注引《声类》曰，墟，故所居也，凡经传言邱墟者，皆谓故所居之地，言井鱼拘于所居，故不知海之大也，鱼居于井，犹河伯居于涯涘之间，故下文曰，今尔出于涯涘，观于大海，乃知尔丑也。

据我看来，王念孙是解释学者，《读书杂志》实在是“注解”或“释义”的绝好范例。他所用的方法是极严谨的解释学（hermeneutic）的方法。他把有疑义语词引到别的语句里去，然后再加以说明。这是做注释工作的人应该仿效的好方法。可是王念孙决不是文法学者，他似乎不会想到“字在句中的位置”，在他脑里，恐怕也不会有像世禄先生所说的语序观念。我对于中国语文的特殊性不很理解，以上所说，也许完全是错的，还请世禄先生指教。

近来有一位朋友看到了《语文周刊》上登载了几篇讨论文法的文章，他知道我是参加辩论的人，他便把笛卡尔《方法论》里的一段话，指给我看，笛卡尔说：

经院式的辩论，从来不曾把从前未发见的真理，阐述明白：因为在这种情形下，人人都竭力求胜，都想把似是而非的理论，说得极其中听。从不想在问题的两造，衡量衡量真正的理由。至于平素为我自己鼓吹的人们，当然狃于成见，在后来也不能判断得宜了。

我很感谢这位朋友对我的警告。但愿我们的辩论，不会流于经院式。

我虽然明知自己是没有能力去把从前未发见的真理阐述明白，可是我总可以竭力克制“求胜”的心理，时时预备着屈膝在真理面前。我也希望世禄先生此后不要“狃于成见”，那就可以“判断得宜”了。

写得太多了，对于文言白话的分界一问题，只得留待下次再回答吧。

一点声明*

东华先生要我把“我实在是去过的”一句句子，照旧制图解，我便根据黎著《国语文法》做了个答案。这类句子中的“的”字，依照旧制，似乎是作代名词解的。所以我在答案里，请东华先生参阅黎著《国语文法》87—88页。东华先生以为87—88页中的例句都和他的题目“风马牛不相及”，他便引《新方言》中的“我一定要去的”一例，证明“我实在是去过的”的“的”字，应该是表“必然”的语助词。东华先生应该注意:《新方言》的例句，是没有“是”字的，东华先生的题目却明明有“是”字。章太炎是否和东华先生一样，也把“是”字认为可有可无的“语词”,《新方言》里没有明文，我不敢妄加推断。可是黎锦熙先生却以句中有无“是”字，来分别“的”字的词性的。《国语文法》第371页的图解，列有“勹”“攵”两式。勹式没有“是”字（我可以去的），攵式却有“是”字（我是可以去的）。黎先生认勹式中的“的”字，为表语态警确的助词，攵式中的“的”字为“联接代名词”。在图解的上面，黎先生还有一段说明：

> （注意）若是把“的”字都看作联接代名词，那每句的（ ）中都可以添加一个“同动词”“是”字；不过有*作记号的句子，添加起来，很觉勉强。所以，这一路本无“是”字的句子，句尾之“的”，就只看作确定语态的助词；图解上，和其他助词一律如下例之勹式，而不必如攵式（《国语文法》第317页）。

东华先生要我照旧制图解的那句句子（我实在是去过的），明明有一“是”字，当然和那一路本无“是”字的句子不同。我所以不根据勹式而根

---

* 原文载于《语文周刊》1939年2月第33期，后编入《中国文法革新论丛》。

据攵式，就是因为东华先生所出的题目里有一“是”字的缘故。忠实于“黎”的东华先生，似乎对于这点并没有加以注意。

末了，我得声明一句：我并不袒黎，我所以要根据黎书，也不过是因为东华先生要我照旧制图解的缘故。

要素交替与文法体系
——敬答世禄先生 *

世禄先生用语言学的眼光，把语言现象，分析成语音、词义、语序等项，更就这数项来比较文言白话的同异，“藉以审定两者间的文法体系可否合一”。这办法实在是极其精密的。不过，世禄先生似乎把这些现象看成各各孤立的东西，而忽略了语言的“整个的全体”。一个语音的演变，一个词义的转移，倘作为孤立的现象看，好像与文法无关；其实影响所及，往往足以变更文法体系的。我们不妨把索绪尔（F. De Saussure）的象棋比喻借来用一用。所谓体系，好比象棋的一个既成的局面；体系中的各要素的互相关系，正和局面中的各子的互相关系一样。一子的走动，就是一个要素的交替（说得具体一点，就是一个语音的转变，或是一个词义的变异）；象棋的一着，仅仅限于一子，而语言的变化，也只是发生在孤立的一要素上。可是我们决不能以发生变化的只是一个孤立要素，便就可以断定与体系无关；因为一子的走动，影响所及，往往足以构成另一局面。世禄先生只看到“要素交替”的事实，却把要素交替影响于文法体系的事实抹杀了。

世禄先生认为白话里的“没有”是文言中“未”字的复音化，而且断定这只是音读系统的歧异，并不是关于文法体系的差异。我对于这点，却不能不有几个疑问。第一，“没有”和“未”，是否纯粹是音读系统的歧异？或者说，“没有”在白话中的用法，是否和文言中的“未”的用法完全相同？世禄先生似乎太“懂得了古今音读演变的情形”，却很容易把实际的用法忽略了。“四书”里有“吾斯之未能信”“未可与适道”“子未可以去乎”等等

* 原文载于《语文周刊》1939 年 3 月第 34 期，后编入《中国文法革新论丛》。

句子，可是在白话文里，我们却没有“没有能够”“没有可以”的说法。这样看来，“未”的用法和“没有”的用法，已不完全相同。用法既然不同，那就不是单纯的音读演变，而与文法体系不能无关了。白话里还有“没有花”“没有酒”等等说法，和文言中“无花”“无酒”相同，可见“没有”不特可以代“未”，也可用以代“无”。这也可以算得“没有”和“未”的用法不尽相同的另一例证。第二，音读系统的歧异，是否与文法体系无关？或者说，音读的演变对于文法体系是否毫无影响？语言现象并不是孤立的，一个要素既经发生了变化，其影响所及，究竟能不能变更文法体系，这是谁都不能逆料的。德语里的 gast，多数本作 gästi，后面的母音却在音色上把前面的 a 母音同化了，于是 gast 的多数便由 gästi 而变成了 gäste。这是日耳曼语言中有名的母音变化（umlaut）的现象。假如母音变化仅仅是一种语音演变，那当然与文法无关；可是近代德语里，这母音变化却已变做形成复数的一种手段，那就不能说无关于“文法体系”了。

世禄先生以为词义的演变，也与文法体系无关，这一点，我也觉得还有商量的余地。我们根据一词的含义，在我们脑中，把和这一词意义有关的许多语词集合在一起。这在语言学上叫作联合关系（rapport associatif）。文法的原理，实在可以说多半是建立在这联合关系上面，世禄先生一面承认“去”字在文言白话里意义绝不相同，一面却仍旧以为那并不是关于文法体系的差异。可是世禄先生不是明明说文言中的“去”字，大多数是作外动词用的么？那末一词的含义，显与文法范畴有关了。我以为一词的意义有了变化，在说这一词的人的脑里，联合关系也必发生变化，而且因了不同的联合关系，这一词便被归入到不同的文法范畴里去。索绪尔在《语言学原论》一书里，曾经把语言学分为历时语言学（linguistique diachronique）和共时语言学（linguistique synchronique）两大部门。历时语言学所讨论的是要素交替的事实，而共时语言学所研究的，却是体系的事实。世禄先生专攻历时语言学，所以他所看到的只是“要素交替”。不过我们既在讨论文法体系，我们似乎不能把要素交替的影响撇开不谈。不知世禄先生以为对不对?

关于“语序”一词，根据世禄先生在本刊第 30 期上的解释，是作语词在句中的序次解的。但在 32 期上，“语序”却又被解作“语词联接先后的序次”了，这也许是一个重要的修正。所谓“语词联接先后的序次”，是否即指词与词的互相关系而言？假如是的，那末世禄先生的“语序”和我的“广义的形态”在实质上，似乎已经没有多大的差别了。

末了，我想关于复合语词再说几句。高本汉（B. Karlgren）根据留存的典籍，断定中国古代语里复合语词较少（并不是完全没有），现代语里复合语词却有大大增加的倾向。这是高本汉多年研究中国语言才得到的结论。世禄先生却觉得他的话也不尽然。世禄先生仅仅引了《左传》《孟子》，证明了复合语词古已有之，但他将何以证明他的“古代语里实际上应用复词，和现代语里相差不远”的假设呢?假如无法证明，仅凭臆测，那末世禄先生已脱离了经验科学的语言学的范围，而踏进思辨的言语哲学的领域里去了。世禄先生虽然说自己的说法，要比高氏所论较为正确，可是我对于这种说法，在世禄先生拿出真凭实据之前，却总有点不大敢相信。

建设与破坏——敬答世禄先生 *

一、几个问题

世禄先生在本刊 33 期上回答我的文章里，对于我所提出的问题，都没有明白答复，这是我不大感满意的地方。现在我想把这些问题重提一提，还乞世禄先生多多指教。

（1）因为中国语为分析语的代表，我们就可以断定中国语没有词尾么？世禄先生对这问题，并没有下一个肯定的断语。他只说："我以为说中国语，是单节语，是分析语，是没有词尾的，本来由程度比较上而肯定，并非绝对的。"这种相对的说法，我本也赞同，可是对于"中国语是单节语，根本就没有词尾"的绝对的主张，却很难接受。认中国语为单节语的高本汉，不是在世禄先生一再要我们参看的那本《中国语与中国文》里，明明白白承认"头""子""儿"等字是词尾么？（见张译本第 39—40 页，原书第 33—34 页）目下我们虽然不能因少数"头""子""儿"等词尾，而否认中国语为单节语，可是我想我们不妨和高本汉抱着同样的意见，以为"单节的中国语——也会演化成为多节的语言"的（见张译本第 38 页，原书第 33 页）。当世禄先生介绍世禄先生认为"最可敬爱的良导师"高本汉的著作的时候，似乎对于高氏主张中国语有词尾一节，并不怀疑；因为世禄先生在"导言"里，既没有批评，在那段译文后也没有什么按语。现在世禄先生所以不肯断定中国语有词尾，是不是为要维护"中国语是单节语，根本就没有词尾"的主张呢？抑或是根据近年研究的结果，对于高氏的主张，已不再信仰

* 原文载于《语文周刊》1939 年 3 月第 34、35 期，后编入《中国文法革新论丛》。

了呢？

（2）“语词形式为文法范畴所规定”的现象，是西洋语言的特殊性呢？抑或是中国语文的特殊性？对于这一问题世禄先生虽然在回答我的文章里有一段说明，可是我看了之后，却依旧不大懂得。所谓“在意识上由范畴而规定语词形式”究竟是作怎样解的？假如语词形式为范畴所规定，那末在意识上应该先有范畴，后有语词形式了。我以为在一个言语团体里，先有了种种的语词形式，然后这种种语词形式在民众意识上构成了种种范畴。所谓“范畴”说得通俗一点，不妨当作“门类”解。我们总应该先有物质，然后再根据物质的形态分门别类；决不会先有门类，再由门类去规定物质的形态的。这是极粗浅的道理。假如世禄先生所谈的是一种高深玄妙的形而上学，那我就不敢插一句嘴。现在我们既然讨论属于经验科学的文法学，我似乎还可以根据这一点粗浅的道理，来反对世禄先生的“在意识上由范畴而规定语词形式”的说法，倘世禄先生另有高见，还请明白指教。

（3）现代人说“皮袍子”“黑缎子”“大汉子”“手指头”“脚趾头”的时候，难道也是为避免同音语词而增加“子”“头”的么？我所以要提出这个问题，就是因为世禄先生不认“子”“头”为词尾，说“子”“头”是为避免同音语词而增加的语尾词的缘故。现在世禄先生却放弃了“避免同音”的主张，另外拿“可以省去不用”“省不省于意义上毫无分别”做理由，来否认“子”“头”为词尾了。我觉得我们在研究“省不省”的问题之前，似乎对于“皮袍子”等词的构成，应该考虑一下。“皮袍子”究竟是由“皮袍”加“子”构成的呢？或是由“皮”加“袍子”构成的呢？我们从“棉袍子”“夹袍子”“驼绒袍子”“狐皮袍子”“直贡呢袍子”等等用例看来，似乎可以说“皮袍子”是由“皮”加“袍子”构成的。假如我这推断是对的，那末“袍子”一词，在民众的共同意识上，已经是不可分割的整个的派生语词，他们再也意识不到“子”字是“为避免同音语词而增加的语尾词”了。我以为“子”字在现代中国语里，被当作“词尾”用，是语言的自然趋势；而“皮袍子”省作“皮袍”，却是文字对于语言的逆影响。我们若站在语言学的立场，应该把这类文字对于语言的逆影响，归入变态论（teratologie）里去研究（参看小林英夫译《言语学原论》第 65 页）。世禄先生现在却以变态论的事实，来否定语言的自然趋势，这恐怕还有讨论的余地吧。世禄先生一方面拿“可以省去不用”做理由，不承认“子”“头”是词尾；一方面对于不能省的“听头”“花头”的“头”，却又另有他的解释。其实“听头”和“花头”都是活着的语词，我们即使不从训诂学上，语源学上研究，也可以理会得这些语词的含义。我们要问的，不是“听头”“花头”的意义，而是“听头”“花头”中的“头”字的用法。语源学训诂学只能告诉我们：“头”字的含义，“头”字是从什么字转变来的，以及“头”字意义的变迁；这些都是属于“要素交替”的事实。至于“头”字在现代语里是否当作词尾用，这却是与文法体系有关的问题。世禄先生若根据训诂学上语源学上的知识，说明“头”字的来历，我们极愿接受；倘要更进一步，企图以训诂学上、语源学上的事实，来限制现在的用例，或否认现在的体系，那我就不敢赞同了。我认为语词构成法（word-formation）在中国文法学里，占有重要的地位。所以词尾的有无，实在是值得考虑的问题。世禄先生虽然一再主张把词尾问题暂时撇开，我却希望国内对于这问题有兴趣的诸位先生，多多发表意见。

（4）王念孙究竟是不是“从字在句中的位置上来确定它的意义的”？世禄先生在回答这问题的一段文章里，却用“词例”来代替“字在句中的位置”了。世禄先生在本刊第 30 期发表的文章里，明明说：语序是指语词在语句中的序次而言；他又说：“英语上大概主语在述语之前，宾语在动词之后，……中国语里，语词序次，大致和英语里的相同，而较英语尤为固定。”这样看来，世禄先生所说的“句”，当然是指 sentence，所说的位置，也当然是指“主在述前”“宾在动后”等等的位置而言。“力争”“力政”“拘于虚”“语于海”虽然可以说是“词例”，但世禄先生总不能说是句子(sentence)吧。字在句中，我们才可以分出主述；难道在这“力争”“力政”的词例里，也可以分得出主述的么？我说：“王念孙似乎不会想到字在句中的位置，在他脑里，恐怕不会有世禄先生所说的语序观念。”这决不是看轻王念孙的话。因为世禄先生所提出的主在述前、宾在动后等等语序——字在句中的位置，是从西洋语言学书中介绍过来的。倘若硬要说王念孙有这样的观念，那总免不了有几分牵强附会吧。世禄先生引了《文心雕龙》的“置言有位……位言曰句”两句话，似乎想证明在王念孙以前的人的脑里，已经有“字在句中的位置”的观念了。我倒想问一问世禄先生：置言有位的“位”，难道就是主在述前、宾在动后等等的“位”置么？位言曰句的“句”难道就是 sentence 么？

二、语序与句子论

世禄先生以为我要把句子论划出文法学的范围之外，这实在是世禄先生的误会。我在本刊第 30 期上曾经说过：“文法的对象，是言语，同时是言。以言语为对象的部门，叫作形态论，以‘言’为对象的部门，叫作句子论。”我并没有设什么陷阱，也不想把世禄先生所提出的“语序”推入到什么陷阱中去。语序一词，根据第 30 期上世禄先生的解释，是作语词在句中的序次解的。那末把语序归入到句子论中去研究，那也不是无理的事。可是即以研究句子而论，我们似乎也不能全凭“语序”。例如，两句句子所用的语词，完全相同，排列的次序，也都一样，却往往因了音调的不同，就会有各个不同的含义。若要说明这两句句子的差别，我们就非得研究音调不可，这种音调的研究，难道也可以用语序一词来概括的么？在国文法的句子论中，语序的研究，显然比较音调更为重要；可是句子论，也并不是文法学的一切。单凭语词在句中的序次，我们似乎还不能解决一切中国文法的问题。世禄先生在32期上却把语序一词的含义扩大了。他对于语序一词加上了一条“语词联接先后的序次”的新解释，他复在33期上举了“打倒”“不打倒”“打不倒”“拥护”“不拥护”等等例子；这样看来，所谓语序，已经不是单单指那语词在句中的序次了。我认为语词联接先后的序次，和我所说的词与词的互相关系，实质上似乎没有多大的差别。假如世禄先生仅仅以“广义形态”一词太生硬，很容易被人误解，想用“语序”来代替，那我也可以接受。不过“语序”究竟能不能概括一切中国文法现象呢？这倒值得考虑一下。

三、语文现象与生产力

世禄先生根据布龙菲尔德的书，把文法现象，分成形态学的和措辞学的两类。这种划分，即在西洋，已有几位语言学家认为是很不合理的。至于研究中国文法，我以为更没有划分形态学和措辞学的必要。我所以用广义形态一词来概括这两类现象，也就是为了这个缘故。我为要证明西洋文法家区分这两类现象的不当，曾经说过这样几句话：“一个动词变形的范例（paradigm），假如不想及这动词变化的各种形式与他词的联接关系，便无法制成；反过来说，我们若论动词与他词的联接关系，就不能不涉及动词变化的各种形式。”现在世禄先生却硬要问我：“中国语文上有没有某种实际的现象，可以供这个理论的例子？”世禄先生似乎没有把我那一段话看清楚。世禄先生引用形态学和措辞学的区分，因而使我们知道研究中国文法应该注重语文上那一种现象，这确是一种实际的效用。可是我们往往因为太过于注重某一种现象，却很容易把其他的现象忽略了。例如“头”“子”“儿”

等等词尾，在中国文法学里，似乎也是值得注意的现象，世禄先生却以为数目不多，不妨暂且撇开不谈。我以为语言现象应该注意与否，不是在这一类现象的数目的多寡，而是在这一类现象，究竟有没有“生产力”。我们不是常常在用“头”“子”“儿”等词尾创造新语么？这样具有生产力的现象，还不值得我们注意么？高本汉在《中国语与中国文》里，说过这样几句话：“这几个词尾（即指“头”“子”“儿”等）是一种极有趣的表征，上文所讨论的语音简单化，怎样的迫着语言的演进，渐渐走入于完全新的途径，而使它接近于欧洲语言的系统，就可以从这几个词尾上看出来。”（见原书第34页，张译本40页）“头”“子”“儿”等等词尾，是否足以使中国语言渐渐走入完全新的途径，我们虽然还不敢下一断语，可是对于高本汉重视这种现象，我们却不能不佩服他的卓见。认高本汉为良导师介绍高本汉的世禄先生，为什么却不肯效法他，对于这词尾现象，稍稍加以注意呢？这也许是因为世禄先生太注重语序，太注重措辞学的现象了吧。

四、建设与破坏

世禄先生说：“对于中国文法的研究，我以为我们目前的工作，最重要的不在消极的破坏，而在积极的建设。”这是最中肯的话。可是在目前的中国文法界里，我觉得破坏的工作（当然不是以破坏为目的的破坏），却自有其重要性。文法界的前辈先生，大都认自己的“系统”为完全无缺的，既不喜欢人家的补充和纠正，更不容许创立什么新的“系统”。我们无论在方法上，在实例上，倘若不指出那些自命为完全无缺的“系统”的缺点来，我们的建设工作，怕就不会得到社会的同情，前途也就难免要遭遇了许多的障阻。此次承东华先生的盛意，一再要我写一点对于他那新体系的意见，我冒昧地在本刊上发表几篇批评总原则的文字。这不过是方法上的商讨，本不能说是破坏，更谈不上建设。我的目的，无非想把一点语言学的常识写出来，供目前从事文法工作的诸位先生做参考罢了。我明知那些文字，对于东华先生不会有什么用处；可是东华先生的盛情难却，我想不妨借这机会，在这语言学常识还不甚普及的中国，介绍介绍常识，那也不能说是毫无意义的工作。

我在批评东华先生的总原则的文章里，曾经指出了我认为在方法上不大说得通的几点。这也许是很容易被人误解为消极的、破坏的，其实我的态度，决不是消极的。在方法上我自信我也有我的建议。

第一，我反对通用于文言与语体的文法体系。同时我就主张：建立文法体系，应该以同时代的、民众的共同意识做基础。一时代应有一时代的文法体系（时代的划分，当然不能以客观的物理的时间为准，而以文法现象有无显著变化为断）。建立古代语言的文法体系，我们只能以留存下的典籍为唯一的依据。那实在是极其烦难的工作。我虽然希望有“先秦文法”“两汉文法”等等专著的出现，但就目前的状况而论，这恐怕是近于无理的奢望吧。我认为，建立现代中国语言的文法体系，较诸建立古代语言的文法体系，更为重要，而且实在是一桩刻不容缓的事。工作的艰巨，正如望道先生所说：“要有许多人手参加，……始终合力从事。”才会有一点成功的希望，我们一面需要精密的方法，一面更需要勤苦的钻研。自然勤苦的钻研，只有看各人自己的努力；而精密的方法，却不能不有待于共同的商讨。我自知对于中国文法毫无素养，实在是不配参加这工作的，但总想在方法上贡献一点愚见，聊尽我个人的一份微力而已。

第二，我反对东华先生的一线制。我也认为双轴制的存在，自有它坚强的根据；不过保留双轴制，并不是无条件地接受西方的 parts of speech。西方的 parts of speech 单就名称而论，已经是建立在几种不同的分类原理上的。例如动词、名词是根据意义的命名，前置词感叹词（日译作间投词）是根据位置的命名，而代名词、副词、形容词却又是根据对于他词之关系的命名。这种分类，实在是非科学的。我们应该以语词的功能为根据，对于 parts of speech 再作一番的检讨，换句话说，我们应该根据表现关系中的语词的功能，来划分“语部”。我们决不无条件地接受那带有历史的，古典气味的 parts of speech。

第三，我反对以句子的意义做骨架，去建立中国文法的体系。我认为：研究文法决不可以意义为出发点。我曾经提出“广义的形态”，作为研究文法的对象。望道先生在《从分歧到统一》一文里，认为把“广义的形态”作为研究中国文法的对象，有许多不便的地方。他拟用“表现关系”来替代“广义的形态”，我极愿接受。不过表现关系，东华先生却认为“就是词在句中的整个关系”。我深怕再一引申，也许表现关系竟会被误解为“就是句子的意义”。这显然不是望道先生提出这一“术语”的本意。我们知道，语言是记号的体系，一个语词就是一个记号。索绪尔把记号分成能记（significant）所记（signifie）两部，意义当然隶属于所记部分，而表现关系，似乎应该是隶属于能记部分的，这解释不知道望道先生能不能同意。我因为深怕“表现关系”与意义混淆，所以特在此地附带声明一下。

世禄先生问我：“究竟向那儿去开辟中国文法学的园地？”现在我可以毫不迟疑地回答说：“我们应该从表现关系上去开辟中国文法学的园地。”世禄先生以为研究文法不能不先认清中国语文的特殊性。惭愧得很，我说了三四十年的中国话（当然是方言），写了二三十年的中国文，对于中国语文的特殊性，实在还没有认识清楚。可是我始终想研究中国文法，却决不因此而灰心。我相信，人类的认识本来是相对的，谁能说他自己已经把中国语文的特殊性都认识得清清楚楚了呢？我自己相信：将来在研究文法的实践工作里，一定会慢慢地认识到中国语文的特殊性的。在这还没有认清的当儿，我想对于“语序”“音调”“语词的构成”，以及其他的一切文法现象，都给予同样的注意。也许世禄先生以为这样的办法未免太迂缓了吧。好在我并不想独自一人来建立中国文法的体系。我只想在这伟大的工作上，能够贡献出我的一分微力，那已是心满意足了。我既不“临渊羡鱼”，似乎也不必“退而结网”。此后无论在方法上，在实际工作上，假如我能有一点点意见，可以供大家作参考的话，我极愿随时写出来，请大家指教。我所以要这样做，为的是：我深怕“闭门造车”，未必“出门合辙”的缘故。

汉语词类研究中的几个根本问题（提纲）*

一、引　言

1. 词类讨论的收获

自1953年10月高名凯先生发表了《关于汉语的词类分别》后，《中国语文》杂志上便展开了汉语词类问题的讨论。

自1954年9月吕叔湘先生发表了《关于汉语词类的一些原则性问题》后，词类问题的讨论，似乎已告一段落。

1955年11月王力先生在《北京大学学报（人文科学）》第2期上发表了《关于汉语有无词类的问题》后，词类问题似乎已得到了结论。

此次讨论的收获：（1）肯定了汉语有词类的分别；（2）肯定了词类研究在语法研究中的重要性；（3）承认不能单凭意义区分词类；（4）确定了今后研究汉语词类的方向。

2. 此次讨论中的缺点

在此次讨论中，大家所用的语言学术语既未下精确的定义，也缺乏共同一致的认识，所以大家对于许多语言学概念的实质（例如形态、功能、语法成分等等）都未能达到更大的一致性。

为了急于解决实用问题，我们以往对语法理论、语法学方法论都未能给予足够的重视。在这次讨论中，大家对于语法学的研究对象都未能有较为全面的一致的认识（例如词法与句法的相互关系问题，词类与句法的关系，词类与构词法的关系问题等等）。

---

* 原文为方光焘1956年在南京大学“五·二〇”校庆、科学报告会上作的学术报告。

我们对于我们自己以往在语法研究上所犯的错误，未能作深入彻底的检查，对理论也未能细加体会。在这次讨论中，大家都喜欢引用理论的片言只句来回护或掩盖自己的错误，而对理论的真精神却未能掌握。我们在某些问题上研究方向既未明确，研究态度也就易流于折中调和（例如区分词类兼顾词义问题，同时应用多种标准问题等等）。

3. 这篇论文的目的

我打算在这篇论文里提出有关词类研究的一些重要的基本概念和几个应先解决的根本问题。

我对这些基本概念提出了我的不够全面的解释，并对这几个根本问题也提出了我的不成熟的看法，希望能够得到专家和读者的指正。

吕叔湘先生在《关于汉语词类的一些原则性问题》一文中，曾经指出“咱们现在都是拿着小本钱做大买卖”，并号召我们多做些基层研究工作，这是完全正确的。可是这仅仅是问题的一面，我们同时也不应该忽视语法理论的研究。只有在正确的理论指导下，我们才能做好我们的基层研究工作。

二、“词类”是什么

1. 词类是词的分类吗？

（1）“词类”这一译语，造成了一些错觉。

（2）词类并不是孤立的词的分类。

（3）词有本性、变性的看法，是肯定词类是孤立的词的分类。

2. 词类是词在结构中的分类

（1）parts of speech 的含义。

（2）部分是对全体说的，全体究竟是指的什么呢？

（3）作为范畴的词类是在结构中互相规定的词的分类。

3. 评黎锦熙先生的“离句无类”的主张

（1）句子虽然也是一种结构，但结构并不等于句子。

（2）词在句子中担任的职务并不是决定词类的主要标准。

（3）在结构中的词有一定的形态标志，可以作为区分词类的准绳。

4. 评高名凯先生的“汉语无词类”的主张

（1）词形变化是决定词类的唯一标准吗？没有词形变化的语言就没有词类区别吗？

（2）词形变化与词在结构中的形式标志的关系。离开结构，我们就无法谈词形变化。词形变化应该是词在结构中的变化而不是孤立的词的变化。

（3）综合手段与分析手段。

三、对词类是词在词汇——语法上的分类的理论，究竟应该怎样理解？

1. 苏联语言学家与汉学家对词义·语法范畴的解释

（1）龙果夫（А. А. Драгунов）的解释：“这种式样的词的种类，每一类都具有基本意义上和语法特征上（在汉语里，首先是句法上，其次才是形态上和语音上）的共同性，我们称之为词义·语法种类，或是词义·语法范畴。”①

（2）谢尔巴（Л. В. Шахматов）院士的话：“可是与其说是因为它们变格，我们才把桌子（стол）、熊（медведь）等等列入名词，无宁说是因为它们是名词，我们才叫它们变格。”②

（3）沙赫马托夫（А. А. Щахматов）的话：词类的分别除了句法基础以

① 龙果夫：《现代汉语语法研究》，科学出版社 1958 年版，第 2 页。

② 龙果夫：《现代汉语语法研究》，科学出版社 1958 年版，第 2 页。

外，“还有更深厚的基础——语义学的基础。”[①]

2. 吕叔湘、王力两位先生对词汇——语法范畴的理解

（1）吕叔湘先生主张在一定条件下可以凭意义归类。他认为：“无论用什么方法划分词类，词义是一项重要的参考标准。”[②]

（2）王力先生主张：“词义在汉语词类划分中是能起一定作用的，应该注意词的基本意义跟形态、句法统一起来。”[③]

（3）吕、王两位先生看到了苏联汉学家龙果夫规定词类为词义·语法范畴后，便都主张划分词类应兼顾词义。

（4）词类是词义·语法范畴的规定，是不是说在划分词类时应该兼顾意义？是不是说在缺乏形式标志的时候，应该用词义来作为划分词类的标准呢？

3. 我个人的体会

（1）我认为“词类是词汇——语法范畴”是说明“词类”这一概念的性质的。巴尔胡达洛夫（С. Г. Бархударов）说：“如果把语法范畴了解为反映关系的范畴，那么，就根本不能承认词类是语法范畴；那只是名称的范畴，因为它们只指物象、品质等等。与其说它们可以认为是纯粹的语法范畴，不如说是词汇——语法范畴。”[④]

（2）我对沙赫马托夫院士和谢尔巴院士的话的理解。

（3）我们承认词类的分别有更深厚的语义学的基础。在划分词类时，根据一定的形式标志并兼顾词的基本意义，这本没有什么不可以。可是，对缺乏形式标志时单凭词义归类的办法，我们却不能同意。

---

① 龙果夫：《现代汉语语法研究》，科学出版社 1958 年版，第 2 页。

② 《汉语的词类问题》第 2 集，中华书局 1956 年版，第 153 页。

③ 《汉语的词类问题》第 2 集，中华书局 1956 年版，第 61 页。

④ 《汉语的词类问题》第 2 集，中华书局 1956 年版，第 61 页。译文略有改动。

四、什么是形态

1. 高名凯先生对形态的说明

高名凯先生在《普通语言学》一书中，曾经说过，“形态学有广义和狭义的不同说法，前者指一切的语法形式，后者指同一词根之上的语言成分的变形而言（一般的情形，我们是就狭义的意思来谈形态学的）”。[①]

高名凯先生在《关于汉语的词类分别》一文中，却把“形态”局限在印欧语言中那样的词形变化上，高先生不承认汉语有印欧语言那样的词形变化，便坚持“汉语没有词类”的主张。

形态是仅仅指词形变化吗？汉语没有和印欧语言完全一样的词形变化，就不能划分词类吗？我们就不能用汉语中和印欧语言不完全相同的形态来划分汉语的词类吗？

2. 王力先生对形态的看法

王力先生也把“形态”分作广义与狭义两种。狭义的形态指构形法（即词形变化），广义的形态包括构形法与构词法两者而言。

王力先生肯定了汉语具有广义和狭义的形态。

王力先生并不主张划分词类单凭形态为标准。他提出三个划分词类的标准：词义、形态和句法。他认为三者应该统一起来；在划分词类的时候应该交叉地、综合地、同时地运用这些标准。

原则上我对王力先生的主张，没有什么不同意。但在实践上，三个标准究竟应该怎样地去统一起来，王力先生却没有明确指出，而且，“交叉地、综合地、同时地运用”一句话，也不够明确。

---

① 高名凯：《普通语言学》下册，新知识出版社 1957 年版，第 163 页。

3. 吕叔湘先生对“形态”的看法

吕叔湘先生虽然没有明白肯定汉语有“形态”，但他主张汉语是可以用结构关系（功能）、“鉴定字”、重叠形式和词的意义等多样标准来划分词类的，实际上吕先生已肯定了汉语具有和印欧语言不尽相同的“形态”，不过吕先生怕惹起无谓的争论，故意避去“形态”一词不用罢了。

吕先生对于各种标准的配合问题，曾经作了一些较为详细的说明。吕先生同时也主张“拿全面的结构关系做主要标准，是可以照顾到所谓形态，照顾到词义，也适当地照顾到句子成分的”。[①]

我认为在吕先生所列举的标准中，有许多标准是可以统一在一个较概括的标准之下的。吕先生所举的具体标准有几种只能说是形态标志，而不应该把它单独作为一个标准看的。

4. 岑麒祥先生对形态的解释

岑麒祥先生在《语法理论基本知识》里曾经规定过：“形态学的任务就在于研究语言的形态单位及其功用。”岑先生对“形态单位”这一术语，也有详细的说明。他说：“形态单位这个概念，就语法方面说，专指那些用来表示同一句子里面词与词之间的关系的词的变化形式……但这个术语的真正意义却并不止于此。它应该包括一切词的构成部分，如前加部分、词根、后加部分、词尾等。”[②]

假如我的理解没有什么大的错误的话，那末岑先生所说的“形态单位”是与王力先生所说的“广义的形态”相差不远。“形态单位”显然是morphème，марфéма的译语。在构词法上，有人把марфéма译作“词素”；在语法上，也有人把morphème译作“语法成分”。

---

① 参见《汉语的词类问题》第2集，第151页。

② 岑麒祥：《语法理论基本知识》，《俄文教学》1955年第10—12期。

岑先生反对“把形态单位跟语法成分看作一样的东西”。他认为形态单位只包含词形变化和词的构成部分，而词的次序和辅助词却是语法成分。岑先生这样的区分法是不是有科学的根据？这一问题留待下面再讨论。

5. 我个人对形态这一术语的理解

语法是研究语言要素间的各种关系的学问。具有一定的形式标志，表达出一定关系的结构，构造叫作“形态”。语法学是以“形态”为研究对象的，词类的划分也应该以“形态”为唯一的标准。

我所说的“具有一定的形式标志，表达出一定关系的结构”的形态，既不等于王力先生所说的广义狭义的形态，也不等于岑麒祥先生的“形态单位”，倒和吕叔湘先生所说的“全面的结构关系”有些相近似。

我明知“形态”一词容易引起争论，但语法学的性质迫使我不能不提出“形态”这个术语并给予一些新的规定。安德列也夫（A. P. Андрссв）说：“把逻辑称为思维的语法，而语法称为语言的逻辑，并非偶然。”把“形态”作为语法学的研究对象，也不是偶然的，而是语法本身的性质使然的。

五、什么是“语法成分”？

1. “语法成分”一词的输入和译语

王力先生早在《中国文法学初探》一篇论文中，用过 sémantème 和 morphème 两个词。他把 sémantème 译作意义成分，把 morphème 译作文法成分。后来我们一直沿用着王先生的译语。王先生称名词、形容词、动词、副词为意义成分，称代名词、介词、连词、助词为文法成分。这显然是以房德里耶斯（J. Vendryès）的《语言论》第 2 篇第 1 章为根据的。这种把词类划分为意义成分和语法成分的办法，究竟是否妥当，我不想在这里讨论。

sémantème 和 morphème 两个术语，就我所知，似乎是房德里耶斯首先使用。波兰汉学家赫迈莱夫斯基在《汉语的句法和形态问题》一篇论文中，也曾经用过根本词表即义素（sémantèmes）和形式词素即形素（morphèmes）这两个术语。

我以为这两个术语，是指语言要素的结构、构造中的两个部分，似乎译作“意义部”与“形态部”比较更妥帖一些。

2. 房德里耶斯对“形态部”一概念的说明

意义部是表示表象的观念的语言要素，形态部是表示观念间的关系的语言要素。形态部常常是指示出在句中观念间相联系的语法关系的音韵要素（一音素、一音节或数音节）。

形态部约有三种不同的类型：第一种是以后加部分和词尾的姿态出现的，这一类的形态部并不独立存在。可是法语的代名词、冠词在文字上虽然分开写成独立的词，也不妨归在这一类中。第二种是以元音变化、重音、声调等来指示语法关系的形态部。第三种是以词的次序来指示语法关系的形态部。

形态部与意义部的结合，在不同的语言中，显示出不同的程度。在印欧语言中，两者结合得非常紧密；而在汉语中，两者却结合得较为松懈，形态部依旧保持有若干的独立性。实词是意义部，虚词是形态部。

3. 对形态单位和语法成分的区分的疑问

房德里耶斯的形态部，显然包括岑麒祥先生所说的形态单位和语法成分两者而言。

岑先生把“词根”也作为形态单位的表现形式，这显然与房德里耶斯所说的“形态部”不同。“词根”，照我的愚见，似乎应该归在房德里耶斯的“意义部”中的。

王力先生、高名凯先生都是以房德里耶斯的说法为根据，使用意义成分和语法成分这两个术语的。岑先生对“形态单位”的说明是否另有根据？

4. 形态与形态部

我把意义部与形态部相结合的整个结构、构造叫作形态；所以形态并不等于形态部。

构形法中词形变化部分，构词法中的前加、后加成分，都是“形态部”，而不是“形态”。

作为形态部的虚词和构词法、构形法中的形态部，性质是否完全相同？这是值得今后细加研究的问题。

六、形态与功能的相互关系问题

1. 形态与功能的关系

（1）形态是凭功能决定的表达一定关系的构造。

（2）抽去了功能的形态是不可能有的。

（3）我们也不能想象“没有形态的功能”的存在。

2.“功能”的解释

有人把词在句子中担当的职务叫作“功能”；有人把“形态部”表示的语法意义叫作功能；也有人把“使用”叫作功能。这些都和我们所说的“功能”毫无共同之处。

“功能”是指一语言要素与另一语言要素排他地相结合的能力而言。

我所说的“功能”，是与龙果夫教授所说的“组合能力”以及语言学博士波斯皮洛夫（Н. С. Носпелов）所指的“一词与他词相结合的能力”相近似的。

3.“功能”是属于意义部的，还是属于形态部的呢？

“形态”既然是指意义部与形态部相结合的整个构造而言，那末，这种结合能力——“功能”，究竟是属于意义部的呢，抑或是属于形态部的呢？

我们认为只有意义部才具有和其他要素相结合的能力。形态部缺少的不是“意义”（因为形态部也表示一定的一般意义），而是功能。

我们认为词类是功能范畴。沙赫马托夫指出：词类的分别除了句法基础以外，“还有更深刻的基础——词义的基础”。“词义”之所以被看作词类区分的基础，恐怕就是因为意义部具有结合功能的缘故。当然这里所说的“词义”不是具体的、个别的词义，而是作为范畴看的一般的意义。

七、划分词类的标准问题

1.“形态”是划分词类的唯一标准

王力先生在《关于汉语有无词类的问题》一文的结论中提出：词义、形态、句法三个划分词类的标准。可是对于这三个标准，王先生却并不是同等看待的，他认为词的基本意义应该跟形态、句法统一起来。由此可见，他并不主张单独运用词义标准，他认为形态标准应该尽先应用；在不能用形态标准的地方，句法标准才起决定的作用。

我所提的形态标准，和王先生所提出的三个标准中的形态标准有些不同。王先生所指的形态，仅仅包括构形性质的和构词性质的。我所提的形态标准范围似较广泛，似乎是把词的基本意义和词的结合都统一在形态标准里。

因此，在实质上我的提法和王先生的提法并没有什么大出入。

2. 词义和形态

王力先生所说的词的基本意义，当然不是指具体的、个别的词的意义，而是指一般的、概括的意义。

作为整个构造看的“形态”中的意义部，是具有与其他语言要素相结合的功能的，具有结合功能的意义部不是个别的词（或要素）的意义，而是概括的、一般的意义。

形态既然是指意义部与形态部的结合，那么形态标准显然已把词义统一在里面了。

3. 句法与形态

句法这一术语，就目前的使用看，至少有两种含义：一词与他词的结合能力；词在句子中所担任的职务。

吕叔湘先生对按照句子成分决定词类的主张，已有精当的批评。我们认为“词在句子中所担任的职务”，仅能作为划分词类的参考标准、次要标准。

词与词的结合能力就是我们所说的“功能”。我们的形态标准显然包括有“功能”概念在里面。

八、词的跨类和词的通借问题

1. 拿形态标准划分词类，能不能解决一词多类的问题

苏联汉学家郭路特（Н. Н. Коротков）在《近几年来苏联东方学研究中的汉语形态问题》的报告里提出了一些意见。①

郭路特曾经把苏联语言学中所产生的“词是形态的系统和统一体”这一概念介绍给我们，并告诉我们苏联汉学家宋采夫（В.М.Солннсв）曾把词是形态的系统这个定义应用在汉语上。郭路特认为，“判断语言中某些词类是否存在，是要根据某一类词所特有的全部形式标志。”

“形式标志”，根据我个人的体会，恐怕和我所说的“形态部”相近似。形态系统，怕也和我所说的“形态”有些共通点。

2. 词的跨类问题

跨类问题，是研究汉语词类的人经常碰到的一个基本困难。

---

① 郭路特：《近几年来苏联东方学研究中的汉语形态问题》，《中国语文》1955 年 12 月。

苏联汉学家根据“词是各种形态的统一体”的原理解决了跨类问题。

对于“锯”“锁”“组织”“攻击”“代表”等词，我们若用“词义不变，词性不变”的原则，是解决不了问题的。“代表们”和“代表着”显然有两套不同的形态系统，那末我们可以认为是两个不同的词（两个同音异义词）。

3. 词的通假问题

我们先来谈一谈“使用”。一类词有时可以作另一类词用（例如：喝白干；白干一下）。这种临时性的使用，我们叫作通借。

通借既然是临时的性质，那末甲词类并不因此就变成乙词类（例如：给他一个知道）。

使用与惯用。一个词常常被作为另一类词用，用久了，那个词倘已具备了两套形态系统，那已经是两个不同的词了。

九、结　语

上面我已经把有关词类研究的一些基本概念和几个根本问题提了出来，并且陈述了我个人的不成熟的看法。因为学历不够，理论水平太差，我在这篇论文里恐怕解决不了什么问题。我之所以胆敢提出这些不够全面的、未成熟的看法，目的在于引起大家对语法理论、语法学方法论的重视。在展开语法的基层研究工作之前，大家倘能在原则、方法上求得更一致的认识，那也不是毫无意义的事。论文中有错误的地方，希望语法专家、语言学者和读者加以指正。

汉语形态问题*

汉语形态问题涉及各家的语法体系，也涉及语法史上的一些不同看法。前几年，苏联的郭路特（Н. Н. Коротков）有一篇文章《近几年来苏联东方学研究中的汉语形态问题》(《中国语文》1955 年 12 月)，介绍了苏联学者在这一方面的研究情况。我在这里先讲一些有关的理论认识，也介绍一下苏联学者的观点和方法，同时谈谈自己的看法。

一、漫谈实字、虚字、助字

我们应该了解一下，前人对于汉语语法的研究是怎样进行的，传统的研究方向是什么。传统是把汉语的词分成实字、虚字，《马氏文通》依据的就是这个传统。助字也是很早就提出来的。究竟要两分还是三分？这个问题很可以研究。

一九五四年在南京军事学院的一位苏联专家常和我讨论中国语法的一些问题，当时也谈及实字、虚字的划分。胡小石告诉我，南宋张炎的《词源》讲到实字、虚字。究竟从哪里找实字、虚字分法的起源呢？一九五六年，日本的宋元小说戏曲专家青木正儿有《虚字考》，谈到了一些问题。从一些资料看，实字、虚字最早是在古诗写作中提出来的，和文学有关系。

1. 虚、实字之分始于宋代的诗论

青氏的考断认为虚字、实字之分起于宋的诗论。是否再往前推，还可以研究。

在宋代的诗论里可以看到：

---

* 原文载于《语法论稿》，江苏教育出版社 1990 年版，第 44—55 页。

杨万里（十二世纪）《诚斋诗话》："诗有实字而善用之者以实为虚。老杜诗'弟子贫原宪，诸生老服虔'。老字盖用赵充国'请行，上老之'之老字。""贫""老"是由名、形变为动词，过去以名、形为实，动为虚。这种看法一直到曾国藩"春风风人""解衣衣我"还继承下来，这叫体为实，用为虚。《红楼梦》的菊花诗是一名加上一动，把动作当虚字，有"忆菊""访菊"等。

北宋范希文《对床夜语》和魏庆之《诗人玉屑》中论及虚实字。他们认为诗，尤其是律诗，五、七言中的诗眼（五言以第三字为诗眼，七言以第五字为诗眼）用实字有的很好，有的并不好，有时首字用虚字很好，有时也并不好。他们对此做了研究，由此可以看出对虚、实字的分法。《对床夜语》的杜诗引例："梅花万里外，雪片一冬深"（"万""一"）；"山县早休市，江桥春聚船"（"早""春"）。"万""一"是数词，"早""春"是名词，大体以数、名为实字。《诗人玉屑》引例："夜潮人到郭，春雾鸟啼山"（张凡《赠薛鼎臣》）；"野渡波摇月，空城雨翳钟"（方干《从兄韦部》），"古寺碑横草，阴廊画杂苔"（顾况《废寺》）等。这里把"人、鸟、波、雨、碑、画"看作实字，即以名词为实字。他们看作虚字的，《对床夜语》有杜诗的"行色递隐见，人烟时有无"，"递""时"是副词；"蝉声集古寺，鸟影度寒塘"，"集""度"是动词。这本书把副、动都看作虚字。《诗人玉屑》引例：杜诗"无风云出塞，不夜月临关"，"无""不"是虚字，今"不"是副词，"无"是同动词。"无人花色惨，多雨鸟声寒"（李嘉祐《江阴道中》）；"以吾为世旧，怜尔继家风"（李嘉祐《送张秀才》）；"但将酩酊酬佳节，不用登临恨落晖"（杜牧）等。"无、多、以、怜、但、不"都看作虚字，即把形、动、副都认为是虚字。这也可以反映当时的分法，反映传统。他们还分出一类字，叫虚活字、虚死字。《对床夜语》说："虚活字极难下，虚死字尤不易，盖虽是死字，欲使之活，此所以为难。老杜'古墙犹竹色，虚阁自松声'及'江山有巴蜀，栋宇自齐梁’，人到于今诵之。”“犹”“自”是虚死字，今是副词。“有”“自”也是虚死字，今是动词。这是动、副为虚死字。《诗人玉屑》讲到虚活字，举例有“孤灯燃客梦，寒杵捣乡愁。”（岑参《客舍》）“夜灯移宿鸟，秋雨禁行人”（张蠙《经荒驿》）；“危峰入鸟道，深谷富猿声。”（李白《题范溪馆》）“燃、捣、移、禁、入、富”等，大体是动词。可见，实字是名、数；虚字是动，即虚活字；还有虚死字，包括形、副、介、助、同动等。

南宋张炎《词源》也说到虚字。他讲“正、但、甚、任”等是一个字的虚字，“莫是”“还又”“那堪”等是两个字的虚字，“最无端”是三个字的虚字。一个字的我们看是副词性的，两个字、三个字的近于副词性，或助动词。这跟前面讲的范希文、魏庆之的分法大体相近。

2. 助字之说

助字之说，起源更早。南北朝（六世纪）颜之推《颜氏家训·音辞篇》讲助字。“焉”有二用，一用送句，一助词。前者如“有民人焉”，“有社稷焉”，是语气词；后者如“晋郑焉依”，在句中，和送句有别，近于疑问代词。

刘勰《文心雕龙》也提出一些字。说：“夫、惟、盖、故者，发端之首唱……乎、哉、矣、也，亦送末之常科。”他和《颜氏家训》的送句提法一致。

唐柳宗元把送句、送末也看成助字。他的《复杜温夫书》里说：“但见生用助字不当律令，唯以此奉答。所谓乎、欤、耶、哉、夫者，疑辞也。矣、耳、焉、也者，决辞也。今生则一之。”他的疑辞是疑问语气词，决辞是判断语气词，已把颜之推、刘勰讲的合在一起了。

宋陈骙《文则》已经叫助辞。“文有助辞犹礼之有傧，乐之有相也。礼无傧则不行，乐无相则不谐，文无助则不顺。”他把句中、句末的都看作助辞，而且把“其、乃、以、之、而、无、不、实、曾是、未曾、斯、有、则、然”等都归入助辞，这样归法几乎和前人的虚死字相同。

清刘淇《助字辨略》没有给助字下定义。他认为虚实的意义有区别，说："构文之道，不过实字虚字两端，实字其体骨，而虚字其性情也。"他把助字分为三十类，大体也是以前的虚死字。

从以上传统的论述看来，三分是素来就有的。实、虚、助三分是一个传统的分法。

3.《马氏文通》以来实字虚字的区分

《马氏文通》在一八九八年出版。这本书提出："凡字有事理可解者，曰'实字'。无解而惟以助实字之情态者，曰'虚字'。"实字指名、代、动、静（形容）、状（副），虚字包括介、连、助、叹。这样分法，已推翻旧有的传统分法，是按照西欧语法来推定的。代词在西欧语法里看作实字，我们最早出现的"其"是看作虚字的。后来讲实虚字（词）的都不以古来的传统为准，而以《马氏文通》这一分法为根据。马氏这一分法，影响很大。

杨树达就采取三分：实字（名、动、形），半实半虚字（介、连），虚字（助、叹），副词一部分放在实字（并入形容词），一部分放在半实半虚字，这和《马氏文通》的分法基本一致。

王力的分法：实词（名、数、形、动），又放进数词，代词没有列入，和《马氏文通》以前的传统分法相近；还有半实词（副），半虚词（代、系），虚词（联结、语气），这一部分和《马氏文通》不同。

4. 评实字、虚字的区分

以往实字、虚字的区分，如果是根据实际的词汇意义来分别还是可以的。如果是从语法角度来区分，是否划得妥当就可以考虑，看来有可以批评的地方。因为以往这种区分是从概念出发，而不是从语法标志，从外部的标志出发的，这样区分出来的实字、虚字不能看作是语法上的类别。但在传统的区分中，一方面固然是从概念出发，另一方面却没有把字当作孤立的来看，而是从字的用法去看，虚用成实，实用成虚。这种由用法（即词的功能）来区分实虚，又是合乎语法的。不过前人使用的术语不够严密，可以说是科学萌芽时的用语。

二、形　态

1. 传统语法的下位区分

形态这个术语是由西欧传来的。西欧语法的传统下位区分是把语法分成两个部分：词法（morphology），句法（syntax）。由字面译，morphology，即形态论；syntax，即结构论。前者研究词本身，后者研究词的联结，两者的关系是密切的，并不是毫无关联的。离开结构的词不是语法研究的对象。即使形态多的语言如俄语，名词的格也存在于结构之中。形态、结构二者不是截然无关的。

在西欧语法的传统里词法以有词形变化的词为对象。词类的区分放在词法里，以词形变化作为词类区分的标准，词类是语法的基本范畴，是语法范畴的基础，由“性”“数”“格”等组成。马建忠介绍西欧语法，比照汉语，划出词类，自此以后我国的语法书才有词类区分问题的论述。问题是西欧注意形态，并放在词法里，当然是顺的。我们研究汉语语法怎么处理呢？要不要有西欧语法那样的体系呢？这是一个极为重要的问题，这个问题的争论也最多。

2. 汉语有没有形态

形态，按西欧传统语法是指词形变化。在印欧语中，由词形变化建立语法范畴，建立词类的基本范畴。汉语没有西欧语言那样完全的词形变化，即形态。高名凯认为没有形态就不能区分词类。吕叔湘、王力认为没有西欧的形态，但还是可以区分词类，可以由意义来区分。吕叔湘认为意义不变，词性不变，词类也不变。王力认为词有本性，即意义。黎锦熙在《新著国语文法》里认为“依句辨品，离句无品”，词类只能在句中看词的职务。

这样，对于汉语的词类问题就有了各家不同的主张。

3. 汉语有没有它自己的形态

汉语虽然没有和印欧一样的形态，但汉语有没有它自己的形态呢？这是可以研究的。

语言以声音为外壳，声音不是杂乱无章的，它安排在一定的形态里就有了意义。因此，任何一种语言都有一定的形态，这一点是毫无疑义的。但是应该承认各种语言构成形态的手段并不相同，词形变化是一种语法手段，是形态，词序也是一种语法手段，也是形态。“我打他”“他打我”，在印欧语里是由形态，即词形变化来表现的。汉语无词形变化，就由词序来表现，词序是汉语的主要形态。再说，即使是有词形变化的英语，也不是词形变化盖过一切的，动词表示“将来”还得加助词 shall、will，这和汉语的“将来”等用动词和其他词的结合来表现是相近的。

汉语作为一种语言有语言的一般性，但汉语又有自己的特殊性，有它特殊的构成形态的手段。在语法研究中，对于汉语里哪些是属于一般语言共有的，哪些是它特有的，这两方面的事实都应该注意，任何丢弃一面的做法都是不足取的。

三、苏联汉学家对汉语形态问题的看法

1. 语法范畴释义

范畴是一个有复杂含义的术语。范畴是一种概念，一种大的高级的类概念，是概念的最高的上位，最高的类（如人、生物、物质，由下而上，直到最高）。研究各门科学，研究任何一种现象，都要研究对象的类概念。说明范畴之间的各种关系，就构成了体系。对于语法现象的研究也是从分析范畴入手，然后建立语法体系的。

语法范畴大体分为两类：基本语法范畴，通常称为词类的语法范畴是

基本语法范畴，这在任何语法里都有。另一种是附加语法范畴，如讲词类是指某一种词类所特有的，这类词在附加范畴基础上建立起来。如俄语里有性的范畴，名词由此建立。时间也是范畴，有这种范畴的是动词。因此，语法范畴是概括意义和它的形式标志的统一。概括意义可以有时态、性、数、人称等，它不是光秃秃的，它有一定的形式标志。现代汉语的“根”可以加到一类具体名词上去，如“火柴”“粉笔”“凳子”“绳子”等，概括起来是有一定长度的事物的名称。“根”作为形式标志，由它表现出来，就建立了名词的附加范畴。英语名词 books 里的 -s，概括意义是名词多数，-s 是形式标志。只有概括意义，无形式标志，就是逻辑范畴的东西。离开了表现手段的，就不是语法范畴。

2. 肯定了汉语的形态

以前，法国的马伯乐在汉语无形态论者中是最出名的。而在苏联，一些学者却肯定汉语有形态。苏联学者的论证是：

汉语的词具有一系列的形式标志。“吃了、吃着、吃过、吃起来”等是成为系统的。但汉语并没有如印欧语言那样丰富的词形变化，没有那样复杂。汉语也和一般语言一样，是有词类分别的。这个问题可以由以下几个方面来说明：（1）词的句法功能。这和黎锦熙从句子中的职务看词类有别，黎锦熙是由意义出发的，苏联学者讲的句法功能是从形式标志看的。（2）有构词法作用的词尾。如“儿、子、头”等是名词的词尾。（3）不同词类的构词模型。“黄焦焦”“黑漆漆”等是形容词的构词模型；“舒服舒服”“研究研究”是动词的构词模型。（4）实词和构形成分的结合。如“们”，名词的构形成分，“老师们”“同志们”，动词的构形成分“了、着、过”等。这四种中，后面三种都是由词本身的变化来决定的。

对于肯定汉语有形态的观点，中国学者如高名凯却持相反意见。这中间有什么原因呢？原因在于高名凯的形态局限在词形变化，狭义地以印欧语那样的词形变化为准。高名凯提出“们”不表示多数，“先生们”“学生们”可以说成“先生、学生们”，“们”在有些场合不是不可缺少的。这种看法是机械的，不可取的。

构成形态的手段可以有两种：综合的，不可分割的；分析的，可以分开的。汉语是后者，是明显的分析手段。手段尽管不同，成为词的形态的作用都是一样的。就是在印欧语言里，动词将来时在俄语里也有分析手段，在英语就用动词前加 shall、will 等表示。

在汉语里，既然承认有和词相结合的构形成分，从词的物质外壳上看（即从声音上看），就已经起了变化。“吃”，严格讲只是一个词根，“吃”出现在句子中一定有一个附加成分，不会单独出现。“我吃”这个“吃”是以零形态出现的，零形态也表示一种语法意义，是现在时，一般的“吃”。

词是形态的系统和统一体。一个词是包含着一系列的变体，构成一个系统，又是一个统一体。区别词类，要从词的形态系统的统一体来看问题。汉语动词“看”，加“了”“着”“过”“起来”等，都是“看”这个词的变体，统一起来才能是一个词。比方词干是对前加、后加的附加成分而说的。“看”是词干，不单独出现，一定和附加成分一起出现。所以可以推论，凡是和“了、着、过、起来”等附加成分结合的，是动词词干。“生产”，和这些附加成分结合，是动词。但“生产”又是名词，它可以和另外的标志（加数量、形容词）结合成“一种生产”“主要的生产”。既然这样，词干就可以分类。这种观点，在用惯了方块字的人看来感到很新鲜。

3. 跨类问题

前面讲了汉语可以区分词类，但区分以后又是有跨类的，这是汉语里的一个主要现象。中国学者对此有不同处理：黎锦熙主张在句中定类。王力把词分成本性、变性。“白干”的本性是名词，“我也白干一下”的“白干”，是动词，变性。这个本性是极难定的，“雨”的本性是名词，还是动词呢？

吕叔湘认为词义不变，词性不变。“红花”“花了三元钱”，“花”是词义变了才改变词性。但语法是以语法意义和形式标志的统一为准的，不能单以意义为准，单讲意义不变，词性不变就说不通。“态度端正”“端正态度”，“端正”的意义是一样的。汉语词类的跨类确实是个很难处置的问题。如果把词看成形态的系统和统一体，就无所谓跨类，和某一套附加成分结合，就是某一类词。“组织”和“起来”等结合是动词，和形或数、名结合就是名词。

还有一个转类问题。语言中的词总有一个先用的问题。如三十年前田汉第一个使用“摩登”一词，现在已很少有人用。使用以后大家都用了，这叫作接受，进入语言叫惯用。惯用，可以决定词类。由惯用的词类又使用到另一类词去，可以使人接受的，叫转类。转类在语言实践中是非常普遍的，转类的事实并不妨碍原来词类的词性。“白干”，名词；“白干一下”，“白干”使用了，转类为动词。“知道”，动词；“给他一个知道”，当作名词使用惯了，看作转类。如此使用已久，可以产生同音异义词。

4. 结论及存在的问题

苏联学者在汉语形态研究方面已获得的结论大体有这样几点：（1）判断语言中某些词类是否存在，不是只根据词的形态，而是根据词所特有的全部形式标志。（2）在确定某一组词是属于哪一类时，所有的形式标志都要同时作为准则。（3）一种词类之内的某些词在形式标志上可以有些不同（在一个词类之内形成小类）。（4）在语言中有任何一种形式标志来表现的词类时，有些词虽然形式标志不充分，但仍属于这个词类，因为这些词的一般意义和该词类的意义及句法特点是相同的。（5）当同一个语音综合体在句子中不仅有各种不同词类的概括意义和形式标志，而且还有词汇意义变化时，如“组织”（动、名），“武装”（动、名），在这种情况下，在我们面前的不是一个词而是两个不同的词（两个同音异义词）。

存在的问题有两个：（1）汉语中的接续词的实质和用接续词表达的那

些意义的性质问题。接续词大体上是附加成分，语法上是后加的。“胖子”的“子”，动词后加“了、着、过”都是。究竟其实质如何，是否和印欧语的词形变化部分即词尾等相同？高名凯认为二者并不一样，汉语里的这些东西有一定的实质，保持着一定的意义，有相当的独立性。“子”有“人”的词汇意义，“虾子”“鸭子”的“子”更有词汇意义。苏联学者肯定它们是形态，但没有肯定它们的性质是词汇意义还是语法意义。王力认为这是构形法，比较起来他是接受这种意见的，他同意“胖子”的“子”是语法意义。（2）附加范畴问题。高名凯认为附加范畴在印欧语言中是必定要有的，在汉语中却可有可无。如名词中数的范畴不一定非用不可。又如动词完成态“了”，也不一定要用，“他昨天回来”，不一定加“了”。

四、汉语语法研究的方向

我在一九五六年提出的《汉语词类研究中的几个根本问题》（提纲）里，讲过自己的看法。在这里着重讲两点。

1. 对语法传统的下位区分的批评

《马氏文通》以来，对于西欧语法传统的迷信是很多的。西欧语法大体上分为词法、句法两部分。但孤立的词不是语法研究的对象，语法研究以语言单位的关系为对象。如果不发生关系，就不是语法的研究对象。这种区分形成一种错觉，似乎词法只研究孤立的词，而关系到句法里再讲。实际上词法中的事实大多在关系中存在着，不是孤立地存在的，这说明词法和句法不能截然分割。苏联学者中也有人这样看的。在西欧语法中，这样的区分在实用上有方便之处，有它的实用价值。因为词的词形变化丰富，先在词法中讲了，再在句法里研究其相互关系倒是顺的。不过，汉语是不是也要同样如此划分呢？如果说汉语有词形变化而不丰富，词法的内容不多，由此否定汉语的形态，再否定词类存在，也就没有了词法，没有了语法。傅东华提出过“一线制”，企图全部并到句法。高名凯主张无词类，也是虚无主义的。但是如果我们的认识转到另一极端，完全肯定汉语和西欧语有同样的形态，那也是不符合实际的。

2. 形态的含义

问题还是在于对形态概念的理解。我们把形态的含义规定为包括西欧的形态和汉语的形态，问题就易于解决。我认为，形态指具有一定的形式标志，表示出一定的关系的构造、结构。这个定义，先决条件是一定要有形式标志，不然就不是语法关系的特征。“红花”，作为一个构造、结构有一定的形式标志，即“红”在“花”前，“花”在“红”后的词序，这种词序是限定关系、规定关系。这样，形态的含义就从西欧语法里原有的范围扩大了，复合词、派生词都可以看成形态。“杀人”是两个词的结构，形式标志是词序，“杀”在“人”之前是支配关系，也是形态。语法以研究关系为对象，关系在构造、结构中存在。有构造、结构，就有形态，有形式标志。形态概念的广义理解，有助于语法研究的继续深入。

我们还可以进一步分析形态本身，形态是由意义部和形态部两个部分结合在一起的。“红”和“花”都有一定的意义，依靠词序这个形态部而组成一个构造、结构。“桌子”，“桌”是意义部，“子”是形态部，这种形态部一定结合在一定的名词之下，本身并不独立存在。我们应当从语言的实际表现出发，注意到有词形变化的如英语，books 是由形态部 -s 和意义部 book 结合的；元音变化（foot、feet）是形态部，词尾也是形态部。一定的意义部和一定的形态部相结合，并不是任意的，不是任何东西都可以结合的。研究语法当然离不开意义，但不能只看意义，要从形态部和意义部的结合着眼，从意义部的形式标志出发。研究语法要讲功能，功能是一定的意义部和一定的形态部相结合的能力。这种功能是由意义部产生的，形态部本身缺乏功能。即使以感叹词为例，它也有意义，它的意义还包含情感，但感叹词缺乏的是功能，可以说是一种零功能。

现在一般区分词类常考虑意义、形态、功能三种标准，但三种标准是难以并重的，多标准等于无标准。由于意义部具有功能，功能只能由形态来承担，所以三种标准可以统一到广义理解的形态之中。形态本身就包含着不可缺少的意义，而功能必定要依附于表现为一定构造、结构的形态。因此，研究语法应当以形态为主。

谈现代汉语语法中的主要问题*

形态和功能问题的解决，可以对现代汉语语法的主要问题的研究起到推进作用。在形态、功能问题中，首先需要解决一些核心的问题。

一、单位问题

各种科学部门都有单位，单位是个很重要的问题。物理学的电子，生物学的细胞，都是单位，这一点是很清楚的。语言学也有单位，语法也有单位。语法以什么为单位呢？字与词不同。旧的说法是字等于词。《马氏文通》以字为单位，未接触到词的问题。现代汉语当中，一个字不见得就是一个词。“葡萄”“孔雀”“鸳鸯”都不是一字一词，以字为单位就成问题。语法如果以字为单位就站不住脚了。过去说集字而成句，建国以后的语法研究，强调以词为单位，以词代替了字。

以词做单位，词以下的如词素，词以上的如词组、句子，要不要研究呢？当然要研究，词素、词组、句子都要研究。那么，真正的语法单位是词，还是词素呢？词以下的东西是否在词类里面谈呢？“了”“着”“过”“的”等算词还是算词素呢？这些问题都还没有解决。

同样，词和词组之间的界线也没有弄清楚。结果性的“打倒”“吃饱”等算不算词？苏联的龙果夫、雅洪托夫（С.Е. Яхонтов）认为是词。王力则认为不是词。陆志韦调和折中，说“打倒”一般不能扩展，是词；“吃饱”可以扩展，如“吃得非常饱”，不算词。

我们暂时可以不管词以上或词以下的问题，词本身总是语法研究的中

---

* 原文载于《语法论稿》，江苏教育出版社 1990 年版，第 56—61 页。

心。但是词又怎样确定呢？一般通行的定义是“自由运用的最小意义单位”。这牵涉到词要在运用之中才能得到肯定，不运用就不能肯定。对于这一点，一般又是从意义来看的。“祖国”是词还是词组呢？“母校”是词还是词组呢？讲意义，就很难定下来。讲运用，应当看结构，词一定要在结构之中才能肯定下来。“请示”可以在两个不同的结构里出现：“请老太太的示”，“请示老太太”。按陆志韦的说法，前一个是词组，后一个是词。所以单位是在结构里的单位，离开结构就无单位可言了。

结构的外部表现为形态，一个结构的全体即形态。一个结构之中，总有关系存在。有结构就有形态和关系。解决单位问题应从结构入手，解决形态和功能问题，研究结构之中的关系。

讲词与非词，不从结构出发就很难。这个问题在英语里也同样存在。blackboard 是一个词。从语音讲它有重音，从意义讲它是单一的概念。但确定为词主要在于运用起来可以加上冠词、数词和形容词，从运用中鉴别出来。音、义两方面，对鉴别语法上的词能起帮助作用。

二、词法和句法问题

传统的西洋语法区分为词法、句法两部分。从拉丁语法研究开始出现以来，一直是词法研究形态变化、词形变化，句法则对结构进行研究的。实词方面，从词形变化看当然更加明显。

《马氏文通》依傍了西洋的研究。这种研究倾向，在日本语法研究中也存在。问题是汉语没有印欧语言的一套词形变化，词法在过去只从意义方面来讲，《马氏文通》的实字、虚字的区分就是根据意义来的。到句法，联系到功能，才讲结构，这样就有了矛盾。因为按照意义区分出来的词类，到句子里边就要变化了。词法从意义讲，一个词可以列为几类，但到了句法里只能得出一个类。结果从词法里分出来的类，跟从句法里分出来的类有矛盾。在汉语语法研究上，这个矛盾的解决显然十分重要。

各家都想来解决这个矛盾问题。黎锦熙以句法为主，对于词法里分出来的意义的类，看得并不重要。这叫作“凡词、依句辨品、离句无品”。王力则认为在词法、句法之间要有一个沟通的桥梁。他依据叶斯柏森的三品说，把结构里的词分成三品（实词的名、动和形、副）。如“我明天来”，“明天”，首品，“来”，处在关系位，用作末品。后来王力已经放弃了三品说。陈望道的见解是功能论，想用功能来解决词法与句法问题，从结合能力出发去解决词法、句法问题。他认为语法是研究组织的（组织即我们讲的结构），词与词组织起来全看结合能力，即功能。看结合能力这一点和我们没有大的区别，但是他没有作详细的系统的论述，从他的文章中看不出这一功能观的全面运用。功能是怎样产生的呢？功能是有所依傍，还是无所依傍的呢？功能这种能力的主体又在哪里？陈望道都没有讲。我认为功能是一种能力，它依附于形态，功能的主体应该是形态。陈望道只讲组织，说功能是从组织里产生出来的，但又不承认组织就是形态。他没有回答组织是什么的问题。结果，组织就是组织，有组织就有功能。如果说他的组织就是功能所在的形态，我们的看法就一致了。他很早就想写一本文法新编，现在还没有写出来。

我提出的广义形态是根据索绪尔的语言学说，从结构、构造、关系来沟通词法、句法。有结构，有构造，有关系的地方就有形态，这是广义形态，不限于句法。这样，结构论包括词形变化、结合能力；句论，即分析句子的主谓宾定状补等。这是在文法革新讨论时的论点，建国后有人对此提出过批评，我还是不想改变原来的主张。有些熟悉俄语的人最反对这样沟通的意见，因为俄语里词法句法分得清楚，词形变化十分明显。现在我在课堂上再一次讲形态、功能，主张把词法同句法的一部分合并起来，也是对批评的一个答复。

陆志韦用替代法分析结构。建国前已确定原则，后来出了《北京话单音词汇》，从结构中分析出词来。“我吃饭（面、汤等）”，可以替代的就成为一个类。这是描写语言学的方法。这种方法有很大的影响，能够解决一部分问题。

吕叔湘在句型分析方面很早就有过文章（载《开明二十周年纪念文集》，又《汉语语法论文集》，科学出版社 1955 年版），今年他又有《说“自由”和“粘着”》一文（《中国语文》1962 年第 1 期）发表。他提出以结构作为主要的原则，标榜结构。这一点也很自然，他早受布龙菲尔德的影响。但实际又很强调兼顾意义，说不顾意义就会违反常识。他在《关于汉语词类的一些原则性问题》一文里，引用谢尔巴（А.В.Щерьа）的话，“与其说是因为它们变格，咱们才把 стол（桌子）、медведь（熊）等等列为名词，无宁说是因为它们是名词，咱们才叫它们变格”，作为理论根据。

高名凯《汉语语法论》出版于 1948 年，当时没有引起注意，建国后才有影响。他在词类问题讨论中有自己的见解，提出汉语实词无词类论。事实上，从意义来区分词类的旧观点已经完全站不住脚，实词不可能依据一般的意义来分类。这次讨论对促进语法研究工作起了推动作用。苏联一些专家的形态、功能、意义三结合主张得到了认可。王力对此最早表态，而且认为有广义的形态（指构形法的、构词法的）。苏联讲的三个东西，以形态为主导，其他两个为辅。不过王力是先形态，再功能，再看意义。实在说，三结合是三分离，这样的分类主观性很强。王力在《汉语实词的分类》（《语言学论丛》第 4 辑，上海教育出版社 1960 年版）一文中仍是这样讲。

语言研究所语法小组（出版时由丁声树等署名）《现代汉语语法讲话》是受了描写语言学影响的，但是有一些问题是机械地运用的。如动词之后的词是宾语，不看其他条件。其中提出的一些分析方法，一些语法现象，很值得我们参考。

到现在，黎锦熙以句法控制词法的理论没有较大的改变，意义也始终未摆脱。黎锦熙的句本位是从句子的全部意义来看的，句子成分要从整个意义（total meaning）划分出来。这样一来，语法是干燥无味的。先懂得意义，再凭意义来划分，划分开来后给以名称。结果，语法就全靠从意义的概括中得出来。他认为这样划分出来的词类可以和句子成分相对应。但实际上这种对应又不可能是一对一的。作主语的一定是体词吗？吕叔湘、朱德熙就提出“慢”“太慢”也可以作主语。如“太慢就不好”。黎锦熙还提出一个通假问题，动、形、副等作主语时变成名词，也就是名物化。还有同动词的说法，形容词动化即成为同动词。如此通假，就变成词无定类了。许多人都反对黎锦熙的说法，有些是想另找途径的。文法革新讨论时，傅东华曾提出一线制，要把词法、句法合并到一起去。

有人认为，我的观点和黎锦熙的观点相同，只是变句为结构而已。事实上，我的观点和黎锦熙的完全不同。我主张从结构里辨类，这和黎锦熙仅仅限于句子中的辨类不一样。我们的结构不限于句子，比句子小的也是结构。“一本书”，“书”出现在“一本”这类结构之后，“茶壶”“纸”“热水瓶”等都是在这样的位置上。这样我们就可以从结构、关系和位置里看出类别。甚至如“桌子”也是一个结构（有两个语素的结合），“自来水”“电灯”都是结构。我们讲的结构也不是单从词汇意义上来讲的，而是根据形式标志来讲的。“一本”就是标志，出现在它后面的就是名词。“吃”“走”等所以是动词，在于它们后面可以加“了”“着”“过”。“吃了”“吃着”“吃过”不是句子，是结构。形式标志也有意义，但它不是词汇意义，而是结构意义，结构意义一定要有形式标志。如果说主语是句子的主体，这也是从意义上讲的。从结构分析来说，应当注意形式标志，主语应当有独自固有的形式标志。这些，和黎锦熙显然不同。

吕叔湘在关于词类的文章中讲了很多的结构关系，读了很有启发。但对他主张要兼顾意义这一点，我不敢赞同。他讲的兼顾意义是指词汇意义，不是结构意义。

高名凯在《语法理论》一书里，提出语法意义学和语法形式学的划分问题。语法意义和语法形式能不能这样截然分开是需要研究的。过去叶斯柏森讲，从形式到意义，从外到里是词法问题，从意义到形式，从里到外是句法问题。高名凯为了贯彻他的汉语实词不能分类的主张，强调功能只看句法方面。这样，语法形式和语法意义又是脱节的。我们的看法是研究语法必须注意语法意义和语法形式相结合。怎样结合呢？我想从形态与功能上结合。解决这个结合问题，也就有可能解决词法、句法的矛盾问题。

朱德熙的《说“的”》发表以后，可以看出和其他几篇文章有个共同点，最大的问题是兼顾意义。如“希望”，名、动不变；“锁”名、动可以分开，其中的结构分析原则和我的不同。他又采取静止地看问题的方法，如形容词有性质、状态的划分。为什么不去注意发展、变化呢？形容词能作谓语就是发展中的语言事实，不能回避。关于“的”的后附问题，如“玻璃的杯子”，“的”是后附的。如果是介接的，“的”应当不依附于“玻璃”，也不附于“杯子”，直接构成成分就难切分了。所以首次切分应在“玻璃的”之后才对。

吕叔湘在文章里批评研究语法的人大都拿着小本钱做大买卖。这确实是一个弊病，值得注意。但是我们也不能不谈理论。理论可以为研究工作提供正确的指导，可以引导研究工作更深入地去发掘语言事实。

这里讲的，可以作为下文谈形态与功能专题的引子。

写在《形态与功能》之前*

一、操作原理

以前我提出汉语语法研究的八个原则，是一般的原则。现在还要弄清楚具体的操作原理。

1. 研究语法的立场

这里不是指政治态度、阶级立场。语法使交际成为可能，从它的性质来看应有一个研究的立场。交际的双方包括听和说，研究的立场应该从哪一方来看问题呢？教写作的为了求通顺，常从说话者的立场来看语法。“语法是用词造句的规则”这个定义就是由此来的。“表现一个完整的思维的是句子”，这个定义也是这样来的。但研究应当是一种描写的、记述的态度。即从听话者的立场来研究语法。就这个问题我曾经同吕叔湘交换过意见，我反对从意义出发，他主张兼顾意义。我问他如何兼顾意义，从听话者的立场出发是不能兼顾的，是不是要从说话者的立场出发去看语法？他说不理解有怎样的说、听两种立场的不同。

2. 原理

由上述基本立场出发，有两个原理必须遵守。即不要把表现和意义分割开来；不要把出发点放在意义上，然后再去探讨与意义相对应的表现。

3. 操作原理的理论基础

以往对语言的研究，最早的是用文献学的方法，即作为理解古书古文献文物的手段。采取语言学的方法所进行的方向，就和文献学的方向相反。

---

* 原文载于《语法论稿》，江苏教育出版社 1990 年版，第 84—89 页。

语言学的方向要注重表现出来的意义，没有呈现在表现里的意义就不是语言研究的对象。杜甫的诗“凄凉大同殿，寂寞白兽闼”，作为文学作品不是语言学研究的东西。语言学要研究的是这两句诗的结构、句型，是呈现在表现里的意义范畴。

王力关于实词分类的论文就和我们说的不同，不是表现里的意义他也研究了。不在表现里的意义是心理范畴的意义，不是语言范畴里的意义。王力自己表示过，他以往太重于心理了，但这篇实词分类的论文看来仍旧是从心理出发的。

表现，就有形态，意义的表现就一定有形态。这种表现形态是语法研究的基准。科学的语法是从表现到意义的。我们的方向只有一个，可能的研究程序也只有一个，即从表现出发，来探求表现与意义的关系。从这一原理衡量以往的语法研究，如“名词，事物之名”，就是从名词的意义看的。从表现看，如果有名词，也是看到它和其他词的关系而确定的，名词是接受数量词、指示性的词修饰的等等。看来这是老生常谈了，但坚持这个原理却并不容易。

二、我们的原理与传统的语法下位区分

1. 各家的区分

以 19 世纪末到 20 世纪的为例：米克洛希奇（Ф.Миклошич）分“形态论”（morphology）和“结构论”（syntax）。“结构论”有人译“措辞论”，日本译“统辞”。但 syntax 又不限于句子，也有人译“词的关联论”。

里斯（J. Ries）也分成两部分：词论，处理形态；词的关联论，讲形态表现的意义。

斯威特分成：屈折论，即词形变化，专论形态，不管意义的；结构论，专论意义，不管形态的。

叶斯柏森分为，形态论，O →I，结构论，I→ O。(O=outward form，外部形态。I=inner meaning，内部意义。)

2. 区分的依据

上述各家的区分是有来源的。施来赫尔（A .Schleicher）是所谓自然主义语言学家。在上述各家的区分之中，可以看出他的语法分类的痕迹。他的《德意志语法》一书有所谓“完全的语法”，包括：音韵论、词形论、功能论、造句论。后来的 morphology 和 syntax 二分，无非是把施来赫尔所分的后面两个部分合而为一。

3. 形态和功能是相关的概念

在形态存在的条件中，已经有了功能。有眼睛，必有看的功能。同时，在功能的行使中，又以形态的存在为先行条件。这是相关的两个概念，缺一不可。语法体系是一个整体，要从整体上来看，不能凭部分的调查研究，凭对一部分零件的调查研究去看待语法整体的机构。对于形态和功能的关系也应当从语法整体上来看它们的一致性，不宜把它们割裂开来。陈望道只讲功能，不讲形态，肯定汉语有功能，又认为汉语无形态。他说功能是从组织来的。我提出，组织是不是一种形态呢，他不回答。如果说组织也是一种形态，我和他就没有大的分歧。

三、句子论应该不应该包括在语法学里

在 1936 年文法革新讨论时我主张把句子论列在语法学之外，今天当然可以再考虑。syntax 有二译：一译句论（法语 Théoric de la phrase)，指句子成分（主语、谓语等)，这是逻辑的，意义的，能不能作为语法学的对象值得考虑。有人认为应当摆在语法学之外。一译词的关联论，这是指结合，即有了形态，应当和 morphology 联系起来，摆在语法学之内。在弗里斯 *The structure of English*（《英语的结构》）一书里，还是讲主语、谓语等，但给予

主语、谓语等以形式的规定，即从形态的观点来规定它们，而不再从意义、逻辑上下定义。这样，这些东西又可以放在语法学之内。

以往语法学一直有词法、句法之分。如果句法是指词的关联，就应当和词法结合起来，因为词本身以及词的关联二者是分不开的。贝哈格耳（O.Behaghel）就认为屈折论也是结构论，不过不是结构论的一部分，而是结构论的摘要。意思是指屈折论讲词形变化，这种词形变化也是结构论，是从结构论里概括出来的，所以讲是结构论的摘要。这话很对，屈折论和结构论是不能分割的。可以说，屈折论是进行结构论研究所不可缺少的一个图式、略图（schema）。图式是抽象出来的，能在言语活动里解释语法构造。

这样，我们就应当把结构、构造放到整个语法体系中，从形式上加以规定。如复合句，要有形式的规定，才是语法研究的。如果只有条件、让步等意义的、逻辑的解释，就不是语法研究的东西。词序的关系也可以研究，主在前，次在后，或者相反，有什么形式上的条件？关联词的研究，如哪些词带主句，哪些词带从句，也要看形式上的东西。不然，单讲意义就分不清逻辑和语法。

四、语法单位问题

音位、句子、词都不是语法学的单位。

音位不是语法学的单位。语法学的单位固然靠音位构成，但音位只是语音学的单位。

句子比较复杂，并不是不可再分割的，作为语法单位也有困难。句子是言语的单位，还是语言的单位呢？可以再研究。如果句子是言语的单位，句子又是语法研究的，语法却是语言的，这就有矛盾。可否这样看，在一定的条件下句子是言语单位，脱离了一定的条件，句子是一种形式，它变成语言的单位。句子作为句型来看，它还是存在于语言之中的。但它不能算作语法的最小单位，因为句子还是可以分割的。

词是不是语法学的单位呢？它一方面有一定的意义，是意义的负荷者；但同时也是接受语法上的使用的，它也充当形态论里的角色。词有双重性，既表现一定的意义，也有一定的关系的体现。但如把词看成语法学的单位，也是错误的。词是词汇学的单位。

在这个问题上，让我们看看房德里耶斯的观点。房德里耶斯把表示观念的语言要素叫做意义部（semantème），把表示要素之间的关系的语言要素叫做形态部（morphème），一实一虚，相互结合在一起。所以，我们可以说语法学的单位就是与一定的意义部相结合的形态部。当然，形态部离不开意义部，意义部是词汇学的东西，只要不把意义部忘记，就可以这样说。词形变化、虚词、元音变化、重音、语调、词序等都是形态部。形态部和意义部的结合在各语言也不相同，拉丁语、印欧语是结合在一个词里的，汉语又有不同。

在各门科学中都有单位问题，均指最小的、不可分割的单位。单位之中应该有一种统一的普遍存在的东西。生物学的细胞是有生物的要素。在语言学里，音位只是语音学的单位，音位之中有怎样的语法意义，现在还不清楚。语法学的单位离不开音位，但音位本身不是语法单位。英语的复数 -s 是音位，又是语法单位，但并不是所有的音位都这样。句子不是语法单位。若是以具体的句子意义作为单位，也是不对的。词是意义的负荷者，但它在使用上处在什么关系中，却是形态学的角色。这种两重性，使词成了一种复合体，所以也不是语法学的单位。在我们看来，语法单位应是形态部与意义部的结合。由于意义部的具体意义是词汇学研究的，语法学里重要的倒是形态部。因此可以说，语法学的单位是与意义部相对应的形态部。至于意义部也可能有的语法意义，仅是一种类的意义。“看 + 了”，“看”

是以一种动作的类的意义来和形态部结合，没有“了”，也没有“看”的类意义。

前面讲到语法研究的立场问题，我们还可以从语言交际的事实作一些分析。且看图示：

声音⇄形态⇄意义

如果从说话者的立场看，脑子里有了意义，也就和一定的听觉映象联系，有了一定的排列，即形态，再发表出来，才有声音。这样由意义到声音有一个过程。如果从听话者的立场看，先听到的是声音，这声音有一定的排列，即形态，从形态而知道一定的意义。我们研究语法应当从声音到意义，从形态出发，不应当从意义出发。以朱德熙在论名物化的文章里提出的“个别词”“概括词”为例。“茶壶”作为个别词，和“椅子”等一起概括起来，即事物的名称。这种概括起来的是概括词，具有类意义。如果从说话者的立场来看，类意义似乎是从意义里概括起来的。但语言交际事实证明，类意义不可能仅仅从意义里去概括，“茶壶”“椅子”等的类意义必然具有一定的形态标志“一把……”。没有“一把……”，类意义就概括不出来。因此必须看到，在这里和一定的数量词的结合这一形式标志，才体现了这种类意义的概括。正是先听到一定的形态，然后才能懂得一定的意义。没有形式标志，就无法概括。没有喝过咖啡的不懂“咖啡”，但听见“喝咖啡”，从“喝……”这个形式标志，知道了“咖啡”的类意义，可以想出“咖啡”是什么，是一种可以饮用的流体。听话者的研究立场就是从形式标志看问题，其重要性在于这是语法研究的根本立足点。

形态与功能 *

一、形态释义

各门科学为了保持自己的严密性，不能没有一套明确规定了的术语。在语法学里，“形态”（form）这个词是多义的，高名凯《语法理论》中曾列举过七种解释。有些语法著作就避免用这个词，消极地不用了。现在一般用法的倾向，把大范围的叫“形式”，“形态”只限于词形变化。我认为应当加以规定，主张大范围的叫“形态”，词形变化就叫词形变化。为什么这样叫法呢？有一个原因，“形态”这个词并不是语言学专用的，其他科学部门里也用它，如“植物形态学”“社会形态学”“文艺形态学”等。既然各部门都叫作“形态”，为什么语言学里却叫“形式”呢？

各家对“形态”作狭义的规定：冯特（W .Wundt）认为词形（word form）可以分为两部分或两种：一种是离开了在言语中的关联，仍旧能辨别出一种语法范畴（或词类）的标志的，叫外部形态（aussere word form）；另一种是词的本身并无什么标志，只有在言语过程中才能辨别出它所隶属的词类，叫内部形态（inner word form）。这里的解释恰恰和苏联维诺格拉多夫（B.B.Виноградов）的说法相反。差别在于维诺格拉多夫认为词自身内部的变化与外部无关，是内部形态；而冯特着眼于词的变化是外现出来的，因而称外部形态。对象还是一个，解释有二。以冯特举出的“内部形态”的例子来看：like 在 in like manner“以同样的方式”是形容词，在 I stumbled like“我蹒跚地走”是副词，在 Do not talk like that“不要像那样讲”是介词，

* 原文载于《方光焘语言学论文集》，商务印书馆 1997 年版，第 320—332 页。

在 I cannot do it like you do“我不能像你那样做”是连词，在 I shall not do the like“我再不做同样的事了”是名词，在 He liked to die“他几乎死了”是不及物动词。这和维诺格拉多夫相反，维诺格拉多夫认为，这种词本身不变，靠和其他词的结合。

舒哈尔特（H. Schuchardt）认为形态是与词序、重音相对立的外部词形，所以缺乏曲折变化的语言便缺乏形态。高名凯对汉语无形态的看法，就根据这种狭义的观点。

叶斯柏森在《语法哲学》里，称外部词形为形态，把形态用在极狭的意义上。

广义的形态指形态部而言，不但指外部词形变化，而且把重音、声调、词序都包括进去。

我们不赞成把形态部和意义部各个分割开来。固然，形态部与意义部二者有明显的区别，不能混同，但形态不等于形态部。形态是形态部与意义部的结合，只有形态部，还不是有关系的形态。语法着重在关系，把形态部看作形态就忽视了关系。现在有所谓“零形态”，就是使形态部与形态混淆在一起了，实际只能说“零形态部”，不能说“零形态”。形态也不等于声音。陈望道画成“形态 | 意义”，这里的“形态”已经成了声音。

二、形态、声音、意义

1. 语言与思维

思维是客观存在的反映。在我们的头脑里，思维未经词语分解时本来是浑沌的“无形物”。由于有了言语活动，思维才被分解在词语里因而固定下来。法国心理学家德拉古拉瓦（H .Delacroix）认为，言语活动是使物存在于意识中的一种契机。这个话，我们是可以接受的。但他又讲过词与物是同时的，这就可以考虑。就客观存在的反映来讲，物和词不会同时；物反映到脑子里，才可以和词同在，物才能固定在意识里。

所以，语言不外是在言语活动基础上产生的一个历史的变体。我们所能触知的也仅仅是一种具体的语言。声音不过是言语活动的资料，是在前语言就有的。客观事物在脑中的反映是没有语言也可能的，不过它是浑沌的而已。所以，语言所扩充的世界，不是思维本身，也不是资料本身，而是两者之间的桥梁。索绪尔曾解释这一桥梁，图示为：

思维、思想
声音（资料）

怎样分解呢？一个客观存在，反映到脑子里，如果没有语言，脑子里是浑沌的形象。有了语言，可以分解为“书在桌子上”，浑沌的形象就被分割了，它们之间的关系也清楚了。所谓“分解在词语里”，就是这样分割并固定下来。这样的分割，就必然有一个“形态”。如果“书桌子在上”，就不对了。这中间一定要有一个安排（arrangement），这种安排有一定的关系，即相互关联，也就是形态。交际过程当中，听到声音时，这种声音是经过安排的，是安排在一定的形态里，有一定的意义。所以，由声音，有形态，得出意义，声音只是一种资料。这个过程的图示是：

声音→形态→意义

2. 形态与声音

索绪尔的学生施薛蔼（A .Séchehaye）曾对形态与声音的关系作过分析。他认为，声音是具体的，而形态是抽象的；声音是制约的，约定俗成的（conventional），形态是代数的，分属于不同的体系，可以列为：

声音——具体、制约的——音位体系

形态——抽象、代数的——象征观念体系

抽象的，怎样理解？“一把茶壶”，作为一个事物的名称的“茶壶”，是抽象地理解的。代数的，指用符号表示关系，由要素概括成代数的东西。

象征观念，指象征一个总体的、范畴的观念。当观念存在于意识中，归到一定的范畴里去时，说话者所用的形态才能成立。“喝茶”是懂的，听到“喝咖啡”，就会把“咖啡”归到“茶”“酒”“水”一类里去。只有在这样归入象征观念的类里去时，这里的形态才成立。象征观念的一部分归到意义部，一部分归到形态部。“喝”“茶”是意义部，它们之间的词序是形态部。所以，形态是作为语法范畴的实现而表现出来的。“茶”是一个实体词的范畴，它前面表示动作性的也是一个实体词。语法学以这种范畴为研究对象，但表现范畴的资料并非我们的研究对象，只有表现范畴的形态才是我们的研究对象。

象征观念（法语 idée-symbole，观念—象征）。索绪尔说语言是表示观念的记号体系。我们前面所说的象征观念体系，也就是表示观念的记号体系。当然，记号和象征又有不同。记号是对概念而言，象征是对事物而言的。也就是说，在言语过程里记号就是象征；脱离了言语过程，在体系里面就是记号。

至于说形态是象征观念体系，因为在语法里不把具体意义作为研究对象，只以类意义的标志为研究对象。看到 -ed，这是一个形态部，和动词的意义部结合，构成形态，即形态部和象征观念结合，构成象征观念体系。

制约的（英语 conventional），即传统、习俗的。“名无固宜，约之以命，约定俗成谓之宜”，就是传统、习俗制约的意思。陈望道叫“随宜”。这里的特点是，说不出道理的，习俗如此的。那么，声音既是制约的，形态是不是制约的呢？这是一个值得研究的问题。

法国有个唯名论的哲学家叫台雷（De Ray）。他认为，科学是仅仅凭制约而成立的，科学在外表上的确定性也只是建立在制约上面，科学的事实和法则都无非是科学家的作为。他认为，科学的法则和游戏的法则是一样的，都是人为规定的。台雷对制约的解释就是这样。我在从前也这样想，科学的一些法则不能证实，往往是人为的，假定的，很像象棋的走法，有一定的规则。其实，他的看法是错误的。雷因克尔（Raincare）批评他，指出游戏的规则是任意的规则，可以用相反的规则，也不会发生任何障碍；但科学至少是一般行为的有效规则，如果用相反的规则来替代，就必然无效。关于这个方面，索绪尔认为语言记号有一种任意性。这种任意性，指能记所记之间结合上的任意（能记，即听觉映象，实现出来了，即声音，所记即概念）。他指的是一种概念可以用这种声音表示，也可以用另外的声音表示，是任意的，但是这种任意性也不可以由个人来变更。因此，所谓声音的制约性也指能记所记之间的制约，即任意性，而又不由个人变更。

形态，是非制约的部分。形态不是声音，不是资料，虽然它一定要通过作为资料的声音来表现。形态有一定的道理可讲，不像声音那样没有一点道理可讲。形态的排列、安排是不是制约的，可以研究。汉语用“十四”“四十”，这是社会逻辑，有一定的道理可讲。法语的“八十”，分析起来是“四个二十”，不能说他们不合理。这种不同的分析，是由社会逻辑而来的。世界上各种语言里有五进位的（日本的倭奴虾夷语），十进位的（汉语），二十进位的（法语有这种进位的残留），不同的社会逻辑都反映在语言里。还有十二进位，可能很早的时候有一种人有十二指。这说明语法有一定的道理可讲，而形态是非制约的。

形态在语言记号中的位置可以图示为，

语言记号
- 所记（概念、意义）……被表示者………不能直接触知
- 能记
  - 语法映象——实现为形态
  - 声音映象——实现为声音

  ……表示者……实现为形态和声音时，可以直接触知

这里，能记是主动的，所记是被动的，记号由这两个方面合成。形态，即语法映象，属于能记。形态只是概念表示者的一部分。语法学以能记的这一部分，即标志作为自己的对象。所记是被标志者，它不可能直接触知。能记的语法映象和声音映象也不能直接触知，在它们实现为形态和声音时，可以直接触知，才是表示者。要注意，形态与声音的相配，它们之间并不完全一致，不是固定地一对一的。这里有两种情况：形态同，声音异。如 cats“猫”、dogs“狗”，都是名词多数加 -s，一清一浊。形态异，声音同。如 cats、puts“放”，dogs、digs“掘”，puts 和 digs 都是动词第三人称单数加 -s。

3. 形态与意义

形态与意义也不完全一致。意义同，形态异的，如拉丁语形容词有性的差别，bonus“美丽”，阳性；bona“美丽”，阴性；bonum“美丽”，中性；形态各异，但类意义是相同的。也有意义异，形态同的，如汉语“他写着”“画挂着”，都是“着”，意义上一是进行，一是存在。

形态、意义、声音三者之间并没有相一致的必然性，但三者是相互依存的。我们有必要把这三者区别开来，同时又有从整体上来考察它们的必要。梅耶（A .Meillet）认为，不能把词看作孤立的东西，孤立的词毕竟只是空洞的抽象物。词只有在句子里，才能显示出它自己。叶斯柏森也说过，sheep“羊”，无单复数之别，之所以表示多数，就因为能够和说 many lambs“羔羊”一样，说 many sheep，sheep 属于多数范畴，并不以外部的词形为根据，决定这种事情的是整体性的构造。我们在前面讲的形态，也把这种构造、结构包括在里边。

三、功能释义

1. 功能的两种解释

关于功能，通常有两种解释。一种是生物学的，指生物器官的功能，从前译作机能，如生理机能。近来也叫功能，如肺功能、肝功能等。这都指生物器官具有的功能，眼看、耳听等都是功能，这在法语叫 fonction。语言学里也有采用此说的，叶斯柏森的功能说法就是如此。另一种是数学的，把功能看成一种函数关系，指在两个量之间，一方的差异常以另一方的差异为依存。这种函数关系，比一般因果关系还要广泛。

2. 各家的功能说

叶斯柏森说功能是一种两面神（Janus，罗马神话中的神，有前后两副面孔，一往前看，一往后看）。他列的图示是：

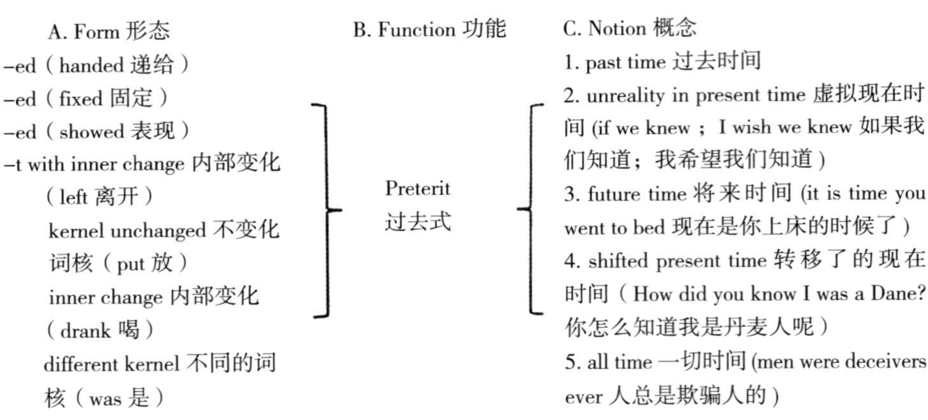

叶斯柏森认为功能是介乎形态和概念中间的，功能和两面神相似，功能也有两面：一面对形态，一面对概念，他的形态实在是我们讲的声音，概念则是我们讲的所记。他的功能指形态部所示的意义或所有的作用。

伯留梅尔（R .Blümel）又把功能和使用混为一谈。“使用”（法语 lémploi，英语 use）。一个词在言语过程里使用，这种使用有可能是前人没有用过的。“白干一下”，“白干”使用为动词（used as a verb）；“给你一个知道”，“知道”使用为名词（used as a noun），这一类，都是使用。一个人这样使用了，听的人理解了，叫接受（exceptance）；大家都这样用了，叫惯用（usage）。从使用到惯用，经过一定的阶段。如果把偶然的使用也看成功能，是不恰当的。他以一个德语的例子作说明：

Der Knabe lief uns nach。小孩子走来了。

Der Verrückte lief uns nach。疯子走来了。

这里的 Verrückte（发疯），动词，但使用为名词。他因而认为这个词的功能就是名词，实际上 Verrückte 并不具有名词的任何标志。他的功能显然和词的意义有关，而和形态、形态部无关。

使用和功能应该加以区别，但有一定的困难。问题是有词形变化的很容易区别，印欧语的名词有性、数、格等特殊标志，因而凡没有这些标志而用为名词的，可以看作使用。像汉语就难了，往往把功能与使用混同起来。结果，名词的功能就是名词的使用。“我管他村长不村长”，“村长”就不是名词了。讲通假、职能、功用的，都和使用有关。汉语里的所谓通假有一个本义，但通假和本义两者很不容易区别。“雨”作为动词，作为名词，哪一个是本义，哪一个是通假呢？如何解决这个通假问题是值得研究的。现在讲古代汉语的几乎离不开通假。当然，如果离开了形态，专讲使用的功能可以解决问题的话，我们也乐于接受，但是事实上却解释不通的。

现在看到的办法有两个。一个是苏联一些语言学家讲的。他们认为词有一系列的形态系统，只要是具有一套形态系统的，就是一类词。“组织”，有“一个组织”“我们的组织”，又有“组织起来”“组织了”“组织得很完善”，所以一为名词，一为动词。这样讲是否妥当，是否能为讲汉语的接受，可以再研究。朱德熙认为，“一线希望”“两个希望”的“希望”是动词。可见，苏联一些学者的说法他并不承认。在这样能接受新事物的人看来也不能接受，老一辈有老的看法就更难接受了。王力表示雅洪托夫的批评很对，但实际上并未接受这种说法。

另一个是美国霍凯特的办法。他是为英语的通假问题也很严重而设想的，我觉得也可以考虑采用。他把实词的词干分为七类：

N. A. V. NA. NV. AV. NAV.

他提出，作为词干、模式允许跨类，但在一定的分布、环境、位置当中，在言语活动里就不会跨类。所以，不要从意义上去规定 A 类、B 类等等，而要以出现的位置、形式标志去加以规定。正像单义词由出现的场合决定，而多义词在出现时肯定已是单义的。这样说法，汉语可否采用也值得考虑。这种跨类在中国的学者看来是很难承认的。

美国萨丕尔（E.Sapir）提出，形态就是模式（pattern），功能则是模式的利用（utilization），两者是各个独立的。比如：

unthinkingly“不加思索地”分为	un	think	ing	ly
模式	前加成分	词干	词尾	后加成分
reformers“改造者”，复数，分为	re	form	er	s
模式	前加成分	词干	后加成分	词尾

这里看出，前加成分、后加成分是构词法的，词尾是构形的，都可以构成模式。“词干 + 词尾”就是一种模式。“books”就是利用这种模式构成的。萨丕尔认为 –s 这种形态部所表示的意义就是功能。词干内部元音变换（tooth—teeth）也是一种模式形态部（这里是元音变换）表示出来的多数的意义就是功能。词里的元音变换也可以表示其他意义，如 sing–sang。可见，功能和模式，各自独立。“词干 +s”模式可以表示名词、多数，也可以表示动词、第三人称、单数。模式一样，功能却两样。模式是形态，模式、形态的利用才是功能。他还谈到，声音有变换（cats、dogs），但不影响功能，不影响形态的功能。可是有时又并不如此，“a house”和“to house”，两个“se”，不是机械的声音的不同，功能也不同，一名词，一动词。他主张形

态、模式和功能分开，这一点我们不能同意，但他的模式概念，我们可以考虑采用。

3. 我们的看法

我们在形态、功能方面，功能概念根据叶尔姆斯列夫的理论，同时也有我自己的取舍。我们采用的是数学的、函数的功能概念。语言记号的功能是指一种排他的、与另一要素相结合的能力。例如 lik-、liv-、lov- 这类要素是意义部的要素，专和动词的形态部 -ed 这种要素结合，不是动词的形态部 -ed 就不能结合。“看”“听”“谈”等是意义部，可以和“了”结合，而对于“们”就不能结合，在结合上具有排他性。

这种排他性的结合能力是属于意义部，还是属于形态部的呢？我们认为形态部没有这种排他的能力，因为同一意义范畴的都可以和一定的形态部要素结合。只有意义部才具有排他地和一定的形态部相结合的能力。所以，排他性的结合能力是属于意义部的，即属于作为一定范畴的共同的类意义的。

我们把结合能力—功能归之于意义部是考虑到这样几个原因。即：从依存关系来看，功能应属于意义部，形态部是依存于意义部的，形态部自身不独立。从构词构形上看，重要的是意义部本身，前、后加成分和词尾离开词干就不存在。从关系来看，形态部仅仅表示关系，意义部才是发生关系的。从词序讲，词序本身就是形态部，这种形态部只表示上下前后的结合情形；如果没有意义部就没有词序，也没有形态部。我们说语法功能是意义部才具有的，这有两种情况：专与某种既定的形态部相结合的能力，是意义部所有的；专以某种既定的形态部为媒介，与其他意义部相结合的能力，也是意义部所有的。前者如“先生”，专与“们”相结合；后者如“我打他”，这里的词序是形态部，作为媒介使三个意义部结合。

我们把词序看作形态部是许多人所反对的。苏联一些语言学家也反对这个观点。有人说，这样的形态未免太大了。但是我们坚持这个看法，因为它符合客观的语言实际。

叶尔姆斯列夫在批评冯特的外部词形、内部词形的说法时曾指出，这种区分是人为的，和语言实际并不相符合。事实上，要素的配列（即词序）和形态部的声音之间是没有什么本质的差别的，要素的配列和屈折是属于同一界的事实，是不应该加以分割的。词论和句论在原则上无法区分，现今这样硬要加以区分是没有科学根据的。当然从一定的方便来讲，可以分开来研究。至于汉语这样完全靠结构整体表现出来的语言，更不必硬加分割。对于这个问题的一些批评，我不能接受。

现在，形态与功能的关系就十分清楚了。功能是形态的一种属性，抽取掉功能的形态是不存在的。功能不外是一种形态，因为功能指一种排他地相结合的能力，一经结合就有表现形式，就有形态。不管意义部的声音和意义怎样，意义部或者在既定的某种条件下和某种形态部结合，或者以某种形态部为媒介和其他意义部结合，在任何情况下都有表现形式。因此，在一般通行的定义里，结构论没有理由把形态论排斥出去。同样，在形态论的事实里，也不可能有和结构论绝对无关的事实，结构论的多数事实可以包括在形态论之中。假如结构论是有关语法功能的理论，那么，结构论也就是形态论，形态论本身也是有关语法功能的理论。这些话，是对那些不同意见的回答。

比较特殊的是感叹词问题。这个问题讨论多而意见分歧。感叹词是意义部，它确实表示一定的意义。有些著作把感叹词列为虚词，我们以为不妥当。感叹词明明是有感情的表达的，也是概念的一类。苏联有的著作认为感叹词表达的不是概念，这是不对的。没有概念的感情表达不可理解，怎么进行交际？感叹词所缺少的就是与形态部相结合的能力，缺乏与其他意义部相结合的能力，即缺乏功能。它的意义部虽然缺乏这种功能，但也具有语法功能“零”。“零”在语言研究里很重要，它也是一种记号，相对于“非零”，“零”也标志一定的关系。另外有人把感叹词看成与句子相等，要从词里排斥出去。这也不对，也不是办法。语言里许多词可以代替一个句子，不应当在研究形态时加以排除。应该承认感叹词是一种感情活动的言语表现，并不是和理智完全分开，并不是没有概念。“二加二等于四”，这是理智的。“今天早上踏二元，下午又踏了二元，一共四元”，有情感，有理智，合二而一了。说“地球是动的”，要受到宗教法庭的审判，但审判了还是讲“地球是动的”，这就充满了强烈的感情，不仅仅是理智的推论了。所以，感叹词有意义部，它的形态部是“零”，应当在形态论的照明之下有新的规定。

至于形态部的意义问题也应当有个认识。意义部具有一定的意义，形态部表示的也不外是一种意义。如果把形态部看成不表示意义那是不对的。词序、语调，也是表示一种意义的。形态部缺乏的不是意义而是功能。感叹词被看作虚词，原因还在于把它当作形态部了。

| 第二编 |

一般语言论

语法学原理*

绪　论

一、专门化课程的性质

过去我国大学里不设专门化课程，近年来学习苏联高校的经验才开始设置。这类课程只能在掌握了专业基础知识以后方可进行教学。以往，我们已经学习了语言和语法的基础知识，现在就可以学习语法学原理这门专门化课程了。如同学医的人，只有在学习了人体以及药物等基础知识以后，才能进一步去学习医学的某一专门化课程，缺乏较全面的生理、病理的基础知识，就不可能学好内科、外科等方面的专门化课程。实践证明，如果没有一般的基础知识，专门的研究是绝不可能进行的。

专门化课程的目的是培养学生对一些具体学科的研究兴趣，教育学生，使他们具备独立研究的能力。实际上，主要是发挥教师的某方面特长，由教师把自己研究的课题作为范例，提供学生参考。如我们学校的胡小石先生对古代文学史，特别是对楚辞方面的研究尤有成就。他开设的“楚辞研究”这门课程，便是把他在这一研究领域里的成果作为范例，提供学生参考。因此，就个人的特长而言，教师应有某些方面独到的见解。而作为一门课程，既然其内容是讲教师独到的见解及其研究心得的，就允许有各种不同的教学大纲。但一方面要发挥教师的特长，一方面又要培养学生独立

* 原文载于《方光焘语言学论文集》，商务印书馆 1997 年版，第 89—176 页。

研究的能力，中间却有一定矛盾，这就是学生如何接受的问题。

这个矛盾如何克服呢？我认为应该注意以下几点。

1. 研究方法与研究过程

听这类课，首先应该注意教师的研究方法以及研究的过程，学生所注重的不能仅仅局限于材料的掌握，更为重要的是切实注意教师如何从事研究，通过怎样的过程得出结论。仅求知道教师的结论是不行的，用背书的方法进行学习也是无济于事的。这里所说的过程可以用数学的演算过程作为例子来说明。推算一道数学题，如果未能按合理的程序加以演算，也就是说推算过程可能是错的；那么，其结果纵然不错，也不能说是全对。所以说，过程便是得出结论的过程，没有过程就不明白结论的由来，我们必须注意合理的研究过程，以及由此得出合理的结论。

2. 研究方法、过程与材料

研究方法与研究过程表现为研究者对于一定材料的处理。方法与过程是在处理一定材料基础上显示出来的。但是，我们的注意力并不在于一些材料的本身，而在于研究者进行工作的方法与过程。只有确切地理解研究者的工作方法和研究的过程，才能扎实地养成独立研究的能力，才能真正得益。

3. 讲授、讨论

专门化课程的性质决定它在教学方法上应以课堂讲授为主，同时，适当结合一些专题展开讨论。讨论时，学生方面应该提出一些有关研究方法及过程方面的不同意见，通过讨论，有利于提高学生独立地进行研究的能力和兴趣。这样，教师在讲授中论述自己的学术心得，学生在讨论中发挥自己的理论思维能力，逐步掌握教师的特长及其研究方法及过程，教师和学生就能相互接近起来。

二、语法学原理课程的性质

1. 语法学原理是一种理论性的课程

所谓理论性的课程，是相对于史的课程以及技术性的课程而言的，一般说，史的研究比较具体。如中国文学史各个分段，研究某一时代，有哪些作家，哪些作品，它的根源和影响怎样，又有什么特点，要把这些具体事实分别记述下来。另一种课程如写作实习，则是带有技术性的。句子不顺，修辞欠妥，一经修改就马上见效，仿佛得益很大，收效很快。理论性的课程就不同了。理论课是论理的，细致的，也是麻烦的，需要一步一步地学下去。像逻辑学，从概念、判断到推理，一步步按逻辑发展的顺序。有些人往往以为理论不能马上付诸实用，就无学习的必要。比如，有人认为不学教育学照样也能教好课。但应当明白，理论对实践是有指导作用的，理论可以说是行动的指南。我们学习语法理论，便是为了用理论来指导语法研究工作的实践。

语法学原理是一般语言学（即通常所说的“普通语言学”）的一个组成部分。这里所说的语法学，指的是一般的语法学，不是指某个民族语言的语法。因此，它属于一般语言学的领域，它是就语言的语法的一般和共同的特性而言的，而不是以某个民族语言的语法作为对象的特殊语法学。这里要说明两点：一是一般的语法理论问题对个别语言的语法研究来说，同样有一定的指导作用。二是现在作为专门化课程的语法学原理，其意义及目的决不是为了迁就教师个人的兴趣爱好，而是从国家发展高等教育事业上来考虑发挥教师个人的研究特长的。这与仅仅从个人兴趣出发，不顾及整体的态度相比，绝无共同之处。

2. 语法学原理对目前开展语法研究工作的重要性

让我们先看看现阶段汉语语法研究的情况。自从 1951 年 6 月《人民日报》社论提出为祖国语言的纯洁和健康而斗争的号召以后，汉语语法研究显得活跃起来。这段时间出版的语法书很多，主要的如《语法修辞讲话》，销售量很大。可是，这并不表明汉语语法研究方面没有什么问题了。无论学习者或施教者都提出了一系列问题，可以说值得研究的问题还不少。书的作者之一吕叔湘在重版时不但作了多处修改，而且他自己也看到某些问题并未妥当解决，又出了一本《语法学习》来修正一些见解。此外，比较有影响的还有发表在《中国语文》上的中国科学院语言研究所语法小组的《语法讲话》。它所持的观点与上述两书完全不同，奇怪的是吕叔湘也是此书集体编写组的成员，他在共同研究时持一种看法，独立发表著作时又采取另一种看法。还有是王力、黎锦熙等不少人也都分别表述了自己的见解，结果是书出得很多，众说纷纭，无法统一。

汉语语法究竟根据哪一家之说呢？是一个大问题。具体说，如形态的含义究竟是什么，不少语法学者的理解便很不一致，我们若是掌握了一般的原理，有一致的基本理解，就可以在解决这一类问题时有所对照。过去，由于缺乏理论上的指导，而各人的注意点不同，往往流于片面。所发现的仅是一些局部的现象，尽管这些现象可能对进一步的研究工作有帮助，并且也不是不可能依据一定的观点使之统一，但也依然难以求得共同的认识。所以，统一的指导性的原理的介绍和掌握是有极重要的作用的。如词类问题，高名凯说汉语没有词类的区分，曹伯韩则认为汉语确有词类的区别，分歧的由来也起源于理论认识上的不相一致。

也许有人会说，理论固然重要，各个具体语言都有自己独特的地方，理论原则未必完全适合。这种说法，在我国语法界相当风行。这里要看到，具体语言的特殊性固然客观存在，但若过于强调这种个别性和特殊性，则易于排斥一般原理的指导作用。高名凯认为，汉语的词类由于没有印欧语言一类的词形变化，所以只能区分虚词和实词两部分。这一主张的背后，潜伏着一种强调特殊性而否认一般原理的危险。事实证明，每一特殊事物之中，必然存在着一般性，个别、特殊与一般是相结合而存在的，个别、特殊之中必然孕育和蕴含着一般的东西。我们主张重视一般原理，决计不会排除个别的具体语言的表现。因此，学习一般性的原理，对我们的帮助肯定是很大的。

在国外，一些学者很重视理论方面的探讨，许多语法学者还有一般原理方面的著述。这类著作对某些中国学者探究汉语语法规律，曾有过较大的影响。如丹麦叶斯柏森（O.Jespersen）的《语法哲学》（*Philosophy of Grammar*），对王力、吕叔湘就有相当的影响。我们的看法是，叶斯柏森的书有它不正确的地方，但他的学说并非一无是处。我们完全可以从一般原理的角度来吸收他的长处。

语法学原理课程的主要内容大致可分为：（1）科学的语法——语法是什么？（2）语法与逻辑。（3）语法与心理。（4）语法的下位区分。（5）组合关系与联合关系。（6）论句子。（7）形态与机能。（8）语法范畴。

在各个章节内再分作两部分：一部分以介绍批判为主，另一部分是对照汉语语法研究，提出一些看法。方法是提出问题，阐明原理，批判认识上的差错，剖析各家对这些问题的看法，哪些正确，哪些有出入。

三、六十年来的汉语语法研究

下面先对六十年来的汉语语法研究作一扼要的回顾。

1. 分列的各时期的特征

可以以马建忠《马氏文通》（1898）的出版作为划分时期的第一个起点。在此之前，并无体系性的研究，《马氏文通》出版以后，才注意系统的语法研究。此书出版至今约五十多年，取个约数，就算六十年，中间分为三期：

（1）模仿期

年限大约从1898年后至1920年前后。这一阶段汉语语法研究的特征是，把希腊、拉丁的语法作为范例，套在汉语上，根据它们的体系来描写汉语，硬性地把汉语纳入其框架之中进行解析。像黎锦熙的《新著国语文法》（1924）即是如此。

（2）反模仿，提倡独立研究时期

这一期严格的区分大约从1920年起至1934年为止。重要的著作有陈承泽的《国文法草创》（先发表在当时留日学生编印的《学艺杂志》，1922年出版单行本），他对《马氏文通》着力抨击，说它是“不脱模仿之窠臼”。另一著作是杨树达的《高等国文法》（1930），杨氏针对模仿西方的弊端，针对无视汉语研究传统这一倾向，撰写了《马氏文通刊误》（1931），但他并不注意语言、语法的体系性，只重视清代经学家训诂研究的传统，作一些支离破碎的分析。他的另一部著作是《词诠》（1928）。据他自己说，这两本书的关系是合起来成为《高等国文法》，拆开来即《词诠》。他一方面要反模仿，另一方面则反而开倒车，使语法研究成为注疏之学。这一期的著作大多如此，包括陈承泽在内（他也只教人注意国语的一些现象），并无一般原理作指导。

（3）改革期

大约在1934、1935年以后，这是反对模仿西洋，独立研究的初期。这时期内，有王力的《中国文法学初探》（清华学报单行本，1936），其中引用了一些西欧语法的指导原理及方法。接着，有关于中国文法革新的讨论活动（《中国文法革新讨论集》，1940）。在重庆，相继出版了吕叔湘的《中国文法要略》（1941—1944），王力的《中国现代语法》（1943—1944）、《中国语法理论》（1944—1945），这些著作在理论上均各持一说。

2. 分期的依据

先提出一个问题：刘复的《中国文法通论》(1920) 能否看作是划分时期的代表作品，或者把这本书看作是一种有创见的作品呢？这就涉及语法学史分期的标准。语法学史的分期原则应是：参照社会历史上有关的重大事件来划分，但同时应从语言发展和语言研究本身找出根据。

（1）从社会历史看

五四运动揭开了社会历史上一个划时代的时期。新文化的兴起，对语言发展的影响是很大的，以五四作为划期标志是不成问题的。五四以后白话文盛行，同时在译文的欧化影响下产生了一些流弊。至30年代，有"大众语"口号的提出，瞿秋白、鲁迅等对此均有专文发表。陈望道主编的《太白》杂志，也为纯洁白话文做了许多宣传、评述工作，他们一致反对欧化的语言，提倡大众语言。这一社会文化运动的要求，促使大家注重汉语本身所具有的特点，也就自然地推动了汉语语法研究的深入，因而在分期上至此另辟一个阶段是比较恰当的。这里要注意的是，语言发展的规律不一定与社会历史的发展相并行。语言有自己的内在规律，在社会历史变化的同时，语言不一定立即随之发生变化，语言的变化后于社会变革是完全可能的。

（2）根据语法学界的历史大事件来看

五四运动废除了文言文，文学作品使用白话文写作，从而，白话文的语法研究也就显得十分重要了。但刘复的《中国文法通论》对当时的语法研究并没有明显的推动作用。他是懂英语的，他把斯威特（H.Sweet）《新英语语法》(*New English Grammar*) 的框架套到汉语上面，并不是对汉语语法事实进行独立研究所取得的成果。到1924年重版时，他承认书中"疏漏牵强，随在皆是"，有一百二十多处错误，申明放弃自拟的语法体系。这以后，他的兴趣转向语音方面，虽然再作《中国文法讲话》(1932)，也并无任何独创之处可言。在汉语语法学史的分期上，我们宁取陈承泽《国文法草创》为代表。此书在反对模仿，提倡独立研究，重视汉语语法特点方面，确实是有一定特色的，

还可以举一个例子，说明刘复所作的论证是肤浅的，他用归纳法研究"在"这个词的语法作用（如：我在南京住丨我住在南京丨我在书房里写字丨我写字在书房里丨我在烟斗里装烟丨我装烟在烟斗里），却说不出所以然来。最后只是说"在"字的性质不同，一个是动的，一个是静的；又作了两个图业号来描述，难以令人满意。我们研究"在"，不宜单从"在"看，应从与"在"发生关系的动词来看。至少应考虑到：动作在何处进行，动作及于何处；"在"处于动词之后怎样，处于动词之前又是怎样的；在及物动词之后是怎样的，在及物动词之前又是怎样的；在不及物动词之前又怎么样。如果不从理论上来分析，单用排比例句的方法往往是不能妥善解决问题的。

关于分期，自应考虑以语法界的著作有特别意义者为准。如黎锦熙的《新著国语文法》出版于1924年，其中精神实质仍是《马氏文通》的模仿西洋文法（它模仿的是《纳氏英文法》)。[①] 此书出版时间纵然后于陈承泽的著作，实质上仍属于模仿期的产物。

3. 过去汉语语法研究中的弊病

上面概述了六十年来汉语语法研究的三个时期，可以看到主要的弊病有：

（1）模仿的弊病

我们认为，将任何一种语言的语法系统，拿来套在另一种语言的语法之上是有害的。《马氏文通》虽然把希腊、拉丁语法的框架套在汉语上，但

① J.C.Nesfield：*English Grammar Series*.

还没有全部抹煞汉语的一些独特之点。如汉语有助词，是马氏的创见。像“也”这类词，西欧语言是没有的。由于此书能注意到汉语本身的特点，从而不失为一种划时代的作品。到黎锦熙的《新著国语文法》，一方面所根据的是《马氏文通》，另一方面则完全采用了《纳氏英文法》体系，把汉语纳入其中，有时先把汉语译成英语，再按英语语法图解法进行图解。如：“中国有四亿人口”。他认为，“人口”是主语，“有”是不及物动词，所以这是一个倒装句。这本书里模仿的痕迹是非常明显的。陈承泽反对《马氏文通》，主要是反对这种模仿西方传统文典的做法。王力、吕叔湘就反对黎锦熙的著作把别的语言的语法作为范例，来解释汉语语法。有意思的是《新著国语文法》却大受懂英语语法者的欢迎，因为懂英语的人易于掌握这一套语法，并且易于以之作为教材进行教学。然而他的整套东西并不符合汉语实际，弊病很多。过去在书店里还可以看到一种汉文典，其内容缺点更多。

（2）闭门造车的弊病

反对模仿西欧语法的人，其中也有过分强调汉语特殊性的偏向，他们认为汉语绝对不能与外国语相比较。有些人甚至要从汉字形体出发来研究汉语语法，以为可以从汉字形体推求出语法形态来，如说“口”部的字都是动词，“艹”字头的字都是名词等等。有人还认为汉语只有“字”，所谓“词”，乃是词曲的“词”。还有如吕叔湘、高名凯都在谈实词、虚词，各持一说，界限不明。以上所说都是忽视一般原理，闭门造车，从片面的认识走向绝对化的结果。

第一讲　科学的语法

研究语法需要有科学的语法理论作指导。然而，科学的语法理论又如何建立呢？

一、语法学的发祥地

世界上语言学和语法学研究的发祥地是那些文明发展最早之处，对世界文化演进贡献最大的地方。

1. 希腊

亚里士多德（Aristotle，公元前384—324）对品词所作的分类是垂范于后世的。纪元以后，又由多纳图斯（Donatus，约350年）、柏里斯西安奴士（Priscianus，约500年）相继修正完成。这一派语法可称为希腊、拉丁语法。无论中古、近古，西欧、东方，受这一派语法的影响都是非常大的。后来出过一些文典，也都根据希腊、拉丁语法编写，仅对亚里士多德所制订的原理作些必要的修正，这派语法对中国和日本的语法研究都有很密切的关系。

2. 印度

印度文化的发展非常早。梵文学者巴尼尼（Pā nini，生卒不详）的语法著作内容很完整，关于屈折语的词形变化（格、时变化，inflection）、梵文的音韵论、音素论以及成语论（构词法）等都达到完备的境地。但这些学说一直到18世纪末至19世纪初才传入欧洲。其中音韵论对欧洲的语言学具有决定性的影响，音韵学中的术语大都出自梵语语法。梵语语法很早传入我国，但受到影响的也只限于音韵一项。36字母及“见、溪、群、疑”等的排法也都是据此制定的。

3. 中国

中国人对语言的研究是很早的。春秋战国时期已可见到一些记载。到了汉代，注重经学研究；语言的研究已与小学联系起来。不过当时只限于音韵和词汇这两个方面的探讨，语法的研究却没有正式开始。这种情形大约与汉字有关。后代人要阅读汉字记载的古文献，首先碰到的便是汉字的音读以及古今意义变化的估定问题。自六朝至隋代，都有这方面的研究成果。隋代有《切韵》；至唐代，这方面的研究有所发展，一直延续到清代的学者江永的研究。音韵研究经过长期发展，形成为一门学科。《尔雅》一书，传说为周公所作，不能说是可靠的，但至迟可认作是汉代的作品。在词汇方面所进行的分类《尔雅》是首创的。

汉语的表现形式是排列的，并无繁琐的语形变化。就注解古籍来说，只要能读出字音，懂得意义，便可依靠排列次序理解语意，语法的问题似乎并无多大关系。因此，自汉唐以来长时期内研究的主要方面均重在音韵和词汇，语法现象则较少为人们所注意。虚词的提出，句法问题受到注意等等，也仅仅是为了读通文献，这就形成了一些枝枝节节的看法而缺乏系统的认识。近年来陆志韦、俞敏认为清代学者王引之的《经传释词》是一部语法书。此话我认为不见得正确。自唐宋以后，虚词的用法已引起人们注意，例如柳宗元就已经注意到这方面的现象。但虚词的逐个研究，也还不是语法系统整体性的研究。王氏所作的仍然局限于古文献的注疏，目的是为了解释古书。他们所见到的是一些枝节现象，没有一个系统的理解。可以说，在西欧的语法——希腊、拉丁语法输入之前，中国并无科学的、系统的语法学，西欧语法输入之后，中国学者才注意到词的语法类别，探讨词句的安排规律，以及进行语法结构的研究。《马氏文通》的出版就是受了希腊、拉丁语法影响的。

二、西方语言学者对希腊、拉丁语法的不满

前面已经谈及中国语法学者对希腊、拉丁语法的不满。同样，我们可以注意到早在19世纪时，西方一些语言学者对希腊、拉丁语法已表示不满。原因是：

1. 希腊、拉丁语法不是万应的灵丹

希腊、拉丁语法最初只是根据希腊一个民族语言的语法编成的，后来，传至罗马，也只根据自己的拉丁语作一些有限的修正。众多的语言事实证明，以一两个民族语言的语法为依据建立的语法学体系是绝不能放之四海而皆准的。1931 年法国学者 Jacgne Dubais 在他编写法兰西文典时说过："我在做什么？我在写拉丁文法，并非在编法兰西文典。"欧洲语言学家异口同声地非难希腊、拉丁语法的十品词区分。他们认为这是很不合理的，因为品词的范畴不应该以划一的标准来衡量所有的语言。世界上有多种多样的语言，不能单凭一个标准来划分品词。在这方面，出现了不少的革新者，但是新的范畴的规定却是一件极困难的事。

2. 虚无主义的盛行

当时，语法学的革新论者有两种倾向：一方面是注意到用希腊、拉丁语法来套一切语言确实行不通，从而想去重新建立合适的语法范畴。另一方面，大家又感到建立新的语法范畴十分麻烦，甚至无从下手。以房德里耶斯为代表的学者们又走向否定一切的道路。他们甚至认为，语言中存在的范畴至多有两个，名词和动词。其实连动词范畴也无法证明其确实存在，如动词的时间范畴在汉语里就缺如。

我们所说的虚无主义（德语 nihilismus 的意译）指那些不是积极地去发现和建树，而是消极地否定和取消的做法。苏联穆德洛夫在他的批评高名凯的文章[①]中认为，高名凯在《汉语语法论》一书中接受房德里耶斯的学说，否定汉语有词类的存在。穆氏说高名凯是虚无主义者。如否定了汉语及物动词的存在；认定汉语无被动式等。总之，只限于作否定，并无发现和建

---

① ［苏］穆德洛夫：《斯大林关于语言学的著作发表以来的中国语言学》，《新建设》1952 年第 9 期。

设，最近高名凯发表的文章中，[1]明确地提出汉语没有词类，只有虚词和实词的区别。高名凯是有虚无主义的倾向的，他从未论及汉语的词类区分应该从何入手。当然，9 世纪西方学者马伯乐（H.Maspero）以及后来的房德里耶斯，他们的虚无主义更加严重，已经是走向极端了。

如上所述，一面在否定希腊、拉丁文典，另一面新的语法体系尚未建立，而学校的语文教学内容又规定必须教语法。十品词法被学者们否定，学校中的实用文典则回到理性派、经院派的语法体系中来。为了要编写实用文典，只好仍采用希腊、拉丁语法。其结果是，实用的语法与科学的语法形成一种矛盾、乖离的状况。中国也是如此。过去学者们如王力、吕叔湘、陈望道等都反对黎锦熙那种模仿西方文典的文法，但是科学的语法体系又未妥善地建立，学校中仍通行黎著的文法。而今大家对吕叔湘、朱德熙《语法修辞讲话》固然不满意，从中看到不少矛盾；但同时也还在使用这个体系进行教学。这种畸形的现象要得到解决，就必须建立科学的语法，而要建立科学的语法，我们理应先认识语法是什么。

三、语法是什么

关于这个问题，可以从以下三个方面来说明。

1. 一般人对这个问题的回答

一般人认为所谓语法，就是帮助人们说话说得正确，做文章做得通顺的技术（arts）。早在文艺复兴时期，法国学者斯加里谢（Scaliger）为语法下的定义就是："使人说得好写得好的技术。"（ars bene dicendi et bene scribendi）这句话的含义与一般人所理解的语法定义是相一致的。一般人之

① 高名凯:《关于汉语的词类分别》,《中国语文》1953 年第 10 期;《再论汉语的词类分别》,《中国语文》1954 年第 8 期。

所以有此种认识，也是受了传统说法的影响。如英语里文章写得好的称为good grammar，文章差的就称bad grammar。原来《辞源》的“文法”目也只解释为“作文之法则”。再看黎锦熙的《新著国语文法》，他认为：“国语文法的用处，就是用科学的方法指出许多法则，我们按照这些法则，可以把国语说得准确，把国语文作得清通”；“研究国语文法是‘能’的问题，能作，能写，能说，作得不错，写得清楚，说得好。”这分明就是黎锦熙下的定义。而后吕叔湘、朱德熙的《语法修辞讲话》也因循这一说法：即认为学习语法的目的，是为了把文章写通。这种看法普遍地存在于一般人的头脑中，相当流行。

一般人对语法的看法是从实用出发，以实用为目的，局限在文章清通、说话准确这个要求的范围之内。这是最大的缺陷。这种看法与我们说的建立科学的语法是不相一致的。当然，实用也同样重要。不过单纯追求实用，把实用作为唯一的目的，这就处处受到这一观点的限制，就有可能完全局限在所见到的一些局部的现象，对于现象所反映的本质往往认识不清，甚至会把研究对象搞模糊了。

学习和研究语法不仅不应放弃实用这个目的，而恰恰是为了更好地实用，更好地解决问题。所以理论的指导，实在是有利于认识研究对象的本质，单纯地从实用入手，实际上并不能达到实用的目的。应当说，空洞的理论是必须反对的；我们所需要的是能解决问题的理论，在理论指导下，去达到实用的目的。假如说，只求实用确能解决问题，那么黎锦熙的《新著国语文法》等书出来之后就应该能满足了，不会再发生什么问题了。然而，事实上问题却不断发生，并且一直存在。正是由于他们的“实用语法”并不能真正反映语言的实际情况，因而今天还是需要有所改革。我们需要的是建立真正能认识本质的语法学理论，以此解决所存在的实际问题。

2. 受过高等教育的人的回答

受过高等教育的人大都认为语法不外是 syntax 的研究，而这是研究古代语言、文学语言的人感到最需要的一种知识。syntax 一般译为句法或造句法，张世禄译作“措辞法”，吕叔湘译作“结构学”，可见并不统一。与此相联系，有些人认为中国语的“辞例”，即把古典文学作品中常用的词句构成一些法则，是古文研究者很需要的。在他们看来，关于“辞例”的研究便是语法。从而又认为，口头上日常讲的话的法则是大家自然而然地懂得的，不必再研究，也无所谓语法。过去有很多人是这样想的。语法似乎只是古文的“辞例”，为了读周秦、汉魏的文献，需要掌握“辞例”，便要研究语法。因此，读《马氏文通》就变成读周秦、汉魏文献所必备的条件。从那里面可以学到古人用词的常例和规律。

这类看法，有以下五点可资研究：

（1）比起前一种仅仅为实用而编写语法的看法来，确是有了进步，因为已经把语法当作一种知识，而不是作为一种技术的需要。

（2）研究“辞例”的学者采用了归纳法，从古代文献的语言以及文学作品语言中归纳一些辞例，构成他们的学说。也有人制定出一些法则作为衡量标准。合乎法则的是好的词句，不合法则就是错误的。定出的法则是当作一种标准而存在的，不应违反；因此，采用的方法又是演绎的。

（3）他们的视界只达到古典文献及文学语言上，未能把现代语言包括在内，这只是属于文献的研究，尚未摆脱实用的束缚。

（4）由于仅仅属于文献的研究，其目的也局限于此，他们既未解脱实用的桎梏，因而仍然有其缺陷。

（5）没有把语法作为独立的研究对象，作为研究本身的特殊目的，而只当作是研究文献的手段。因此，就科学研究的发展来看，这种文献学的研究离开研究语法法则本身还是有距离的。

3. 比较语言学者的回答

先要说明一下“比较语言学”是什么。语言学者使用比较方法研究语言的发展史，就称比较语言学。它有一定的研究范围和研究目的，即只能对有亲属关系的语言，方可使用比较方法来进行研究。例如法兰西语、意大利语、西班牙语等都是由拉丁语发展而来的，像这样的语言就具有亲属关系，可以使用比较方法以推出其中亲属语对母语的关系如何，亲属语之间的关系如何等。汉语也可以与藏语、缅甸语进行比较，但与印欧语不存在亲属关系，因此在汉语与印欧语之间不适用比较语言学的研究方法。

比较语言学的方法局限于研究亲属语言的发展史这一方面，比较语言学者认为，语法应包括音韵论、形态论、结构论（即前面讲的 syntax），由这些内容构成语法的全部。比较语言学者的这一回答有没有毛病呢？肯定是有的。西方讲语法学一般都包括音韵部分。苏联学者库兹涅佐夫（H.C.Кузнезов）在《语法·语言的语法构造》一文中也明确提到这一点。但是，音韵、形态、结构都各有自己的体系，这些体系不一定全属于语法。语法只和形态有关，音韵论就不应该包括在语法之内。若从广义的角度来考虑形态，那么结构也不外是形态。所以语法应当以表现形态为研究对象，也就是以广义的形态作为自己的研究对象。

4. 以上三种回答的共同点

以上三种回答，有一个共同点，就是他们都以为语法是有体系的，有系统的，不论是实用文法，还是研究 syntax 的和语言比较的语法，对语法都有一个建立体系的要求。语法学本身就是一种具有体系性的学问，而不是枝枝节节的东西。

形态论和结构论是否有体系，我们放在后面再谈。比较语言学者认为语音、语法及词汇都具备体系，便把三种体系混为一谈，这是不对的，它们各有特殊体系，不能看作是同一的东西。科学的语法本身应有完整的体系，其中各种关系则组成系统内部的结构。从体系的要求来看，王念孙、王引之只是文献学家，而不是语法学家，因为语法学的体系和文献学的局部诠释不是一回事。

我们在上面已讲到语法科学的发祥地，并谈到了各国语法研究的大致情况，也讲到了三种人对于语法的看法，就科学的语法的要求来说，他们的看法都是有缺陷的。至于一般语法书上常提到的关于语法是什么的解释，我们不打算再去细论了。

四、什么是科学的语法

这里用“科学的语法”这个名称是有根据的。一般认为，现代各学科的发展均从 19 世纪以后才转上科学的道路。19 世纪初，由于比较语言学的兴起，才使语言研究转到科学轨道上来。语法学的发展也是如此，19 世纪 20 年代以后，才向现代科学的道路前进。

有人要问：究竟什么是科学的语法？

1. 释义

所谓科学的，乃是排除一切非科学的，或者排除一切反科学的东西。要问科学是什么，可以这样回答：科学的事实是客观世界的反映。以语法来说，语法学的事实都是客观存在的语法事实——语言事实的反映。这是决定论的，不容许有任何改变。语法是讲关系的，客观存在的语法关系是实在的，而语法科学就反映这客观存在的语法关系。与此同时，也决定了语法科学所反映的并非是孤立的、互相隔绝的事实，而是反映全面地、整体地相互联系的、客观存在着的语法事实。当我们说，语法科学是客观现实的存在的反映，由于客观的语法事实本身是一个互相联系的、完整的全局，而非一堆孤立的东西；因此，作为反映这种联系的语法科学也必然应当是一个具有内部结构的完整的科学系统。

高名凯在论汉语词类区分的文章中认为汉语并无词类，他的看法是存在着片面性的。客观事实告诉我们，说汉语的人都有词的类别的观念。例如，汉语有两种不同的重叠法："这件事也该高兴高兴""看他那种高高兴兴的样子"。"高兴"的不同重叠显示了词类的不同，"高兴高兴"是动词的形式，"高高兴兴"则属形容词重叠法。由于构成方式的不同，告诉我们客观上存在着不同的词类观念，类似这样的区别词类的标志是很多的，可是高名凯却认为只有词本身的形式变化才决定词的类别。他这个大前提是强调过分了，是片面的。按照他的原则，只有孤立的词的形式变化才是区分词类的根据。在他的大前提里，没有把语法形态这个概念搞清楚。他还引用了库兹涅佐夫（Н.С.Кузнезов）《语法・语言的语法构造》一文关于词的分类的论述，但库兹涅佐夫并没有把词形变化看作是一切语言区分词类的绝对标准。科学是由客观存在决定的，我们必须全面地去考察客观存在的语法事实，才能得出科学的结论。任何片面的理解都是有害的。

（1）科学的语法是反映本质的

有一种关于语法的解释是：语法的目的在于让人掌握用例，为了使用例更容易理解，才有各种解说，才列出各种名目。这种说法是很能打动人的。根据这种说法，例如词类的名称主要是为了研究用例的方便，只起一种"敲门砖"的作用。立这种种名目，作种种不同的解说，都是为了拿这些个术语去解说句子。这种说法有一个毛病，就是名目可以随便立，目的是为了解说的方便，即仅仅是为了别人能读懂某一语法书而已。这一看法，仍出于语法的实用观点。在他们看来，只要掌握正确用法，术语和定义等理论上的东西是无关紧要的。具体讲一个问题："考（新生、大学、五分、不及格、鸭蛋）"，所有这些"考"后面跟着的成分是否都是宾语呢？按他们的看法，是否还有别的成分，例如补语，那是次要的问题。只要明白句子的结构，动词之后是宾语还是补语并不重要，因为名目只是为了分析的方便而立的。立名目不是为了反映客观现实，仅仅是为了解说用例，这类名目对于语法科学来说就无关宏旨，这样做，当然不会符合客观事实的。可以这样说，语法研究上实用的观点，常与科学地反映现实这一原则背道而驰。因为它不符合事实，也就难以正确地说明问题。

我们还可以看到中国科学院语言研究所语法小组《语法讲话》(《中国语文》连载）也企图离开客观语法事实的本质，简单化地解释汉语语法。他们立论说，动词后面跟随的成分都是宾语，但对“做好”“洗干净”这一类却又特别地列为“动补结构”。这一点与他们作出的定义是有矛盾的，他们自己承认有例外的情形存在，至少说，他们的话没有概括全面。要建立科学的语法，也像其他一切学科的体系一样，想一手来打天下几乎是不可能的。

科学要求我们看到全面，看到现象的本质之所在。这才是科学的目的，要做到这一点是不容易的。有的语法书上立了不少名称，其实是为实用而巧立名目，与科学的实质相违背，到后来，一定会在实用过程中遇到种种难以解决的矛盾。我们必须反对强调实用而否定科学语法的态度。除语法著作以外，许多学科都有自己一整套的术语，能否说这些专门科学术语都是属于巧立名目呢？显然不能。如数学中有“虚数”“无理数”等，都并非为了实用上解说的方便而立的名目，并非为了实用上需要什么便立什么，而是客观存在的数的反映。总之，一切纯粹为了实用方便而主观创立的名目往往是不能正确地反映客观语法事实的，根本问题在于这样的方法与科学的反映论是不相一致的。

（2）科学的语法是为了求真、为了符合客观的语法事实

科学语法的主要目的是为了认识客观真理，说明这个真理，那么，在实用与求真之间是否会有差别、有对立呢？强调实用，如果忘记了科学的

求真这个目的，那显然是错误的。唯有真实的、符合于实际的语法学，才能有用处，而且用处会更大些。相反的情形也有过，有时有用的东西却不一定反映事物的真实，例如打雷这一自然现象，在前科学时代人们曾把它解释为天雷，发自雷神，是人们所不可触犯的，不然会被雷打死。这样的认识是非本质的，错误的，但曾有过它的实用价值。人们可以在打雷时躲进屋子里去，以避免雷击。后来科学发达了，人们开始认识到空中雷击是静电的作用。这一认识，接触到了事物的本质。这样，我们不仅懂得要躲避雷击，而且懂得如何更好地防御雷击，比如在高层建筑上安装避雷针。这说明我们的认识愈接近事物的本质，就愈真实，愈有用。求真与实用并不对立，可是，如果片面地强调实用，往往会陷入错误的泥淖中去。对于科学的语法来说，应当作到求真与实用的统一。

（3）科学的语法是语言学的

科学的语法是语言学的，这与为诠释文献而研究个别语法现象的文献学完全不同。前人由于阅读古文献的需要而进行有关文法的学习或研究，这是以前时代的客观条件下的产物。文献学的研究有它自身的科学性，这一点应当肯定。但是要看到，自清代的一些学者算起，他们为着古文献的疏证而研究语法上的一些问题，显然有局限性。王引之《经传释词》在文献学方面的贡献是很大的，如他解释“之”字，汇集了大量文献中的用法和事例，进行归纳。可是这种研究并不是在与“之”有关的全部语法关系中去看问题。换言之，没有注意到“之”与其他词的各种关系，也没有从汉语的历史变化中去寻找出规律性的事实，仅局限于文献的解说，从语言学的观点看来是不足的。今后我们研究科学的语法必须打破这种局限，要把语法放在语言学所属这个角度来研究。

这一点我们还可以从音韵学方面来观察。例如，《诗经》的用韵原是一个大问题，历来引起争论。与今日的韵比较，《诗经》的韵明显不同，所以今日看来《诗经》有些地方是不协韵的。这中间的原因，是由于古今语音有变化。这里就有文献学与语言学的差别：近世自顾炎武以后，文献学者研究声韵，都是为了说明文献，只限于解释文献，瑞典高本汉研究用韵就有所不同，他运用了比较语言学的方法，拿缅甸、越南等语言与汉语进行比较。即不但独立地探索古代汉语，而且进一步发现中国原始语言的情况，从语源上作一些探索。由此可见，高本汉已摆脱了文献学的局限性，而从语言学的科学立场上来研究汉语音韵。同样的道理，语法学也必须独立地作为语言学的科学来进行研究。附带说一下：文献学，即 philology。高名凯《语言学引论》讲义中称之为语文学，似不妥当。因为“语文”两字含义不明。科学的术语务必要反映客观现实的本质，我认为应称为文献学。

（4）科学的语法是受一般理论指导的

科学的语法绝对不能因某一语言的个别特殊性而排除一般原则的指导；同时，一般原则也绝不能机械地搬过来用，解释语法不允许死啃书本。我们不赞成把语言的特殊性看作绝对的东西，反对一些人把个别语言的语法规律拿来概括成一切语言的语法，例如拿希腊、拉丁语法来解释汉语语法。但是科学语法的研究应当接受一般理论的指导，片面强调个别语言语法的特殊性，会使认识局限于见树不见林；当然，过分强调一般，也容易导致见林不见树，那也是片面的。我们的原则是科学语法的研究应该接受一般原理的指导，同时也要照顾民族语言语法的特殊性。

2. 建立科学的语法的目的

（1）主要是认识语言的本质

语言的一个本质的特点在于语法构造。认识这一本质，可以掌握其中规律性的事实。

（2）根据语言的本质的特征，来建立范畴

这就是要从语法构造的种种特征，概括出语法范畴，把许多语法范畴相关联系起来，构成语法体系。

（3）从建立体系中，看出语言发展的可能性

要从建立起来的体系看出语言过去的历史，并发见它的发展的可能性。这种可能性关系到语言政策的确定。例如文学改革的方针、政策、步骤等，均应着眼于语言发展的可能性来考虑，决定该快该缓，该取什么步骤等。任何语言政策都不能由主观任意决定，而必须切实地立足于语言科学规律的基础上。

第二讲　语法与逻辑

一、引　言

1. 亚里士多德的逻辑学

亚里士多德的逻辑学范畴论是以希腊语为根据的。他建立了十个范畴，以求概括一切。语法与逻辑的关系虽然是早已发现，但后来所有的西欧语法学均以亚氏的语法体系为鼻祖。希腊语 logos 一词本来作“语言”解，有两个含义：satio 是“理”；orotio 是“辨”。logos 又作“道”解。从这个词的含义看，也与语言有关。我国先秦哲学家荀子也说：“人之所以为人者，何已也？曰：以其有辨也。”（《荀子・非相》）“辨”有“辨别”的意思，就是以“理”来“辨”；也可以作语言解。他是说：人之所以有别于禽兽，因为人有语言。换成今天的话说，即人有“第二信号系统”。这样，从起源看，无论中西，语法（grammar）与逻辑（logic）有其相互联系。古代的哲学家很早就意识到语言与逻辑的关系。

2. 18 世纪的理性主义的影响

到了 18 世纪，因笛卡尔（R.Descartes）的理性主义盛行，哲学、语言学

均深受它的影响。德国的著名哲学家、语言学家莱布尼兹（G.W.Leibniz）主张语言与思维并行，即指语言与逻辑两者并行；这就是理性主义观点的反映。其结果是，逻辑的概念对应于语言的词，逻辑的判断对应于语言的句子。在理性主义者看来，从语言的构造可以看到思维的构造，从思维的范畴出发可以建立语言的语法范畴。这种认定语言是从属于思维的观点使他们得出这样的结论：全世界应有一种普遍语法（universal grammar），这种语法应是超语言的，世界各民族共同的。后来的世界语的创立，也是受了理性主义语法学理论的影响。在中国学术界，理性主义关于语言与逻辑的关系和两者并行的认识，也有很大影响。

3. 张东荪的中国语言观

中国学术界最早提到语言和逻辑的关系的是张东荪的文章。[①] 他从中国的语言构造分析中国哲学的特征，认为中国语言主语省略很多，是中国的哲学缺少“本体”概念的反映。可见，他是把思维的结构与语言的结构并行一致起来看的。这种研究本来是很有兴趣的，但可惜他的结论下得早了些。语言与思维的构造是否完全一致还有待于研究。从他的这个假设中可以看出，他是把两者完全平行起来进行研究的。

4. 中国的语法学家对逻辑的看法

我国语法学家对逻辑的看法，大致可分为两派：

（1）重视逻辑的代表人如胡适、吕叔湘等。《胡适文存》中《国语文法概论》一文是十分重视逻辑的。在他抨击古文倡导者林琴南时，说林的古文不通，也是从逻辑角度提出问题的。吕叔湘也重视逻辑，常以逻辑上通不通来衡量语法上是否正确。于在春也是注重逻辑的，他认为“在我没有来以前”这句话不合语法。这一看法，是出于不合逻辑所导致的错觉。

---

① 张东荪：《从中国言语构造看中国哲学》，《东方杂志》1936 年第 33 卷第 7 期。

（2）不谈逻辑的这一派认为语法只是语法，与逻辑无关。如史存直，他认为语言表达首先要看是否合乎语法，至于含义合不合乎逻辑，那不关语法学的事。像这样站在语言学见地上，主张纯粹记述语言而不论其逻辑上是否合理的人是很多的。

5. 我们的看法

语言是以一组音的结合来表达一定意义的。在声音和意义之间并无必然的联系，音义之间的结合没有必然的道理可讲，不一定合乎逻辑。对意义而言，声音不过是假定的标志而已。同一种意义，可以用不同的声音来表达；同一意义所指的东西，在不同的语言中则用不同的声音来代表。当然，这是指一个词而言的；如果换一个角度来看，一个词和另外一个词的结合（组合），那就完全有道理可讲了。但这种道理也并非纯理性的，它是根据各种社会生活习惯约定俗成的。我们可以说，这种结合是根据群众习惯上的“逻辑”。如汉语“红花”的声音与它所指的意义并无必然的联系；“红”一定放在“花”之前，仅仅是出于社会生活的习惯上的因素。正因为它存在着这样一种道理，这种道理是本民族共同的，才使得语言社会的每一个成员都有理解的可能。各民族语言既然都有自己的特殊习惯，就使得这种特殊习惯不可能纯粹合乎逻辑。如果逻辑一样，语言表达也一样，那么，全世界就只会有一种共同的语言了。实际上，各民族语言的习惯不一样，表现在语言的组合方式也不一样，英语 a book、two books，汉语“一本书”“两本书”，组合方式完全不同。反过来说，语言的组合方式不同，就意味着各自的社会生活习惯上的“逻辑”不相同。

语法的任务在于记述。问题是记述的时候是否要带某种规范的性质呢？也就是说，语法是不是应该建立起一套规范化的东西来呢？这是一个值得考虑的问题。逻辑学是一种规范性的科学，一般都说，逻辑学是关于正确思维的规律性的科学。正确思维离不开语言，离不开语法；那么，语法是不是应该随之建立起一系列规范呢？正确地使用语言，是否也需要遵守语言的某些语法规范呢？我们认为，如果要建立规范，就必然要讲逻辑。但是语法的规范与逻辑学有别，应当建立在符合语言发展内部规律的那种规范之上，而不是单纯地依傍形式逻辑去建立一种“语法规范”。撇开逻辑的语法学家仅仅限于记述，不想在语法学中建立规范。其实，语法学的任务不仅要记述，而且要建立语法范畴、语法体系。那就一定要建立一种特殊“规范”。如上所述，语言的组合方式来自社会生活中的习惯，因而我们讲的“规范”必须按照社会生活的惯例，绝不是单纯的思维活动的逻辑规范。

二、语言与思维的关系

语言与思维的关系是语言学理论中的一个重要问题。斯大林认为，语言和思维是不可分割的。可是我们从语言实践的事实知道，语言、思维并不是同一个东西，不可混为一谈。这里，我们提出一个问题：假定语言与思维两者是平行的，是不是恰当呢？这两者的相互关系，涉及的方面很广，它和心理学也有关系。在下面，我们只讨论语言和逻辑的关系。

1. 从理论上看，语言与思维是否平行？

（1）语言的创造　　语言的创造不可能是事先计划好的，人类创造语言，事先并无计划。语言是人类在劳动中创造的，是由一定的声音和一定的意义结合起来，逐步形成的。

（2）为应付现实的需要而创造　　以“火车”一词为例：我们的祖先从来未曾见过火车。到了清朝光绪年间，从吴淞口到上海的铁路筑成通车，人们看到一长列的车子来来往往，在下有轮子，上面冒出火来。为了应付现实的需要，才创造出“火车”这样一个词来。又因为它身长如龙，前面有一个头，于是称为“火车龙头”（后来，由此又产生“自来水龙头”，以至开关、阀门均称“龙头”）。这都是为了应付现实的需要而创造出来的词语，显然未经周密的思考，但却符合大众的生活习惯。至于叫“火车”是不是合理，叫“龙头”是不是合乎逻辑，那是次要的事，谁也不会去深究。从这一点看，完全不像逻辑，没有深思熟虑的判断和推论；可见，语言和逻辑两者不是平行的。

（3）语言与思维的结合　　语言与思维两者是相辅相成的。思维的发展促使语言变化、发展，语言的发展又帮助思维作用的提高。但语言的世界与思维的世界并不相同，两者仍然不是平行的。语言有其自身的内部发展规律，如语音的变化、词义的演变等，都有其特殊的内部规律，与思维的规律不相一致。如词义的缩小，“肉”从指一切的肉缩小为仅指“猪肉”；看起来并不合乎逻辑，却符合语言内部发展规律。

2. 从事实看，语言与思维是否平行？

这里要讨论的是按语言构造和思维构造的分节看，两者是否平行？

（1）相一致的　　“桌子”是一个概念，也是一个词，两者是平行的。“大的桌子”，“大”指属性，起限制作用，分节与逻辑也是一致的。“树”“高高的树”“池塘”“小池塘”也是如此。

（2）不一致的　　语言与逻辑思维的分节不相配。“马”，可以有“画的马”。本来应该是“马形的画”才符合逻辑；它是否定“马”的，两者的分节也是不同的。但是，依照语言习惯只说“画的马”，若说“马形的画”就明显感到不顺耳。“花”“红花”“黄花”，这是与思维一致，与逻辑一致的。但“雪花”却不是“花”；按照逻辑应说“似花的雪”或“花形的雪”才合理。英语中同样也存在这种不一致的现象；probable winner 是赛马、赛狗常用的称呼，指称所谓“可能的胜利者”；可是，既是胜利者就不是什么可能的问题，逻辑上有点说不过去。又如西方牙科医师诊所的门口常悬挂着一块招牌，上写：painless dentist“无痛的牙科医师”这里的意思实际应当理解为“无痛拔牙”或“无痛治牙的医师”，尽管它看上去不合逻辑，招牌一直是那样挂的。像这一类表现出语言与逻辑不一致的话确是常见的。sick bed“病床”，按逻辑应说作“病人睡的床”；否则会当作“有病的床”，指“损坏了的床”，可是 sick bed 却并未损坏。

还有不少“背理”的事实存在着：宁波方言有“火热冷饭头”“高脚矮凳”等语，这里的“冷饭头”“矮凳”实际上都已成为一种东西的名称，故而逻辑上看来又通得过了。四川人有“焦湿”一语（吴语有“焦燥”，没有“焦湿”，可作比较），大约“焦”是形容程度的，说“焦湿”是类推出来有理可讲的。还有许多现象，有的因说话时想说得简练而有这样的话：“请你吃肉”，回答是“我不吃你的肉”；意思原是“我不吃你（买的、拿来的、送来的……）肉”。这样说，常见而合理。这是由语言的节省规律造成的。细想一下，就不会当作笑料了，许多语言游戏也常常从语言的节省中产生。又如附加语，依理只应起到限定作用，而不会有否定作用，逻辑上的特称就是这样的。但语言中有的附加语会起否定作用，如“他表面上很高兴”，其实是说“他并不高兴”，“表面上”由限制而转为否定。以上这些事例说明，语言与逻辑思维两者的分节是不一致的，语言构造和逻辑构造并非相同。可以说，语言有语言的天地，逻辑有逻辑的世界。

三、语法范畴与逻辑范畴

范畴是反映客观事物的本质的思维形式，是各个知识领域中的基本概念，各门具体科学都有各自特定的范畴。范畴也指最大的类。如“生物”是个基本概念，也是一个大类，其中包括动物、植物、微生物三类。

1. 经验的分类

范畴是适应经验的需要而产生的。人类对自然界和社会具有的经验和认识的成果，都可以依据实用的目的进行分类，这是一种分类法。另一种是科学的分类法，是经过理智的反省而作出的分类。例如，书架上的书可以适应书架间隔的大小而作出恰当的排列，大的书放入大格子，小的书放入小格子。这仅是合乎实用的目的，按照度量上的经验所作的分类。图书馆里对书籍的分类却完全不同。它是有一定的分类标准，按图书的内容来分类的，属于科学的分类。两种不同的分类法所建立的范畴也不相同。

当然，两种分类法也有可能会存在某些一致的地方。如水生动物大都称为“鱼”，明显地是一种经验上的分类。其中，也包括“鲸”。“鲸”却属于哺乳动物，不属于鱼类。汉字的“鲸”，偏旁是“鱼”，但这不是科学的归类。

2. 语言的分类

说话的人在现实生活中掌握语言和使用语言，具有类化作用。这表明语言的分类决不是凭语言学家的主观来作出，而是依据客观存在的语言在社会成员头脑里进行类比作出的分类。说话人头脑里的类比意识也只能通过客观现实反映得来，绝不是主观的产物。类化的方法有多种多样，语言的分类则是适应交际的需要而产生和实现的，是一种潜意识的行为，在社会成员头脑中不知不觉地进行的。在形成种种习惯形式之后，类比和分类便潜意识地进行下去。比如，汉语语法结构中有一种动宾结构，动词后宾语前可以插入“一次”之类的成分，如“谈一次话”“吃一次饭”，讲惯了也发生类化。于是，出现：“演一次讲”“游一次泳”，这正是社会成员不知不觉进行类化的产物。

语言的类化作用是使语言在社会成员的头脑里便于组织、便于构成一个体系的重要因素。这也说明，语言的分类是以经验为根据的，而不是依据逻辑。例如有“吃一次饭”，就会有“演一次讲”。这些动宾结构大都表达一种行为，已经经验化了，成为潜意识的活动。可见语言学家进行分类必须以来自客观现实生活的分类为根据，进行记述的研究，这就绝不是个人任意地巧立几个名目，我们说语言的分类是属于经验性，而不是属于逻辑性的，它与科学的分类有所不同。

3. 语言体系与逻辑体系

语言体系与逻辑体系是否一致呢？要回答这个问题，不妨作一些比较：

（1）音韵体系　　语音是分音节的音，是言语活动必须采取的手段，人类脑子里存在着的是听觉映象，把听觉映象用发音器官实现出来成为言谈。内部语言实际上没有声音，只有听觉映象。存在于脑子里的听觉映象用声音传达出来，就是语音。因而语音是属于言谈的，可以传达某种具体的意思。音韵则是存在于说这种语言者脑子里的语音的印象。语音是外在的，物理的，生理的；而音韵则是内在的，社会共同的，有区别的听觉映象，也是心理的。所以，音韵体系与思维不同。它既要从外观的物理、生理特性上来说明，又必须从内属的语言的社会心理上来说明。

从生理上来说，是由脑子启动，依靠发音器官的作用，把听觉映象实现出来，成为具体的实在的声音。若看物理作用，则是生理器官发音时振动空气，形成声波，传达给听者。但是重要的是心理作用，因为音韵与心理有关。语音映入人的脑子里是一种语音映象。如：little，两个“l”因与元音的结合，具体发音是有所不同的。但在说这同一语言者的心理上两者是没有区别的；当然，在不同的语言里，两者可能会有所不同。南京人听外乡人说南京话总有些异样的感觉，这种鉴别方音的差别是根据心理上音韵的区别。可见，显现的生理、物理上的音色不同，特别是潜在的心理上的语音映像的区别，使各民族语言存在着差异，这些均与逻辑无关。若按逻辑推理划一进行，全世界就只有一种语言了。

（2）意义体系　　语言中新的意义的产生往往与社会生活的变化有关。这种关系也不是纯理性的逻辑关系。词义科学今日尚未形成体系，客观存在的意义体系的特性尚待探索和研究。有些意义的变迁常与心理有关系。所谓心理大约指两种：一是个人的心理现象；一是社会的集体意识，即社会的、集体的心理所产生的影响是通过社会的实践形成的。

（3）语法规律与思维法则　语法中有“自动词”“他动词”（intransitive verb、transitive verb）。后者如“杀”，自身不能完成动作，动作有转移，要转移到另一对象（object）。但是，往往有一些含义相同的动词，在这一语言是自动词，而在另一种语言则是他动词。“命令”，英语 obey，他动词；法语 obeit，自动词。如果语法是纯理性的，那么同一含义的词的各方面关系在各语言中应是一致的，但事实并非如此。语法规律是语言自身所特有的，与逻辑法则绝不相同。英语的词尾 –ness，表示性状，如 kindness（仁慈、亲切）：但也有 business（职业、商业、事件）这样的词。可见语法范畴与逻辑完全不同，在它们之间不可能划上等号。

4. 语法范畴的含义及用例

（1）释义

用形态部作为手段，显示出一定的抽象的语法意义叫作语法范畴。也就是说形态部是外部的；用一定的形态部显示出一定的抽象的语法上的意义，这就是语法范畴形态部所表示的，并非一种个别的意义，而是类的共同的语法意义。以拉丁文名词的格（case）为例：dominuo（即英语 master）有 nominative（主格）；dominuo；genitive（所有格）；domini；accusative（宾格）：dominum；dative（与格）：domino；ablative（夺格）；domino 等变化。这里，形态部是 –uo、–i、–um、–o 等，它附于意义部 domin– 之后，表示一定的“格”的抽象意义。形态部单独不能成立，一定要与前面一段意义部相结合，形成一个整体。一旦离开了意义部，形态部就没有作用。同样是一种抽象意义，可以用不同的语音组合的形态部来表示。英语名词的复数（plural）可有几种形式，如 books、oxen、children 等，–s、–en、–ren 都是表示复数这一抽象意义，所用的语音组合却不同。

关于形态部问题，高名凯在《中国语文》上论及汉语词类的文章中认为，汉语没有标志抽象意义的形态部，因此也就没有词类区分。高氏所指的形态，仅仅限于词形变化。像某些印欧语的格、位等都属于这一类形态。我们称这种词本身的形式变化为狭义的形态或狭义的形态部。这里的要害是：语法范畴的表示是否仅限于狭义的形态部呢？如果说，形态部并不限于词形变化，那么即使借助于其他的形态手段，也可以区分词类。相对于狭义的形态部，词形变化以外的其他的形态手段，可称之为广义的形态或广义的形态部。

语法范畴是由过去历史演变而来的产物，并非一朝一夕形成的。由于语法范畴所表示的抽象意义是变化、发展的，不是一成不变的，因而过去遗留下来的语法范畴的意义往往有分歧，甚至无法解释。这就使得确定语法范畴所含意义成为非常不便的事。

语法范畴在不同语言中有种种不同表现。也就是说，不同语言中，有表示抽象意义的不同的形态部。如英语代词第三人称有 he、she，指物则有 it。就具体语言说，语法范畴的数目较多，无法限定，印欧语均有“性”“数”“格”“时”等，但绝不止这些。在一些语言中，还有表示“等差”的形态部，在“高贵”“低等”中间，都有一定的形态部来表示。而像日本语中的有些动词，在生物存在的说话场合使用，非生物就不用，足见是以不同的动词来表示形态部的。由此看来，形态部是极其复杂的；不能把印欧语的词形变化看作是唯一的形态部，而排除其他种种可称之为广义的形态部。高名凯确实已将印欧语的词形变化看作绝对的、独一无二的形态，舍此再不能有其他，很明显，以个别的、部分的现象为论据，推论到另一些语言，把汉语也当作印欧语来对待，这是不对的。

问题可以简要地概括一下：语法范畴是以形态部作为手段表示的一定的抽象意义。形态部在不同语言里有种种不同的表现。“性”“数”“格”“时”等形态部和相应的语法范畴，是印欧语所特有的；并非所有的人类语言都只有这一类型的形态部以及这样的形态部所显示的语法范畴。事实上，各种语言的形态部和语法范畴是多种多样的。现代英语名词的“性”，没有繁多的形态部和语法范畴，却使用一定的词头来表示。如 he-goat（雄山羊）、she-goat（雌山羊）。

接下去谈谈词类与语法范畴的关系。词类是在语法范畴的基础上建立的，我们要问，为什么区分词类应从语法范畴出发呢？根据词的词汇意义是不是可以区分词类呢？《马氏文通》的作者就认为：“凡立言，先正所用之名以定命义之所在者，曰界说”；又说：“惟名义一正，则书中同名者必同义。”他是很强调这种“同义”的，义同，则类也同。但是，词义是不能据以区分语法上的词类的。词类是词在语法结构中表现出来的类。词类的区分首先应从各种语言中找寻出一定的外部表现手段——那种显示抽象的关系意义的标志。也就是说，应以不同表现手段和所显示的如“性”“数”“格”“时”等语法范畴为依据来区分词类，而不是从孤立的词的词汇意义的归类，看是否相同来区别词类。词类是词的语法分类，而不是逻辑的分类，它依据语法范畴，而不是依据逻辑范畴。

（2）几个语法范畴的实例

“性”（gender）　语法上的“性”与逻辑范畴并不一致，有时与理性相悖。例如；德语 Mädchen（小女孩）是中性，das weib（妇女）也是中性。英语 drone（雄蜂）在德语里属于阴性，德语 weiscl（雌蜂）却属阳性。gender 跟 sex 不一样，前者是语法上的“性”，后者指性别，是生理上的“性”，可以由逻辑加以归类。“性”在语言发展中有演变。英语 Pope（教皇），中世纪时是阴性，现代却已是阳性。“性”是怎样起源的？这个问题较难回答。gender 的抽象意义的起源是怎样的，何以要如此区分，均不易理解。据英国的民俗学家推测，在原始社会里，男人、女人的用语不同，各有专用语，才有后来的“性”的区别。这一推测实在太简单化了，试问，还有“中性”又如何解释呢？语言是在适应社会的需要中演变的，又是按语言自身的内在规律演变的。不过事过境迁，许多现象无法考察而已。有些词，如法语médecin（医生），但médecine（女医生，本为“医学”）就混淆难分，还有femme-médecin（femme指女人、妻子），原来的意思如何区别已无法说明。又如“而”，《说文解字》：“而，颊毛也，象毛之形。”后来本义已废，必须与其他词结合一起才产生意义。至于为什么要用这个词与其他词结合作为形态部来表示抽象意义，现在还说不清楚。许多形态部的原始意义早已丧失，只不过是历史地沿用下来，原因何在，无法说明。

“数”（number） 印欧语一般区分“单数”和“复数”。这种区别是否合理，是可以考虑的，从语言的历史看，早期的若干语言有“双数”，后来消失了。希腊语、印度语、汉语在古代都有“双”“对”“两”一类意义的表示。现代汉语还留下一些痕迹，如“两汉”“双燕”“对虾”等。英语也有both、pair、couple等。语法上的“数”看来并不是通过逻辑关系来确定的。人类对数的认识如“一”是容易得知的，“二”也还容易，“双”则有“一双腿”“二人”等可以联系，再进一步就困难了。在“数”方面，还有集合与个别的问题。从逻辑来说“群众”“听众”“观众”等都是集合概念。而语言中“一个群众”“几个听众”这一类说法还是通行的。英语也一样，family可以说my family are all well，句子仍是通的。这种“数”的语法范畴是否为西欧语言所仅有的呢？当然不是。

在汉语里，和数词有关的还有一种语法现象，在其他语言里却少见。即“副名词”（吕叔湘曾用此术语，现称“量词”）与数词、名词的结合，可以作为形态部来研究。它可以帮助我们发现一般的规则，建立起相应的语法范畴。如“一把刀”“一把茶壶”“一把椅子”等，“把”表示一种抽象意义，但含义很复杂。有人说“把”往往用来指具有把手的器物，而方言有“一把秤”，可见不只指有把手的东西。又如“一张纸”“一张画”等，有人说“张”指一种平面状态的东西，可是语言里“一张床”“一张桌子”等却都是指的立体，这也说明，语法上的表意未必与逻辑相符合。

这类问题，还有涉及同位语的例子。吕叔湘对同位语下的定义是：“名词不大有后附加语，唯一常见的只有这种例子：‘北京，我们的首都，是一个非常美丽的城市。’‘我们的首都’对于‘北京’有一种注解或补充说明的作用，我们称它为‘同位附加语’，简单说就叫‘同位语’。跟它相对，我们称‘北京’为‘本位语’。”① 这是按逻辑来分类的，看概念哪一个内包多，哪一个外延大，这些均属意义问题，并不是语法问题。“北京”是专有名词，特殊一些，作本位语；“我们的首都”普通一些，外延所容多，称同位语。这些都不是从语法上说明问题，而是从词汇意义来规定的。他又认为句子中间有停顿，可以看出区别。其实，这也不足为凭。上面的例子是名词对名词的注解，是 noun apposition。下面再讨论一个名词、一个代词的例子：“你这个人真笨”，“老爷我”（南方话常作“我老爷”），“个人主义，这东西很不好”等。上面例子中，“你”是特殊化的，“这个人”也是特殊化的。两者的内包、外延均一致，要是从逻辑上来解释还行得通吗？若按前后的排列和停顿与否能不能解决问题呢？再说，同位成分与外位成分有无共同之处，有无区别呢？“个人主义，这东西很不好”是不是外位成分呢？如“我做爸爸的不答应”（位子是并列的），“做爸爸的我不答应”（限制的地位），可以从实例中找到说明。

“时”（tense）　tense 与 time 不同。在汉语里，time 往往用时间副词来表示。tense 的含义就比较复杂，现在式（present tense）是否表示今天呢？不一定，它至少表现一种普遍性，即“经常如此”。如 The earth goes round

---

① 吕叔湘：《语法学习》，中国青年出版社 1952 年版，第 57 页。

the sun（地球绕太阳走）。现在式表示未来的情形很多，如 I go（我要走了），往往人还在，明明是表示未来意义的。tense 表示感情的也不少。过去进行式（past progressive）如 I was going 不单纯是表示过去，也有感情成分在内。汉语有“了”“已”，我们很容易发现“了”“已”不全是表示时间，还有感情成分在内。如“吃了饭没有？”表示时间，但有感情成分。可见 tense 之中包括的内容是相当复杂的，不能将 tense 与 time 混为一谈。tense 是语言事实，不能与 time 一致，不能与逻辑一致。语言事实的多义性的存在是一个不可忽视的特点。

四、结　语

1. 形式逻辑是规范的科学

规范的科学要建立许多法则，教人去遵行，违背这些法则，就容易出逻辑错误。如同一律、矛盾律、排中律、充足理由律等，均属思维活动不容违反的规则。形式逻辑建立的法则，成为思维所必须遵守的一种规范。

2. 科学的语法是一种记述的科学

记述，就是把客观存在的语法现象记录下来，加以说明。问题在于研究语法要不要建立规范？教学语法往往需要规范，而记述为主的科学的语法也并不排斥规范的建立。缺乏规范，任意乱用，是要妨碍思想交流，造成混乱的。语法研究的最终目的则是建立在科学研究基础上的规范，排除一切不合规范的言语表达，保证语言使用的纯洁性。因而记述是第一步，其目的仍在于建立一种规范。如何建立呢？程序是先要提出规范化的标准来。记述工作是不下判断的，记述的是今天的语言现象以及以往的语言现象。其间可以发现一些现象，内中含有一定的历史发展规律，据此看见它的发展方向和发展的可能性。可见语法的规范工作是在语言发展的可能性上发见其方向，而不是从逻辑上注意诸法则的运用。

3. **语法规律是潜意识的**

逻辑规范是意识的产物，语法规律不是意识的，而是潜意识的。也就是说，语法规律不是纯理性的东西，不是自觉的活动，而是约定俗成的、习惯的事实。如果问说话的人，为什么英语有第三人称单数 -s，大半说不出所以然来，可见并非自觉的，而是社会约定俗成的，习惯如此。所以逻辑规范是理性的，语法规律是习惯的，符合实用的，两者的性质完全不同。这样看来，建立语法规范不能用逻辑来代替。原因是：

（1）语法有自身特有的“逻辑”　语法所特有的“逻辑”不是纯理性的。语法是适合于语言群体交流的需要而产生、形成和发展的，因而，语言群体自然习惯于语法的“逻辑”。

（2）语法是思维的一种习性　语法固然是客观现实的反映。但是，这种反映是以在思维上的习性的形式存在的。日常语言生活中有不少习性，而语法正是这样一种至关重要的习性。所以语法规范的建立，必须根据日常语言生活所反映的思维习性，以发展的可能性为基础，切不可用形式逻辑的规则作为准则，例如：“没有到南京来之前”，按逻辑来讲，时间没有定点是违反逻辑的，又如：“十年之前”是从今天往后推。吕叔湘主张不用这些类型的句子，他显然是把语法看作是和逻辑相一致的东西。若按语法的习性，“没有……之前”是前后呼应的；同样，“除了……之外”等也是如此，“除了上课之外，我还要带研究生”，逻辑不通，语法却合理。我们理应承认汉语里有这种前后相呼应的“逻辑”的存在，有这种思维习性的存在，而绝不能一律按逻辑规则看待。总之，语言“逻辑”的建立应取语言群体的习惯，以他们的思维习惯为依据。

第三讲　语法与心理

语言与心理的关系也是语言学理论上的一个重要问题。这个问题引起了一些模糊认识。高名凯在他的近著《普通语言学》中说，语言与心理两者是截然不同的。他认为，语言是社会的，心理现象则与个人有关；语言与心理同受社会制约，因而语言与心理不能有关系存在，他反对索绪尔关于语言记号的本质是心理的学说，但在论及词汇的意义问题时，他又处处着眼于心理，还引用了吕嘉慈（I.A.Richards）三角图说。他认为，一般说来词义问题是心理问题。[①] 这样，前面说语言和心理无关，后面又说词义是心理问题，有明显的矛盾，我们认为语言是社会的，这是肯定无疑的；同时我们要指出，客观事实还说明，语言又是通过个人的言语显现出来的。汉语的存在决不是悬空的，它显现在汉民族成员的言语里，存在于汉民族成员的心理之中；它因此就必然与汉民族的心理有关。不过，不应当过分强调语言（言语是其显现）与个人有关，绝不能说语言是由个人创造的。正是由于语言是社会约定俗成的产物，语言群体才得以众口一致，共同运用这种共器。而在肯定这一点时，还必须看到语言是通过个人心理，通过言语显现出来的事实，明确后者也是必要的，不可缺少的。因而，我们就不能说言语的显现与心理无关。再进一步说，语言与心理有关，语法与心理也应该有关。当然，人们对于这一理论问题至今还在不断探索和研究，目前还没有一个较为完整的、明确的答案。

心理是什么性质呢？心理是取决于社会的，是社会的客观存在的反映。心理不能完全归结到个人；社会有共同的集体的生活，便有共同的集体的心理，这种共同的社会心理必然是客观存在的。同时，社会共同的心理又

① 高名凯：《普通语言学》，新知识出版社 1957 年版。

经由个人的心理反映出来。也就是说，社会意识、社会心理反映到社会成员的心理上，社会成员的言语就反映这种心理，那么，语言在哪里呢？离开了个人的言语，语言是看不到的。语言既然为民族所共有，为社会所共有，个人的言语便只能在语言手段的基础上进行。这样，语言用来表达社会心理也成为必然了。总之，民族、社会的共同语言显现在个体的言语之中。由于言语表达个人的思想感情，言语就含有个人的成分，但言语得以相互交流，其根本的原因还在于它使用的手段——语言本身是一种共器。正是出于这样的理解，才能说语言和言语有一般和个别的关系，从无数的个体的言语中显现出来的语言是一般的、共同的。若要把语言和言语截然分开，对立起来，那是讲不通的。还应注意到，言语既然具有个人主观的因素和个别的因素，我们在研究语言时尽管面对的是大量的言语材料，却有必要把注意点着重放在其中的共性和客观性方面。如在文学作品语言研究方面，对作家用语作客观的、一般性的研究，应将个别的、偶然的东西加以舍弃。当然，在研究作家个人风俗、文学样式以至个人写作特色时，又可以侧重言语的个人的一面，从作家的主观因素、个人方面多加注意。

一、语言学与心理学的关系

1. 语言学的研究对象

首先应该分清语言学与心理学这两门科学的研究对象是不同的。语言学以语言事实为研究对象。我们对于一种语言的了解，必须通过对于具体的言语活动的观察、分析、抽象才能实现。言语活动是人的具体活动之一，简言之，也就是人的说话。那么，说话的目的又是什么呢？这可以从人们在共同生产活动中才有说话的必要这一基本出发点来看，说话（即言语活动）的目的是人们相互传达意识内容，也就是人们采用分音节的语言来进行思想交流和交际。可见，在言语活动中的语言（言语——语言的个别表现）是与意识内容有联系的。人们所要传达的是意识内容，意识内容必须以语言学的研究对象——语言作为共器。语言之所以成为交际工具，也是由于它能够通过言语表现，传达意识内容。

2. 心理学的研究对象

心理学以人的心理（心理活动、心理过程、意识）为研究对象。心理活动是指人脑的高级神经系统的活动，不是唯心论者所说的“心的活动”。这里应当指出，心理活动与人的其他活动一样，也是由人的生存条件所决定的。一切感觉、意识对外在客观世界的反映均不以人的主观意志为转移。心理意识既被社会的生活条件所制约（condition 约束、限制），意识也就不仅属于个人，而是社会的产物。并且可以说，只要人类社会存在下去，意识总是作为社会的产物而存在的。可见，我们不能离开社会因素，孤立地来讲心理学。

据此，可以肯定语言学研究传达意识内容的语言与心理学研究的社会心理意识之间，两者存在着联系。语言既与心理、意识有关，语法作为语言的一个要素，也在传达出一定的心理内容过程中发挥它的作用；语法和心理两者之间，必然是有联系的。

3. 意识事实与潜在事实

语言学研究的语言与心理学研究的心理意识有相互联系的一面，但又有区别，区别是更为重要的一面。它们的区别点是：

（1）心理学研究以意识事实为主　　意识事实包括表象、知觉、联想等。语言却不是意识到之后才有的东西，它是不知不觉的，完全是潜在的。要明确一点，意识事实是潜在意识存在的条件，也是潜在意识的归结。一种是不知不觉地进行着的，一种则是不知不觉而意识到内中的理由，即归结成意识事实。

（2）语法结构是建立在记忆之上的　　语法的东西保留在我们的记忆

里，也就是说，凭我们的记忆建立语法。“写字”孤立地看并不是语法。语法是把结构相同的事实集合起来，在脑子里进行群化，形成规则而保留在记忆里。“吃饭、写字、读书”，“吃了饭、写了字、读了书”等，结构相同的可以归纳出一般性的法则来。

记忆有一个特征，即记忆里的东西往往是二项式的，有联系的。如把“王 ××”和此人的脸部特征、身材等联系起来而记住了，这里正是因为有二项的缘故。有些动作经过群化而存在于记忆之中，经过无数次的反复，形成熟练的、自动的、不知不觉的习惯动作。可以说，这是一种不觉察的、潜意识的行为。这种潜意识的行为也常常表现出群化上的错误。如由“写字”“写了字”“吃饭”“吃了饭”等，推出“登记”“登了记”，“看齐”“看了齐”“大便”“大了便”等，均属潜意识上的群化错误。其原因在于语法结构建立在记忆上，按记忆的习惯而群化，就易于搞错。

还要注意到，语法的种种形态部往往在记忆内部进行群化，形态部的语法意义也因记忆得来。如英语名词复数由词尾 -s 显示：boys，girls，dogs，cats，students 等。可见，这种群化是把一类词或一些语法成分，与其他的东西联系起来，在脑里进行一定的梳理。语法研究应当注意的，主要是形态部的群化。拿单位词举例，“一支笔”“一支枪”“一张桌子”“一张床”“一把刀”“一把锄头”等，“支”“张”“把”不能互换，结果，在我们脑子里就有了某些属于某类型的群的观点。这些观点都是经过长期实践才形成的社会习惯，并非个人的东西。这样群化的累积，就形成了形态系统。

4. 语法与心理的关系

（1）语法与心理之间的关系是很密切的　语法事实都是由言语信号表现出来的。言语信号是一种物理的声音，这声音从物理角度看，与其他所有的声音无差异。但是，言语信号并非单纯是物理的声音，更主要的是声音所代表的意义，即有关客观事物的含义。在这一层次上，概念与声音相联系，在大脑神经活动中结合而成为心理事实，形成了第二信号系统。从这样的关系来说，语言（语法）与心理是密切相关的。物理的声音与概念的结合本身是通过一种心理作用而完成的。语法所研究的是信号的排列，是研究用言语表现了的心理事实。既然人的心理并不只限于个人，主要还受制于社会的生存条件，那么，语法所研究的实际上是社会成员的共同的心理事实。也就是说，一种心理事实既经表现出来而能为大家所理解，首先因为它是社会的产物，是受社会生活条件所决定的。从汉语语法事实来看，汉语缺乏词形变化，而用多种虚词来表示语法关系，这是汉语的特点。这一语法事实不是凭空臆造的，而是与民族的心理状态有密切关系的。这里说的民族的心理状态，意味着制约语法的心理是一种社会的产物，绝不是天生的、生理的。可见，社会生活决定了心理事实，也决定了语法事实；民族的语言（语法）事实，是受社会心理影响的。

（2）语法研究和心理研究的对象是有界限的　语法研究以语法事实为对象。语法事实只是心理事实的一个方面，而不是心理事实的全部。心理事实涉及的范围比较广，它还包括不少别的内容，并非只有语法一项。心理事实表现在多方面，不只表现在语法之中。

由于心理事实的表现不限于语法一种，语法作为其中的一种事实，即信号的排列，是与心理事实相关的，但两者不是相等的，不是同一的，不能混同。在这一点上未能正确处理的情况不能说没有。例如，研究语法却纯粹从意义出发，那就是把语法事实与心理事实混同起来了。

二、语法研究的对象

1. 语法研究以语言表现方式为对象

语法研究并不是以意识内容作为对象的，而是以传达意识内容的外部手段——语言表现方式为对象。语法研究所涉及的是外部表现手段所表现的语法意义，这是既经表现的心理事实。这些心理事实是通过外部表现手段表现出来的，内部纯粹的心理事实则与语法无关。显然，重在外部表现的要求，使得如语法中的词的分类就不能根据心理来划分，不能按意义分类。语法既然以外部表现手段，以表现意识内容的手段为研究对象，因而语法研究词类或其他一些问题都应当立足于形态，包括广义的和狭义的形态。

2. 语法以形态研究为主体

形态作为语法研究的主体，是通过一定的外部表现手段、表现方式或形式而形成的。语音映象是内在的东西，必须经由声音的表达，才成为可感知的事实。语法意义也是内在的，只有通过一定的形态才得以实现。实际上无论何种意识内容，只能经由这一途径即通过形态才得以表现，所以，语法研究非经过表现手段不可，非以形态为准绳不可，而绝不可能从既经表现的内容去获取什么。

附带说一句，语法的形态部有多种。前面讲过词形变化只是其中的一种形态部，是狭义的形态。此外，还有次序、联结、重叠等，都是形态的表现手段，即形态部，或者说是广义的形态。这一点先说明，后面再细加论述。

3. 从意义出发的语法研究是不合理的

以往的语法研究之不合理，最主要的一点在于从意义出发，未能从外部的表现手段来进行研究。如动词的定义规定为“动词者，动作之词也。”传统的英语语法也一样 A verb is used assert or expressaction，这样的研究方向并非从外部的表现手段出发，而是从动词所包含的意义来规定的，对语法本身没有多大价值，我们从吕叔湘的语法著作中也看到这一情况，他是倾向于从意义进行研究的。他同意根据形态区分词类的原则，然而仍认为：“总归一句话，无论用什么方法划分词类，词义是一项重要的参考标准，如果一种分类法的结果有跟词义大相冲突的地方，准保不受欢迎。”[1] 这里，他明显地保留了根据意义分类的原则。当然，我们不妨说，这一见解对语法的实用要求来说是有些好处的。尤其在中小学校进行语法知识教育，确实必须照顾到意义，不然不便于教学。这一点，在西方学校里的实用文典也大都如此。

从逻辑思维规律看，实用语法照顾到意义，符合人的认识过程必然是由初级到高级，由具体到抽象这一事实。这很像教数学必须从初级的形象化教学开始，而真正的高级数学已全属高度抽象的东西。但是，作为科学的语法研究却绝不能从意义出发，限于意义的分析，而应当注重发现表现手段的规律，去探索、建立一般的语法范畴和体系。

三、语法研究的方法

1. 归纳法

语法是用归纳法进行研究的。语法是经验的科学，只有使用归纳的方法，才能从大量个别的事实中求得一般的规律。我们反对在语法研究中采用那种先验（apriori）的原理。所谓先验的方法，是先提出一些必须遵循的规则，然后再以事实去加以证实。这是纯主观主义的东西，是违反科学原则的，其结果往往与客观事实不相符合。

2. 心理研究的方法

（1）直接法或称内省法　　这是一种主观的方法。历来有一些心理学家主张采用这种方法，即必须通过对意识的反省，由反省来建立心理学。他们认为心理过程无从观察，只能通过内省的方法来直接认识。这一方法在今天已显得十分陈旧。内省法使心理变成一种不可知的东西，纯粹凭自我

① 吕叔湘：《关于汉语词类的一些原则性问题》，《中国语文》1954 年 9 月。

的、主观的反省。主观上说它是什么就是什么。我们知道，心理过程与大脑活动过程是分不开的。在现代技术条件下，对大脑活动过程已经可以通过一些客观测试手段进行有效的研究。当然，人类心理的客观研究还存在许多问题。但是，如果把心理活动和大脑活动过程分割开来，使心理活动全然归之于主观，那么，心理过程就会成为不可知的东西。我们认为，应该肯定人的感知是客观世界的反映。我们只能知道自己感觉到了什么，认识了什么。对于思维本身，如要通过所谓的直接法或内省法进行研究，往往是不可能的。个人自我反省、分析的结果，也不过是说出了自己感知的内容而已，而不可能是思维的本身。因而可以认定，以直接法或内省法研究心理活动是不可靠的。

（2）间接法　　这是一种客观方法。它以心理过程的外部表现和可以感知的反映作为检测、研究的对象。这种表现和反映是我们能感知到的东西，通过检测这些东西而认识心理活动，因而称为间接法。例如，可以从一种外来刺激，探索高等动物的脑的活动或人的心理活动。如审判工作中，常利用检测心理活动的仪器，测定受审者的言语及外部表情。总之，客观方法的出发点是心理活动的外部表现和反映，因而是可靠的、有效的。

3. 语法研究应采用间接的、客观的方法

语法研究不能凭主观想象。但目前汉语语法研究往往在主观臆测中兜圈子，往往有研究者主观成分的加入。例如，“看一看”“看一看戏”，吕叔湘认为“看一看”即“看一次”。这一结论若孤立地看还可以说得过去，要是放在其他事例里作比较，就很不妥帖了。如“让我看一看”并不等于“让我看一次”，可见两者并不相同。再如“看一看明白”“看一看清楚”，就更加不同。主观解释的加入，离开了客观方法，研究往往步入歧途，难有符合事实的结论。语法是客观事实的反映，必须遵循客观的研究方法。我们应该从大量具体实例出发，进行分析研究，不能局限于个别或少数例子就轻率作出结论。

研究方法还必须适应研究对象的特点。语法虽然是潜意识的，但却显现在可感知的外部形态之中，成为可感知的东西。由此，就可以发见心理活动的作用。说惯了“吃了饭”“写了字”，依次类推而说“登了记”，这分明不是正常用法，从中却见到了心理活动（类比作用）的结果。正是这样，语法研究也给心理研究提供了很多事实资料。要指出，心理活动是客观的，它总要表现在行为之中，表现在语言之中。因此，对于与心理事实密切相关的语法事实的研究，只能根据表现形式这种外部手段，这才是符合客观的科学方法。

第四讲　语法学的下位区分

下位是指“类”与“种”的关系。各门科学均有下位学科的区分问题。语法学的下位区分指的是语法科学内部的学科部门的区分，它表明语法学应从哪几个部门进行研究。

传统的语法区分为词形变化（形态学，morphology）、句子结构（句法学，syntax）两个部分。这种区分比较适合印欧语言词形变化丰富的事实，对于汉语语法却不一定恰当。语法学的下位区分问题确实是很值得探讨的。

一、语法学在语言学中的位置

1. 语言学的两分法由来已久

语言学分成两个部分是由来已久的。法国A. 杜柴（A.Dauzat）的《语言哲学》一书曾把语言学分成语音学（phonétique）、意义学（sémantique）。在意义学之下再分语法学（grammaire）、词汇学（lexicologie）。这种分法统称音、义两分法。他认为语音学只研究音的问题，而意义学中的词汇学研究词汇意义，语法学研究语法意义。

2. 评两分法及中国传统的语法学

若按这一区分法，词汇学所研究的是词义及其变化规律，但语法学所研究的却不是具体的哪一个词的意义。语法学应研究的是通过形态显示出来的抽象的语法意义。抽象的语法意义跟词汇意义截然不同，因为它是经由形态表现出来的意义。A. 杜柴的两分法的缺点在于：他把抽象的语法意义跟词汇意义相混淆，他不重视形态，纯从意义出发。这种音、义两分法的流弊很大。中国传统的语法学也存在这样的倾向，往往把语法和训诂混在一起。如傅子东，他把方块汉字的形体误认作形态。又如马叙伦，他认为汉语语法研究若脱离训诂学便会不堪设想。

3. 近代俄国和苏联语言学著作对语言学的三分法

近代俄国和苏联语言学著作对语言学的分科大多分为语音、词汇、语法三部分。一般语言学著作大都先论述基本理论，再以语音、词汇、语法三部分作为主要内容展开。这类三分法，内中语音、词汇与两分法所含相同；语法部分一般还是着重形态的，与两分法显然不同。由两分法发展到三分法，注重研究形态以及通过形态表示出来的抽象意义，语法的对象更为明确。

二、语法研究的基本原理

1. 基本原理

（1）语法意义和它的表现不能分开　　语法研究是从表现去发现抽象的语法意义的，所以不可把两者分开。

（2）语法研究的出发点不能放在意义上　　语法研究不可把出发点放在意义上，然后再去探求和这意义相对应的形态的表现，而要先通过形态，再去发现一般的语法意义。传统的语法学关于名词的定义通常是：“名词者，事物之名也。”“事物之名”，显然仅是具体的词汇意义。实际上是先把出发点放在具体意义上，再找些例子去说明这些意义，如“马、牛、桌、椅”等事物之名。

上述两条基本原理，在处理语法问题的实际应用中常会被忽视。

2. 采用相反方向的两种研究方法

（1）传统语言学的方法　　以传统语言学的方法来研究语法，其出发点仍在意义上。这一方法令人有多余的感觉。如上述“事物之名”本来就是不言而喻的，这样的定义几乎有等于无。这种研究似乎想认清表现在语言中的意义范畴，却未能认清语法的唯一所与。事实上，语法研究的对象是表现，这是语法的唯一所与。而从意义出发去研究语法，去建立语法学，实在是丢开了语法所与的表现，其结果必然会陷于不自然、不科学的境地。吕叔湘曾从意义着眼下定义，认定“词义不变，词性不变”。这一看法有不少例外，难以纳入这个定义，不能贯彻始终。后来他在著作中，已不再坚持偏于意义的立场。

（2）心理学的方法　　这种方法前面已经论及，是以心理中形成的概念作为出发点，然后再从语言中去寻找一些例证。例如，按事物、天文、地理等概念将词汇分类，这样的研究实际上已越出了语法学的范围。它不是从语法的表现手段入手，而是由心理学的概念来规范一切。它所研究的并不是语法学。当然，纯从概念、意义来讲，在用词的轻重分量、词义的范围大小等方面作些比较研究，对写作教学、词典编纂等可以有些用处，但是与科学的语法的要求相去甚远。从概念出发，不可能建立语法范畴，不可能构成语法体系。

（3）表现形态是分析语法事实的唯一准绳　　对于表现与意义的关系，只有一种研究程序是可靠的，即只能从表现入手去探求意义。这种程序是语法学科学方法的一个原则、一个目标。前面两种方法与此相反，是缺乏科学性的。我们认为，只有形态才是研究语法的唯一标准。

三、传统语法的下位区分

19世纪末至20世纪初以后，西欧传统语法的下位区分大致有以下几家可作代表：

1. 斯拉夫语系有米克洛希奇（Ф.Миклошич）的《斯拉夫比较语法》。此书将语法分为：（1）形态论。论及语言的形态，如词形变化等——词法。（2）结构论（统词论）。句法，syntax，研究意义。形态作为表现形式，与意义是分割的。

2. 里斯（J.Ries）的《什么是句法》中，下位区分为：（1）wort lehre，词论。（2）wort füngslehre，词关联论。日本有人译为联语论。不是论单独的词，而是论词与词之间的关联。这样，词论中专论形态，不问意义；词关联论则研究在词论中既经认出的形态的意义。

3. 斯威特的《新英语语法》区分为：（1）accident，多半讨论屈折，即词形变化，是一般所说的形态，可译作屈折论。（2）syntax，结构论，专论意义。可见斯威特也是把形态、意义分割开来看的。

4. 诺雷（A.Noreen）用传统的比较语言学方法，把语法细分为三个部门：（1）音韵学（phonologie），单位是phonem；（2）意义论（semelogie），单位是semen；（3）形态论（morphologie），单位是morphem。这一划分，实际上包括了语言学的全部。他在形态论之下再分三个小目，即语法的下位区分：词构成论（wort bildungslehre），即构词法，指与语法有关的接头部（前缀）、接尾部（后缀）等；词关联论（wort füngslehre）；屈折论（flexionslehre）。这一分法没有把造句（句子构造）看作一个部门，而着重于词的关联。一般西欧语法著作均将syntax指词与词的关联，不限于句论。

5. 丹麦叶斯柏森的《语法哲学》，其下位区分是：（1）形态论（O→I）；

（2）结构论（I → O）。此处 O=out word form，外部的词的形态；I=inner meaning，内部的意义。在前一部分，由外部的词的形态探求内部的意义；在后一部分，从内部的意义看外部的词的形态。前一部分归入语法是对的，后一部分也归入语法就有问题了。可以看出，叶斯柏森的观点是动摇的。他把形态和意义分割开来，而且企图从意义求形态。

传统的语法学的下位区分之所以这样分法，也是为了方便的缘故。印欧语言有丰富的词形变化，可以作为建立形态论的根据。如果另外再从关联方面加以区分，反而显得不便，在形态论中谈词形变化，再来谈联系（关联论）这就有一些累赘。学校文典大都根据这样区分，并且已形成了传统。但是从这种区分的科学依据来看，是不稳固的。

再指出一点，syntax 传到中国以后，常译作“句论”“造句法”等，变成只论句子的问题，这就离开了它的本义。其实，syntax 原义不仅论及句子，还广义地论及词的关联和结合。

四、对传统语法下位区分的批评

1. 传统区分的理论背景

传统的区分根据一个来源，即认为语言是一个生物体。这使得语言被排除在社会事实之外，语言学成了一门自然科学。主张这一理论的学者以德国自然主义学派施来赫尔（A.Schleicher）为代表。他把语言的发展等同于植物的生长。他主张语言的进化可以分作三种类型，即原始的孤立语，过渡型的粘着语以及最发达的屈折语（有丰富的词形变化）。值得注意的是，他在《德意志语法》中认为，完全的语法应有四个部分：音韵论、词形论、机能（功能）论、造句论。

传统的语法著作大都遵循这一类区分法，在讲语法之前先讲一些音韵问题。这种传统很早就有了，大约在文献学的著作中音韵已成为语法的一部分，讨论语法有时虽与音韵有关，但是严格地说，科学的语法不应该包括音韵论，词形论讲述各类词的变化，范围比较明确。机能（功能）论则讨论各种形态变化在结构中起何种作用，如名词的格、数、性等在句子结构中各有作用。所以机能（功能）论倒应该是 syntax 的一部分，syntax 的另一部分可以是造句法。今日语法的两分法：morphology、syntax，无非是把施来赫尔分法中的后两部分合而为一。前面所提到的五家，是 20 世纪初前后学者的语法学区分，大都根据施来赫尔的学说，列举出来以见其脉络。

2. 形态与机能是连带的，不可分割的

要把形态与机能分割开来几乎是不可能的。从语法学角度说，形态并没有真实的自立的对象，而且也不能够构成一种与 syntax 全然无关的规律。如果把语法结构看作一部机器，那么，仅仅注重一部分零件的检查、修理，而不去掌握机器的全部性能和构成，也就不可能全面完整地了解它的特性。在语法中，形态的存在已经预示了机能的行使，而机能的行使必得以形态的存在为先决条件。这正如眼睛的存在，预示着看的机能，而看的机能必然以眼睛的形态之存在为其先决条件一样（按："形态"与"机能"原先由生物学术语借用来，社会学输入后又有"功能"一词，现在"机能"和"功能"往往并用）。形态论的事实无一不是结构论中讨论的事实，两者基本上是一致的。可以说，屈折论——形态论也不外是结构论，不过不是结构论的一个部分，而是结构论的一种摘要。如动词的词形变化问题，在形态论中无非列成一个表格；然而，若要论及各种格变，必须涉及词的变化及词的用法，那就非讲结构——机能不可。所以说形态论是结构论、机能论的摘要，这话是恰当的。有人说，形态论是进行结构论研究的图式（略图）。应当说，图式是抽象的，靠图式不能理解语言的机构。很明显，专有一个词论，只讲些词形变化是不易理解的。论及词的问题，必须涉及词怎样用，这就涉及机能。传统的语法有它方便之处，只是离开了机能专说形态，理论上站不住。机能和形态是连带的，不可分割的。

3. 结构论与造句论的混合并不可取

（1）syntax 如何理解　　在传统的语法里，即使如现在俄语的学校文典中，都把 syntax 作为句论，是 sentence construction。这样的译法有毛病，因为 syntax 并非只限于讨论句子构成，而是包括所有的结构、关联等，即指词的关联。关联的范围明显比句子结构大得多。词的关联并不一定成句，但也是关联研究的内容。如："方桌子、红花、坐牢、理发、看一看"等，都属关联。当然，句子也是关联。吕叔湘曾译作"关联论"，可以说是比较妥当的。因此，syntax 不限于句子，它不宜和句子结构混为一谈。

（2）语法是研究关联和结构的　　无论词形变化，无论机能，都是研究关联和结构的。现在的问题是所谓造句法是否涉及关联呢？句子和关联又有什么关系呢？这是值得深入探讨的。

（3）句子结构应当放在语法中研究　　句子如果按照具体的意义来进行分类、分析，当然是千差万别的。因此，肯定不能从意义出发来研究句子，研究句子的具体意义不属于语法范围。语法中论述句子并不看句子的具体含义，仅仅研究它的基本结构。这就是说，应把句法看作是语法中的一种特殊结构。可以看到，各民族语言都有其特殊的句型（sentence type）。所谓造句法所要研究的应当是一般的句子结构，而不是哪一个具体的句子，不是从具体意义出发来分析句子和归类。由于句子跟一般的结构不同，如句子有一个主体，一般的结构却不一定都有这类东西，这些结构上的特点，使句型成为一种特殊的结构。因为具体的句子在不同的环境中产生不同的意义，这些具体意义就不可能作为语法研究的内容。如黎锦熙的句本位语法，纯由句子的具体意义来研究句子，显然是错误的。

至此，我们可以认为，syntax 研究一切的关联，其中也包括句子的一般结构，句子既属于一种特殊的结构，如果别列一门也无不可。若把句子结构的基本特征概括起来，立出一个句论部分，那也是恰当的。

那么，汉语语法学是否也要将下位分为形态学和句论两部分呢？高名凯认定汉语没有词形变化，进而全面否定汉语有词类存在，他是否要作这样的划分呢？王力、吕叔湘显然认为句法在汉语语法中占有极重要的位置，他们的著作中词类的论述一般只占有少量的篇幅。王、吕对汉语语法下位区分的处理，已经成为中国语法界的一种传统的区分。

4. 汉语语法的下位区分问题

关于汉语语法的下位区分问题，在这里提出一些意见：

（1）构词法　　先介绍一个已为语法界注意的术语：组合（syntagme，日本译作“统合”）指要素存在于人脑之中，并不是孤立的，而是有相互关联的，形成为一种统一体。但是，如“粉笔”“黑板”等，只是意义上的联想。此外，声音也可以引起联想。如“坐吃山空”一语，可以联想而说出“不管三空四空”。有些歇后语往往也是利用声音的联想而形成的。如“外甥打灯笼，照舅”，“猪八戒吃钥匙，开心”等。不过无论意义的联想，声音的联想，都不能成为统一体。只有语言结构中的联合，即语言中两个要素的结合成为一种统一体时才称为组合。如“年青”表示一个意思，是一种组合；“青年”也是一种组合，这都是两个要素结合成为一个整体的。其他如“桌子”也是一种组合。组合可以包括一些复合词、短语、句子。syntagme 是索绪尔创立的术语。他认为，组合有种种形式，而基本的原理就是两个要素结合成统一体，这是共同的特征。研究关联、组合，必然要涉及词的构造（构词法）。因为语法与构词法的基本原理是相通的，语法要研究结构、构造，这与构词法实相一致。以前傅子东提出构词与语法平行，这是正确的。如“肥田粉”是一个词。古汉语形容词作使动词时附有宾语，“肥田粉”是“使田肥之粉”，还有“肥猪菜”“欲洁其身”等也是这一类型。古汉语中这种结构的使用很多见，看今日的汉语，这种结构已比较少了，但在构词法中仍保持这种法则。这说明研究汉语语法应注意词的构成，从构词法中可以见到一些语法结构。西洋语法中 word formation 确实和组合、结构有密切的关系，构词法与语法是有密切联系的。回顾语法学史，古印度的巴尼尼语法已很重视构词的分类。我们从语言事实考虑，构词法关于构词类型的研究似可列入语法范围之内。

（2）词类　　汉语没有丰富的形态变化，但词类则必须研究。近来，俞敏等提出，汉语的声调可以区别词类，这也是研究的一个方面。我们认为，语法上的词类必须从关联中找出不同的特征，据此进行词类区分，切不可凭意义来区分。过去人们以为只有词形变化才足以区分词类，这是把语法的形态和机能看得过于狭隘了，是不对的。词类是讲机能的，词类范畴即机能范畴。机能总得有个落脚的地方，即肯定有它的表现。所以，要根据关联和构造中见到的不同表现，作为区别词类的不同特征，着手进行词的分类。

（3）结构论　　词类可以说还只是一种摘要。对于汉语有哪些形态表现，各有什么机能，各有哪些关联和构造上的特征等等，均应在结构论中详细论述。结构不限于句子，应包括一切的结合在内。

（4）句论　　句子作为语法中的特殊结构，语法应讨论句子结构的类型，即句型。

五、语法的单位

作为语法研究的起点，语法单位是什么呢？

1. 音素、音韵不是语法单位

音素（sound）是一般所指的语音单位，不是语法单位。表示名词多数的如 books，–s 似乎是音素在表示语法意义，实际是一种形态部在表示语法意义。它具有一定的抽象意义，并非单纯的音素。这说明，语音学的单位

（音素）与语法意义无关，只有语法上的形态部才能表示一定的语法意义。

2. 句子不是语法单位

（1）句子的具体意义不是语法研究的对象　　句子表示完整的一层意思，含有具体意义，而语法却不是研究具体意义的。具体意义与不同主体和说话人所处的不同环境有密切联系，它是这种条件下产生的不同的内容。句子中又加入了附着的说话人的意图或意向，自然是千差万别的。如“今天是星期天”，若先已与小孩子约定星期天去看电影，那么小孩子这样说就是要求去看电影，若你上教学楼去，听到管理人员说这么句话，那就是暗示：今天休息，教学楼不开门。具体的意义所指实在太多，它不是语法研究的对象。

（2）评黎锦熙的所谓句本位的语法研究　　黎氏在他的《新著国语文法》中标榜句本位的语法。他认为：“凡词，依句辨品，离句无品”；又说：“国语的词类在词的本身上（即字的形体上）无从分别，必须看他在句中的位置、职务，才能认定这一个词是属于何等词类，这是国语文法和西洋文法大不相同之点。所以本书以句法为本位，词类多从句的成分上分别出来”；又说：“词类要把句法做分类的依据……所以本书特重句法”；“国语的九种词类，随他们在句中的位置或职务而变更，没有严格的分业。”

对于黎氏的句本位语法，我们有必要提出一些批评。句本位语法是以句子的意义作为研究的出发点的。这类语法观根本否定形态，认为“一个词的词类变更，不像西洋文字有词头或词尾的变化，也不从词尾上表示阴阳性、单复数或时间等等的区别。”在他们看来，词类问题以至整个语法问题，均重在意义而无表现形式上的规律或规则可言。我们的原则跟这种观点根本不同，是以形态为语法研究的出发点，不研究具体的意义而研究有表现形式的一般的抽象意义。这一原则是完全符合客观的语言事实的。

也许有人会这样理解，以为黎氏的句本位语法正是研究词在句子中的职位和机能的。这样的设想并不正确，因为形态与机能是不能分割开来的，离开了形态去看机能，这样的机能无所依从不可能存在。即使黎氏语法中的"职位"表示词在句子里所处的地位，如主语、宾语、谓语等，试问这些职位是否能如黎氏所断言足以确定词类呢？由于作主宾语的不一定是名词，作谓语的也不一定是动词，因而也就没有可能从句本位的研究中来解决词类问题。"写字"在"写字是一件难事"中作主语，在"我在写字"中作谓语。句子中的"机能"（职位），显然不可能决定词类，不可能代替语法结构规律的研究。句本位的语法在方法论上是难以令人满意的。

（3）语法中并不排斥句法（句子）的研究　　语法学主要应当以形态的观点来说明句子这类结构的特征。句子是多种结构中的一种。句子与其他结构相比，有其独特之处，语法研究应在形态和结构特征上，注重句子的研究。

（4）句子是比较大的一种结构　　句子包含的要素往往比较多，因此是可以再行分析的，而语法单位所指的应当是分析到不能再继续分析的语法上有意义的单位。这样看来，句子是可以再行分析的，所以并不是语法单位。以一个词而论，它的构造可能包含两个、三个或再多一点的要素，但是一个词所表示的只是一个词汇意义，短语与此相似。句子就不同了，它常有两个以上的内含意义，结构也往往比较复杂，故不能列为语法单位。

3. 组合（syntagme）不是语法单位

组合是以具有统一体的关系为前提的，因而，要素或词统一起来的关系应该显示在要素或词本身之中。若是说这种组合脱离要素或词，不在要素或词中显示出来，而在要素或词之外，便违背了形态与机能有连带性的原则。如："桌子"这一组合内含两个要素"桌""子"，两个要素形成组合的关系存在于"桌子"本身之中；"桌""子"均有相互结合的可能性，关系由形态显示出来。

单位应有一个统一的原理。凡科学的分析，单位分析到最后必有一个统一的原理，例如，有机体是有生命的。这个统一的原理必定存在于有机体的单位之中，不然就不具备作为有机体的单位的资格。有机体的最小单位是细胞，细胞作为单位也不违背统一的原理，它也有生命。回过来看组合，其本身却并无统一的原理的存在。如有两种组合："桌子"和"红花"，其间并不存在一个统一的原理；相反，组合的原理存在于要素之中，即词的组合原理存在于词本身。千变万化的组合，实在没有一个外在的共同的统一原理的存在。但若作为一个单位来说，应有一个共同的统一的原理。如"牙刷""桌子"，统一原理不在两者之间，而在个别的内部要素之中。只有在要素之中，才能发现统一的原理。可见，由于组合自身没有一个统一的原理，所以不能成为语法单位。

4. 词并不是语法单位

（1）"词是一种语法单位"的说法是模糊的　　说"词是一种语法单位"，这是粗略的说法，并不准确。要证明这一点，有必要先研究一下词的性质。词的性质是双重的：一方面词有一定的意义，词是意义的负担者；另一方面，词同时又受到语法规律的支配，词是作为受语法支配的角色走上舞台的。例如"泥"，意义有"含水的半固体状的土"，还有"半固体状似泥的东西"。这个词和其他词的结合可能受语法上排列的次序支配，有"泥人"，说明性质的、修饰性的词应放在受修饰的词之前；还有"烂泥"，这个"泥"则受另一个词"烂"的支配；等等。这说明，语法上不同的排列次序可以表示一定的抽象意义。词正是处在这种并不单一的存在之中。

（2）词的实在性　　在实际交往的言语活动中，所接触到的是句子而不是词。人们是从大量的句子里，发现相同意义的词的存在而抽象出词来。如"这里有一把椅子""椅子已经摆好了""把椅子拿过来"等，表明"椅子"这个词有一种同一性。它虽然用在千差万别的句子之中，但有同一的意义。

因此，词可以作为语言的单位。不过问题在于词是不是语法单位呢？词有双重性，有意义，又受语法的支配，我们有必要对词作进一步的讨论。

（3）意义部与形态部　这两个术语的始创者是法国语言学家房德里耶斯。房氏的学说属社会心理学派，在中国语法学界已有人作了介绍。他的著作《语言》阐述了这两个术语的含义：意义部（sémantème）是表示表象的观念的语言要素；形态部（morphème）是表示观念间的关系的语言要素。中国早期曾译作“意义成分”和“语法成分”。王力的著作中也提及这两个术语。但大都言之不详，未作清晰的介绍。这里我们之所以译作“部”，因为有些屈折语一个词可以分作两个部分，如俄语 дом，表示表象的、观念的，这是意义部；дома，домом，–а，–ом 表示观念间的关系，这是形态部。在屈折语中，词根并不独立，要与形态部结合为一体，两个部分合成一个词。但是，形态部并不就是如此简单，不同的语言有各不相同的形态部。

（4）形态部的多样性　房德里耶斯也指出，不同的语言有不同的形态部。

屈折语的语尾——格、数、性、时等词形变化。

非屈折语的形态部表现多种多样：

虚字　这一用语的内涵古今有所不同。古文家有把动词看作虚字的。直到清初，曹雪芹的《红楼梦》中还有实字加虚字组成的诗题。如“访菊”“忆菊”等，“菊”是实字，“访”“忆”等是虚字。古人也把“春风风人”的后一个“风”看作虚字。到现在，语法学者对虚词的划分也有不同的看法。王力不但把虚词看作语法成分，甚至把代词也归入语法成分，这是不对的。我们认为，汉语表示关系的虚词是一种形态部。

重音　英语里重音位置不同可以表示一定的语法意义。有的词里重音的位置不同，可以明白词性或词的类属的不同。

元音交替　　这也是一种形态部。英语如：foot（单数）、feet（复数），表示语法上不同的“数”的意义；drink（现在式）、drank（过去式），表示语法上时态的不同。德语里这一类情况称为 Ablout。

词序（wordorder）　　指词的排列次序，它也可以作为一种形态部。在汉语里，尤应注意词序的不同表现。但是，要注意从汉语的实际出发，不宜过分强调，中国科学院语言研究所语法小组所编的《语法讲话》把词序看成非常抽象的东西，前、后的观念变成了最普遍的原则。其实，词序问题着重在观察哪些词在哪些条件下在前，哪些词在哪些条件下在后等。如果抽象到以空间的前后为准绳，就是不可靠的事了。如：“图利”，是动词带宾语形式；在“唯利是图”中，“利”实际也是宾语，因为要加强语气，用了“唯”字把它提前。再是由于否定关系而词序有变化的也很多，如“求人”是动宾关系；“不此之求”，“不”将“此”提前了，“此”是宾语。《语法讲话》的作者把词序看作划一而无例外的标准，这便不妥当了。

零形态（zeroform）　　英语动词过去时一般是动词原形加接尾部 ed 来显示，如 loved，lov- 词根；-ed 词尾。但像 put 现在、过去、将来时都是 put，没有变化。名词的数，复数加 -s，但也有不加的。如：sheep，单复数为一个形式。这些都是“零形态”。这是相对于有变化的形态部而言，在一定条件下，不具有变化的情形也成了一种形态部。

以上这些均为房德里耶斯对形态部的解说。他主要指出，在不同的语言中各有特殊的形态部。根据以上所述，我们可以看到词由意义部和形态部组成，词是实在的。因为词是由千变万化的句子中抽象出来的，抽象出来的东西不能说它不是实在的。

（5）意义部与形态部的关系　　这个问题可以就以下几点来看：

形态部是否可以离开意义部而独立存在呢？回答是：应随不同的语言而有所不同，是多种多样的。全然独立的形态部如汉语的虚词，可以不跟实词结合而单独自成一个单位。有些语言的意义部和形态部呈粘合状，合为一体，印欧诸语言大都如此。英语 books，其中 book 是意义部，-s 是形态部；looking，其中 look 是意义部，-ing 是形态部。可见形态部是否独立于意义部，在不同的语言里是各不相同的。

要看到，意义部、形态部两者是相关概念。按逻辑说，凡一对概念不能缺少其中之一的就是相关概念。如“父子”“师生”等。意义部、形态部也是如此，不能缺一。形态部是表示关系的，有关系就已预示实体的存在。也就是说，在提到关系的同时，实质上意味着有两种（或两种以上）实体的先行存在。这是可以理解的，因为至少是有了实体存在这一前提，才能有实体之间的关系。可见，意义部、形态部之间确实具有相关性。还应当指出，这种相关性并不排斥其间又有一定的主从关系。形态部的独立性比较弱。它是依附于意义部或伴随着意义部而出现的，不然它便不能起到标识的作用。

若问意义部、形态部两者之中哪一个重要，这要看由什么角度去考虑问题。就意义方面来说，意义部更为重要，如果缺乏意义部传情达意肯定会无法进行。这里应说明，意义和意思有所不同。以词为例，意义一般指一个词所包含的为大家共同理解的内容，这是任何词都有的固定意义。这种意义称为词汇意义，是词典里可注明的意义。有了它，才能传情达意，完成交际。意思则指实际言语活动中，说话人在一定场合所要表达的内容。通常说话都要有这样一个主体。说话时，词汇意义已和所指的具体事物相联系。如“桌子”，有一个固定意义为社会所共知。若某一场合有人说“桌子要倒了”，这就指个别的要倒的那一张桌子；“桌子”一词便成为千变万化的句子之中，临时用来指某一张具体的桌子的意思。可见，意思是由词的固定意义的存在而能传达出来的。

形态部与意义部不同。固然，如果没有意义部，形态部不可能在结构中单独使用，并且离开了结构也无所谓形态部的作用。形态部总是作为结构关系的表现手段而存在和发生作用的。形态部表示一定的关系意义（或结构意义）。这是一种抽象的、语法上的意义。它不同于意义部所表示的可以与个别、特殊事物相联系的词汇意义。在言语活动中，每一句话都必然同时具备词汇意义和关系意义。如果比较一下的话，那么，意义部所表示的词汇意义还能有一定的独立性，形态部却不可能离开句子结构而独立，没有结构自然不会有表示关系意义的形态部的作用。因此，也可以说，形态部是言语活动中表示意思时使用的一种手段。例如："你来"一句话，意义是明确的，只因语调的不同，所表示的意思也不同，故语调在这里是一种形态部。在"你来"中有着一般的意义，而形态部作为表示意思的手段，实际上出于语言的"逻辑"。前面已经说过，语言的"逻辑"与纯理性的逻辑是不同的。至此可以明白，原因就在于各种语言有各自不同的形态部作为表现的手段。英语名词单数和复数有它的表现形式。汉语表示事物的数量时，有单位词。如"一根（笔）、一张（桌子）"等，也可看作是一种形态部。英语和汉语之间，不能互换形态部。汉语的"逻辑"也不合英语的"逻辑"。英语 a pen、a table 等就可以了，没有汉语那样的单位词。

5. 结语

按语法学而论，词以及词的含义并非语法研究的对象，个别的句子及其含义也不是语法研究的内容。只有形态，才是语法研究的出发点，所以形态部就成为语法研究中的主要角色。我们可以说，语法实际上是研究关系的，词与词，以及词与其他要素的关系才是语法研究的主要内容。语法尤其重在意义部与形态部之间的关系，说得明白一点，就是重在和意义部相对应（correspondent）的形态部。当然，这不是说可以丢开意义部不管。只要不忘记与形态部相关的意义部，我们不妨说得简单一点：语法的单位是形态部。

第五讲　组合关系与联合关系

索绪尔在《一般语言学教程》中肯定，语法机构是受组合关系、联合关系支配的，这一讲准备讨论这两个问题。

一、引　言

1. 语法学是研究关系的学问

在语法学领域里要研究的并非孤立的词，而是言语中有关联的词。上一讲我们从静态的角度对语法的下位区分问题作了说明。如果我们改变一下角度从动态方面来看，就要转向言语行为。比如说，词典中的词是静态的，它们是从言语活动中抽取出来的。语法结构是抽象、概括起来的，也是静态的。但言语行为却不同了，这要从动态角度加以考察。通常所谓的"言语"，是指说话（discourse 或 speech），而言语行为可以说是无限延长的话。话是线条性的，即所谓话线。一串话，往往按一直线进行下去。在一条话线上，话的组成要素是一个接着一个接踵而起的。各个要素并不是同时说出来，同一个时间单位里不可能同时出现两个或几个要素。如："我（一个要素）教（一个要素）书（一个要素）……"接踵而起，要素之间必有一定的关系。关系则表现为种种不同的构造，如：复合词、派生词、短语、句子、成语等。正是从动态的言语活动来考察，才有这许多关系的发现。可以这么说，研究这种要素间的关系的学问，就是语法学。

也许有人会提出疑问，照以上所说，语言究竟存在于何处？这个问题显然比较复杂。要是说语言存在于讲这种语言的成员的脑子里，或者说各成员的说话的共同部分就是语言，问题涉及了个人的大脑活动。这样说，是否成了心理主义了呢？现在，语言学家都承认一个事实，即人类在大脑皮层生理构造上有着保存词的地方，这是言语的生理基础。有些实验已证明，中枢神经有词库，是储存词的。我们从具体的言语行为中，看到了词汇的存在。事实上，在个人行为中主要是由于社会共同的语言的存在，才使得言语活动能为社会群体所理解，从而具有社会性质。个人必须先掌握社会共同的语言，才能有言语行为。因此，说头脑中存在着共同的语言，这和心理主义毫不相干。在无数的言语行为中有共同的东西，这种共同的东西就不能仅取决于个人心理，而是语言的社会共同性的客观存在决定的。没有共同的社会生活，也不会有共同的语言；而没有语言，言语行为也就不能成立。

这样，我们可以归结一下：一般说，储存在大脑里的词是静态的；语法学是研究关系的学问，只有到言语的动态中才可能有关系的存在，这时关系是显现的；语法学要从关系上来研究，关系又和记忆有关。在这种情况下，关系又是潜在的事实。

2. 语法是记忆的事实

（1）语法是一种习惯　　民族语言的语法是本民族的一种习惯。习惯的形成当然和记忆有关，离开记忆也不可能形成习惯。记忆和习惯两者都是心理事实，但其来源仍在社会。有了客观的社会存在，才有反映社会存在的心理事实的记忆和习惯。如我们听了广播操的音响，引起了一定的动力，这种习惯与记忆有关。所以，要形成一种习惯，也有赖于记忆。要是进一步分析，由于社会的语言必须通过个体的言语行为显示出来，因而常会有个性的特殊性的内容夹杂在内。这样，言语行为虽不能说纯粹是个人的事，但它在通过个体的表现时，也就必然与个人的记忆有关，即与个人心理有关。

（2）言语行为与心理有关　　以文学与心理的关系作个比较：文学反映社会现实是通过作家个人来实现的，这中间必然会有作家个人的心理意识在内；但是，不能把文学归结为完全是从个人心理出发的。在这里，社会现实的反映是决定性的。再看语言，语言通过言语行为显示出来，言语行为中有个人的心理作用在内，故而语言与心理有关。

（3）语言是一种潜在事实　　语言没有显示出来，在脑子里的是无数联想，是潜在事实；相反，显现在言语中的结合与关系则是显示出来的，是显现事实。事实很明白，有了记忆中的潜在事实的存在，才有可能讲出话来。如“纸（zhǐ）”这个音发出来之前，大脑里先已有了潜在事实。（这里是听觉映象）。句子中包含的词和结构，也都和潜在事实有关。但是应当肯定，潜在事实决不会仅凭记忆就可以自然发生，而只能从社会交际的言语中听来并记在脑子里。如果没有第一性的社会现象——言语行为的存在，就根本不可能有脑子里的潜在事实。人们正是由于能从其他社会成员无数次的言语行为中接受过来，才有记忆中的存储物。可见，所有的潜在事实必定有社会的言语活动的存在作为依据。

3. 语法不能归结为心理现象

我们不能把语法完全归结为心理现象，也不能说语法与心理无关。

下面，从语言与言语的区别谈起。

言语是个人进行言语活动的产物，也就是个人说的话；而言语活动中所使用的语言，则是共同的、社会的公器。那么，语法在这两者中应当归于哪一种呢？是属于个人的言语，还是属于作为社会公器的语言呢？问题不宜简单地作出回答。这里的关键是应当弄明白，不能把个人的言语和具有社会共同因素的语言绝对分开来，这两者是统一的。语言与言语的区别并不是从对象本身产生的，也就是说，并不是存在着两个对象。这里的区别是出于认识的不同角度，即出于从不同的观点看同一对象。我们对于同一对象，由于着眼点的不同，常可以发生不同的认识。如对于同一株桃树，在植物学家看来，注意的是根、茎、叶、花、果等特征；而艺术家则从色彩、枝条姿态、花形等美的观点来欣赏。同样，一块石料，在儿童眼里只是一种玩物；而在考古学家手里可能是某种动植物的化石，成了稀见的古文物；到了石匠那里，不过当作一种可供制成某种器皿的材料。可见，根据不同的观点，可以对某一种对象得出种种不同的解说，也可以赋予对象以不同的意义。语言与言语是从言语行为中同时看见的。从个人传情达意说，是个人言语；就社会共同点着眼，则是语言。从主观方面考察是言语，而就客观的一面来说则是语言。《红楼梦》这部作品，按曹雪芹个人的言语来说，是他个人的言语活动的产物；要是从社会共同的汉语的词汇、语法等共同要素来考察，则是汉民族社会的语言。这样分析，可以肯定地说一般的因素显现在个别之中，语言包含在言语中，是通过个人的言语活动显示出来的。也就是说，言语行为务必遵循汉语语法的习惯规律来进行。言语行为中运用语言而显现为言语，其中自然有语法的存在。因而，语言的语法可以通过言语行为的产物来发见。当然，个人的言语行为可以有相对的自由，言语有个别性；然而这种个人所有的选择自由，只能在语言的语法习惯支配之下才有可能。归结起来说，语法作为语言集体共同的东西，它表现在个人的言语中；我们是从个人的言语中发现一般的、共同的语法。

二、组合关系

1. 组合的性质

组合（syntagme），日本学者译作“统合”，syn- 是“组合”的意思。指两个要素联结成一个整体。这种情形可以注意到两点：一是两个要素的结合；二是结合而成为个统一体。

（1）组合是接踵而起的　　组合之中至少有两个要素，是继起的两个要素的结合。所谓继起的，指两个要素的出现是接踵而起的，并非同时的，这是组合的特点。如“桌子”“红花”都是要素接踵继起形成的组合。“看见”“人生”也是。又如“桃花红”，“桃花”是一个要素，“红”也是一个要素。

"天气好"也一样。"天气好就去"，其中"天气好"完整地构成一个组合，"……就去"则终止于"去"，与前面"天气好"结合，又成了一个组合。

（2）组合的范围很广　组合的范围包括构词法中各种词的构成，也包括词组（短语）、句子等。对待组合中的两个要素，不应该仅仅考察两部分的结合关系，同时还要注意部分对全体的关系。如 books，其中 book 是词根，-s 表示数（number）的词形变化；这是注意 -s 与 book 的关系。对全体来说，-s 属于多数形式。但若离开与 book 的结合，就毫无意义了。要看部分对全体占一个什么样的地位："天气好就去"，前面的部分"天气好"是条件，这部分对全体的关系是表示条件的关系；只有在全体的结合中才可以看出是表示条件的。

（3）组合的自由性程度并不一样　组合是在言语中显示出来的，组合是否有充分的自由呢？可以从以下几点来看：句子作为言语的典型，在言语行为中以一个单位的身份出现。这一点，句子与词就有所不同，在任何言语行为中，哪怕是一个词也是组合。这类单部句属于一种简约的情形，其他的句子成分都给省略了，或者借助于对话中的环境把其他成分要传达的意思补充出来。这样，句子在组合上是有自由性的。再看句子之外的其他组合，其自由性是否与句子等价呢？这中间有程度的不同，有差别的存在。有些组合近于句子，自由性大一些，另一些组合则不然。如"红布""红灯""红花"等，还有自由性；但"红"与有些要素便不能随便结合，如与"方"的结合机会就很少，自由性相对减弱。一部分成语的自由性最少，所谓 idiomatic（习惯语）在习惯上已经固定下来了。"怒发冲冠"不能说成"怒发冲帽"，成语的惯用几乎不能更动一个字。一些固定的结合，如"明窗净几"不能说成"明几净窗"；"坐牢"不大能类推说"坐教室"。从统合的自由性程度不等可以看出，一切语言的结构都是有先例可援的。语法要研究它们中间如何配合，有什么规律。以句子来看，大多数句子有两个部分，主语用什么东西做，谓语用什么东西做，自由性也很大。但主语、谓语各自分出去，就又成为句子，这一条是句子的限制。

2. **凝缩与展开**

句子是在言语行为中表达出来的，因而是显现的。句子在显现上可以有两种变化：

（1）凝缩　　可以把显现的句子还原为短语或词组，这样的作用称为凝缩。凝缩是把句子压缩起来。如“花红”“水流”都是句子，压缩成“红花”“流水”，就只是短语或词组。句子的两个要素主辞、述辞经压缩而成短语或词组时，主辞就成为被限定词，述辞成为限定词。在各民族语言中，凝缩的方式常是不相同的。汉语与英语的一部分表达形式近似，上例只要改变一下位次。如 The flower is red 可以变成 red flower。若是换成法语就不同。不同的凝缩法表现出民族语言的不同特点。

（2）展开　　也可以把短语或词组变换成句子，这一作用称为展开。这一改变，短语或词组的被限定词变成句子的主辞，限定词则成为谓辞。

（3）句子的特征　　句子是展开的。从句子本身看，它的特征是定位。所谓定位，指句子是受现场（situation）所决定的。现场常指位置、场所、情形、境遇、情节、场面等。说话就有现场，所说出的话是由现场决定的。“你好”这句话，在不同的环境中会引起不同的理解。离开了现场，就不容易确定它所含的具体的意思。所以说，句子是受一定的现场定位了的。反过来看，凝缩是未经定位的。“红花”“流水”与说话的爱憎无关，因而是未经定位的东西。凝缩不是在一定的现场中说出来的。它是属于和词接近的一种组合，它和句子明显不同，显现性、自由性均已减弱。

3. **组合的构成部分**

（1）组合是两个以上要素的结合　　组合是两个以上要素的结合，其中的要素便是它的组成部分。这些组成部分在一定条件下可以互换。如“红花”“黄花”“红灯”“黄灯”等。

（2）交换与范畴　　凡是可以交换的一系列要素，就形成一个范畴。只有同一系列、同一范畴的要素才可以互相交换；不是同一系列或不属同一范畴的要素是不能交换的。如“红花”这个统合中，“花”不能与“写”交换。

（3）组合与句子相比较　　组合的要素可以交换，但交换只限于同一系列、同一范畴要素之间，自由性不是很大的。句子内的自由交换更为广泛些。如“我去”“我来”“我愚笨”“我浙江人”等。句中的主辞也不一定用名词或代词，也可使用其他成分，甚至用短语或词组也是可以的。

三、联合关系

1. 联合关系的性质

（1）凭联想的心理作用而形成　　一个辞（辞群）可能是一个词，也可能是一个要素（如“子”“头”等是不成词的要素）。辞凭心理联想结成联合关系，凭联合作用合为一群。

（2）联想的基因　　辞（辞群）之间具有共同之点，由共同点产生联想。共同点是联想的基因，它成为群化的基础。

（3）各种联合关系　　因为有种种不同的共同点，就有各种联合关系：

按形态联合的，如“（不）教（了、着、过、起来、一教）”等。形态有共同点，才可以按与“教”结合的有关特征联合起来。

按意义联合的，如“教育”“教养”“教导”等的意义有共同点，“修养、修身、修业”等也有共同点，因而形成辞群。

按声音联合的，如“教（宗教）、叫、轿、较”等因同声而联合。辞群由于声音相近而联合在一起的情形一般是较多的。

接头词、接尾词相同，往往可以联合一系列辞群。如“桌子、聋子、探子、架子”等，以接尾词相同而联合；“阿毛、阿三、阿狗”等以接头词相同而联合。

在言语实践过程中，要素凭联想而存在于联合之中。组合如果没有辞群的联合作基础，也就难以成立。语法是研究组合的各种关系的，而组合又要有联合作为支持，没有联合不可能有组合。

2. 组合与联合的比较

（1）继起、有限数的与非继起、无限数的不同　　组合是继起的，其要素是有一定数目，并且是有限定的。如“杀人”“杀猪”等，在“杀”之后继起的要素是属于同一范畴的，同一范畴就是一种限制，并非无限的。联合的辞群不必接踵而起，又是无限数的；只要是有共同之处均可联合，不能事先限定数目。

（2）显现的与潜在的不同　　组合一定是显现的。但是，联合是潜在的，脑子里潜在的联合在同一语言集团的成员那里是差不多的，在另一语言集团就不一样。学外语者因为外语的联合关系与母语的联合关系有差别，所以增加了学习上的困难，但也可以从中找出一些差别上的对应规律而提高学习效率。如：rat，按英国人的联想常指稻田里的大鼠，到了中国人的联想里却指屋内窟窿里的小鼠。如果不了解这种差别，在交往上会出现误解。

据此，可以说屈折范例也是一种联合。它本身是把共同词干的不同词缀组成范例表，这种范例表所凭藉的是联合关系。屈折范例不是继起的，它与组合关系有所不同。语法研究继起的事实，即研究要素的关系，而屈折范例仅是同类变化的联想，不是一串言语中的继起者。例如 I、me、my，这类 case 往往不管前后所接的是什么。语法只管 I、me、my 随从哪种继起的关系，而屈折范例表则与此无关。

3. 组合与联合之间相互支持的关系

“红—花”表示组合关系，“红、青、蓝、黄……”有联合关系；“花、灯、布、旗……”也有联合关系。一次组合至少有两个以上系列的联合来支持它。凡处在组合两端的辞项（要素）属于同类的均可交换着结合，即：A辞项（要素）不仅单纯要求B辞项（要素）与它结合，还要求B辞项（要素）所属的一系列辞项（要素）与之结合；同样，B辞项（要素）也要求A辞项（要素）所属的一系列辞项（要素）与之结合。如“读书、看报、写信、听经”，有“读、看、写、听”和“书、报、信、经”两个系列的联合作为支持。支持组合“读书”的是两个平行的联合系列：“读”有“看、写、听”来替换；“看、写、听”均可以与“书”结合；“书”有“报、信、经”来替换，“报、信、经”均可以与“读”结合。同样，如“看破”这个组合，也凭两个平行的联合关系“看破、戳破、打破”等以及“看破、看懂、看穿”等来支持。可见，语言中的词（要素）决不是孤立地存在的，乃是凭着它对于其他词（要素）的对立及相互依赖的关系而存在的。一个声音不易听懂，往往因了继起者的帮助而能够理解。当然，语言中也有一些独立的单位，如“哎哟”之类，属语气词，但这部分在语言里少得微不足道。

再说，从逻辑的观点来说，组合和联合的出现常是同时的；若从心理过程来说，组合又先于联合。组合是显现的，而联合是潜在的。显现，乃是把潜在的东西显现出来，显现是因，如同光是黑暗之因一样；显现又不是凭空的，它是显现在言语行为之中。言语行为的成立至少要有两个方面：一方是说者（speaker），另一方是听者（hearer）。听者首先接触到的是组合，再渐渐因共同点的联想而在脑子里形成了联合。这个过程有一个先后，先是听了不少的组合，再把其中同类的要素联合起来。如果没有组合的话，也就谈不上有联合的存在。

四、结　语

1. 语法构造以组合关系、联合关系为依据

语法构造总是两个以上分子的结合。语法不去研究孤立的东西，它研究的是构造。构造以组合与联合为基础；没有组合，不会有联合，而且没有组合，也无所谓关系和构造。

2. 语言的单位均在组合的连带关系之中

语言的单位（词、要素）是在言语连锁（言语行为中一连串接踵继起的要素）之中，依属于围绕这一单位的要素，或依属于组成这一单位的要素。它不是孤立的，不能独立地存在，而是处在组合的连带关系之中。如接尾词就不是孤立的，英语表示名词多数的接尾部 -s，离开词干就不能产生多数的意义。接尾部依存对词干的关系，-s 显而易见不能独立存在。词干是对接尾部来说的，它离开接尾部也不能表示多数的意义而单独存在。lov-（词干）、-ing（词尾）、-able（后缀）结合而有 loving 和 lovable。只有词干和词尾结合起来，才能成立。汉语的“人民”“人”“民”都是词干，没有接头、接尾；由组成这一单位的两个要素在组合的连带关系之中显示它的意义。因此，对于一个词（要素），要明白其性质，必须凭借它与其他词（要素）的关联才能理解。

3. 群化与示差

这里有两个作用值得注意：

（1）群化　　指使用一个组合，必有无数的组合类型在支持它。这些同一类型的组合在脑子里是经过群化了的。

（2）示差　　指群化的类型之中，尚有种种结合上的差别，因而显示出种种不同。语言一方面是群化的，另一方面则是相互对立，如肯定、否定的对立，形成示差。如“去”与“去吧”，其中也有示差关系；“要去”“应该去”时也是如此。意义可以归类，形态上加的一点东西也可归类，都形成群化；同时，有了各种对立，也就有了示差。

4. 词性问题

词性指一类词的语法性质。这种性质不可能从孤立中产生，而是凭借与其他词的结合，由关联和构造来决定词性。孤立的词无所谓词性，所以说，语法要研究的只能是关联和构造的问题，不能夹进其他东西。语法有许多术语，其含义只能从一般性的归类中归结出来。如名词不作谓语，一般是这样，可以这样概括，但是还不够周全。还应归结一条，指明名词作谓语时还必须有哪些条件，这才周全了。

语言交际有一个双方、多方理解的问题。理解应当是指分解开来，理解他人说的话，无非是把一串连带成分的关系分解开来。而误解也就是把连带的东西作了错误的分解。分解也是根据习惯的；能够正确地分解，才可以有正确的理解。比如对于外国语音译的问题，若按我们的习惯去进行分解，往往会出现分解上的错误。因为有些成分是需要意译的，确乎不可音译，不可按音译再去造出新词。如 last car（末班车）本是 last car but one，意为“倒数第一个”。有人把它音译为“拉四卡”，又按中国习惯造出“拉三卡”就错了，是分解上的错误造成的。也有这样的情形，新创的词语常引起误解，但误解的结果却又会引起习惯的形成。如“看齐”，是一个比较固定的结合，用得很多。常有人说：“看 ××× 的齐”，这就是把“齐”当作“旗”，结构、组合理解错了。“讲了演”“报了告”，日常口语中较多，其实都是错误的分解造成的。

有一些单位是孤立而无依存关系的，前面提到的感叹词就是如此。但感叹词为数不多，这数量不多的成分并不妨碍我们得出语言是以关系为主的见解。另有一些副词的独立性也较少，代表一个句子的独立副词对前文往往仍有所依存。如：Are you go to school today？ Yes！这 yes 还依存上一句问话，但又有相对的独立性。这在语言的总体中，也是微不足道的。又如："幸亏我没有来"，在这里，"幸亏"也是独立的。还有一个例子："可怜无定河边骨，犹是春闺梦里人。"王力认为前半句是倒装的，即"无定河边骨可怜"。其实，这个"可怜"是相对独立的，包括了全句，应当是："可怜！无定河边骨。"相对独立的副词若常用而固定下来，会转入感叹词一类去。若按王力的看法，下半句又作何理解？王力只能这样说，因为是承上而主语省略，即省却"无定河边骨"这一主语。这样的解说从组合关系上看是支离破碎的。我们提出组合、连带，无非是要避免过去那种分割、孤立地看言语过程的做法。让我们从另一种新的角度来看待，由这里几个例子看，这样的提法确实可以解决一些实际问题。过去在语法学者的研究中存在一种现象，把孤立的词、个别的词作为语法单位来看，以为孤立的词、个别的词本身具有词性。吕叔湘按个别词的词义来定词性，高名凯则把词作为"材料"，忽视了词与词在言语中的依存关系。而我们坚持认为，具体言语中并无个别、孤立的词。言语行为中若无关联、结合以及连带关系的存在，言语本身就不能成立。这是他们与我们的看法之间的主要差别。

第六讲　句子论

一、引　言

1. 中国语法学家重视句子的原因

（1）汉语没有丰富的形态变化　　与词形屈折变化丰富的印欧语相比，汉语是缺少这套标志的。因而中国的语法学家大都认为汉语语法无形态论（morphology）可资论述，只能从句法方面来进行研究。这样，无疑也就否定了汉语语法的词类和词的区别的法则，否定了汉语语法中形态学存在的可能性，使汉语语法等于句法。这种情况，高名凯的著作是如此，王力、吕叔湘的著作也是如此。吕叔湘强调："汉语的词是没有形态变化的，所以汉语的语法只有造句法这一部分。"[①]

（2）着重句子分析，以实用观点来研究语法　普通文章中不通不顺的地方，大半从句子中显露出来，因此，讲实用的语法著作就只着眼于句子的结构，一些语法研究者往往认为"文法"是为了帮助别人做通文章的，他们自然就只重视句子结构了。

（3）从词在句子中的地位来确定词性　由于汉语的词本身缺少同形变化，不能据词形变化来分类，从词本身着眼进行分类走不通，于是，有人就想从词在句子中的地位（职位、职能）来确定词性，他们以为，此外别无办法。黎锦熙把词比喻做戏剧演员，在戏剧里可以做皇帝，也可以做乞丐，主要看在戏剧中——也就是在句子中扮演什么角色，才能确定它的身份，确定它的类别。这就形成了所谓词无定类论。而在一些语法著作中，句法就被片面地加以强调。但是，从语言实践看，"依句辨品、离句无品"这种说法确实是不很妥当的。句中的职位如主语、述语，并不是非由某一类词来担当不可。一般说，名词作主语；但有"慢是好的"（形容词作主语），"吃饭是不容易的事"（动宾结构作主语）等。英语中，主语是名词、代词或名词的等价物（常称 use as a noun），然而等价物并非一定成为名词，这是显而易见的。若把名词的等价物一律看作是名词，这就是词无定类了。这里仅仅是拿某一词类的词来"使用"，这"使用"未见得等于被代用者本身。"使用"只是意味着某一成分曾作名词用而已，本物及代用品不能等同，名词不等于它的代用品。有些人认为从言语的结构之中来讨论词类区分，必定会走向词无定类。我们应当申述明白，从言语的结构中来研究词的分类

① 吕叔湘、朱德熙：《语法修辞讲话》，中国青年出版社 1952 年版，第 4 页。

问题，与黎锦熙把词在句中的代用品——用作某成分看作词本身是完全不同的。我们首先肯定，某类词所能作的句子成分，用他种词类的词来替代，或者说使用另一词类的词来做某类词所能作的句子成分，这并不等于改变成了某类词的词性。结构不等于句子，我们主张从结构中找出形成结构的形式标志，以此作为分类的依据。这跟认为某类词由于在言语中作另一类词使用就随之变成这类词不是一回事。

一般说，中国语法学界注重句法的研究，原因不外以上所说的三个方面，建国以后，苏联学者的著作介绍过来，语法学界开始重视词类问题的研究，对词法的一些理论原则也展开了讨论。

2. 历来研究句子的侧重点

我们不妨来考察一下，看中国语法学家研究句子所注意的是什么。

（1）句子分类的研究　　这个问题是实用语法很重视的。句子分类大致有三种依据：

一种是从意义出发来分类的。有陈述句（陈述一事，或称判断句，如“花红”“狗跳”）、疑问句、命令句（包括表达一定愿望）、感叹句等。从句子的意义内容来研究句子，当然也有必要。不过，单纯的意义研究并不是语法的重点。如果能从这一分类中找出各种句子的语法特征，那对语法来说才是有价值的。如英语疑问句的动词提前：Have you got any book？语法必须研究如何确定语法特征，以语法特征作为分类的依据。

一种是从构成句子的主要因素来分类的。有：叙述句（用动词作述语的主要成分）、描写句（用形容词作述语的主要成分）、判断句（一定有系词“是”，后附表语）。这一分类法的主张者认为，三种句子可以交换、互变，这也反映了句子的实际情形。这样的分类法，是从一部分语法手段出发的，还有可取之处。如叙述句可以变成描写句，描写句可以变成判断句。

吕叔湘指出，描写句里常用“是”字，“这个事儿麻烦”也能说成“这个事儿是麻烦的”，这样一来，原来的描写句变成了判断句的形式。这种分类法初见于王力的著作。他根据西欧语法，把句子分为名词句、动词句两类；又根据汉语的实际情形，把名词句再分成名词句（判断句和描写句），动词句（叙述句）两类。

再一种是依据句子的结构特点来分类的。一般都分为单句和复句。单句只有一个主语和一个述语为其主要成分，结构是很简单的。复句是两个或两个以上的单句的结合，它的结构就比较复杂。复句又可以分为两种：平列复句，如“桃红，柳绿”；主从复句，如“假如下雨，我就不去了”。汉语中，还有用一个句子来形容一个成分的情形。如“年青”是一个句子；“年青的人”，是“年青”这个句子成分来形容“人”，一般语法学者称它为“句子形式”。又有一种情形，如“年青的人”进入句子，形成“年青的人（主）很起劲（述）”。这是句子形式形容“人”，“人”又是句子主语的主要成分；“的”是一个虚词，它使句子形式成为修饰语，合乎单句的条件。有人把这种情形说成是复句，黎锦熙就这么看。他先把“的”字译作英语的 who，“年青的人”便成了 The man who is young，弄得非常复杂，也不合理。论及句子结构问题，自会把词的用法及性质问题插入进去讲。复句也涉及词类问题，如连词（conjunction）；另有如“不”这些属于否定的词，高名凯看作否定语气词；关于叹词，也有放在句子里谈的。这样就把词类拆散了，放在句子中研究。

（2）句子成分的研究　　正规的句子应有主语、述语，还有一些附加成分。当然，句子也有省略了主语或述语的。一般述语的构成往往有动词附上宾语，或动词附上补语，或由“是”带上表语。这些术语在各家著作中可能有些不同，但理论上的句子成分分析大体相同，问题比较简单，因为大部分问题都是根据概念上的分析来解决的，这些问题并无任何特色，按逻辑来分析的东西，放之四海而皆准，复杂性并不大。像主、述、宾、定等句子成分，自亚里士多德以来在语法中已通用了。黎锦熙在句子分析方面花费了很大力量，他大都用图解法（diagram）分解句子，而实际语法认识的差别点却不在此。对于学习外国语的人来说，搞清了句子成分和关系以求得对句子含义的理解，这是有用处的。但若将一般语言的分析手段用来研究汉语语法，把这样的句子成分分析放在汉语语法的首位，那显然是不够的。

（3）句型的研究　　句子中自然有一定的句型（sentence type）。句型概念在各家也有不同：高名凯提出的句型指句子语气的类型；吕叔湘讲的句型等于句子的形式，如简单句的形式、主语和述语排列形式的分类等。句型研究的重点应该是不同形式的句子的分类和分析，在这方面，尤应着重在按形态特点进行分类和分析。

3. 为什么要讨论句子

我们讨论句子的目的，主要是想从语法学的观点来说明句子的一般属性。这里要阐明的都属于基本原理，在过去大家是不大谈到的。以往有些谈到的，也只是讲句子的具体性质问题。

二、句子的定义

给句子下定义是有困难的。如里斯的《什么是句子》一书中收集的句子定义有一百多种，但未能说明哪一个定义较为优越。换句话说，在这么多的定义之中很难找出占压倒优势的定义。中国语法学者中，发现为句子下定义确有困难的首推陆志韦。他在这方面研究中所持的慎重态度是对的。

我们打算在这里介绍一些有关句子的理论概念，以说明句子的一般性质。

1. 句子的三种相

句子一般有三种相（样子、面貌）呈现在我们面前：

（1）语言的面貌　　我们把个体的言语行为看作是线条性的，一个人的言语不可能同时发出两个声音，言语的声音总是前后接踵而起，言语的线条性就在说话时展开。这种话线不能整块地听懂，必须分成各个单位——组合才能加以理解。如："红花丨开了"有两个组合，只有在划分出单位之后才可以理解（当然，也可以把话线中的音素划分开来。就不止这两个单位，那已不属于语法学的问题）。前面说过，语法研究的是言语中实现出来的要素，这种要素无一不是处在组合关系之中。实际上这就是要求，对一切要素均应从句子的角度来考察它的现实的关联。在各种组合之中，句子是很重要的。因为它是言语行为中真正实现出来的、最完全的组合。

（2）逻辑的面貌　　从内容来看，表明句子是一种逻辑的构造。它按思维法则有主词、宾词，中间有系词连接两者。逻辑上的句子包含一个命题。

（3）心理的面貌　　运用句子来说话的人即说出句子的主体，有一个如何说出句子的心理状况。

任何句子都有这三个方面：语言表现是词（要素）的线性集合；内容是一个逻辑的命题；从心理的过程看，句子使总体表象分解在有相互关系的逻辑构造中，这样，思维得以成立。总体表象——脑子里反映客观而显示的映像并非单纯的，而是浑然一体的。由总体分解到某一关系的逻辑构造时，就形成了句子。可见，由总体表象转向抽象思维，以至有逻辑构造，这中间就离不开词（要素）以及按语法规则形成的句子。我们若考察句子，务必照顾到这三个相。

2. 巴利（Ch.Bally）的定义

（1）兼顾语言、逻辑、心理三个方面　　巴利为句子下的定义是能兼顾上述三个方面的。他提出："句子是判断的传达"（Une phrase est la communication du jugement.），这里的表述很明白，句子是传达判断的，而判断是逻辑的构造。所谓传达，是言语过程；所传达的也是思维的心理内容，故而可以说，这一定义兼及三个方面。关于判断，巴利又补充说："判断是用直言（断言）把潜伏的表象实现出来。"（Un jugement est une representation virtuelle actualisee par une assertion）这一定义还有说明的必要。

（2）定义的说明　　当客体通过感觉反映在我们的脑子里，就有了表象。作为思维主体的前引，表象尚未思及真的还是假的，可能或不可能的，还停留在潜伏之中，是一种潜在的状态。要把潜在的表象显现出来，就得决定一个位子。这种定位，就要靠断言，正是断言，使我们脑子里的表象显现出来。也就是说，只有显现出来的才是已经定位的思维主体，如主位、述位等。例如，我们看见窗外下雨时便说："又是下雨！"当雨的形象停留在脑子里时，是还未实现的、潜伏状态的表象。"又是"，在这里是判断。一经定位，就使得表象从潜伏中实现出来。"雨"是对象，经思维主体把它定为宾位。断言则说明下来的是雨，不是别的东西，即传达出这个判断。"又是雨！"是一个无主句，以环境作它的主语，"雨"是显示出来的表象，这一表象（通过语言）可以称它为"理"（dictum），显示出"理"的断言（直言），称为"论"（modus）；"是"是直言，故而它是"论"，"理"是判断的对象。潜在于我们脑子里的，只不过是表象而已，"理"一经论述，才成为现实的事实。"理"与判断的主体相结合，才形成了"论"。"论"是判断的价值。逻辑学本来称为论理学，凡有所是非的、有所否认或承认的，都是"论"。

现在若说："又是雨！"思维的主体就是说话的我。一般论理学并不问判断的主体，也就是说，与谁在思维的问题无关。但是，语法则涉及判断的主体的感情问题。可以说，逻辑与思维的主体无关，而语言、语法的研究和主体的感情意志相关。断言就它的结果来说是理智的行动；但从它的发生来说，往往包含有感情意志以及一切可能的主观愿望。所以，说话中具有一个思维的主体，其中不只具有理智，还包含着感情、意志和愿望。

“论”是把思维主体与“理”联系起来的系词，表示断言，大都用一个陈述词。在实际生活中，断言常带有感情、意志的色彩，因而，“论”在逻辑上是不可缺少的东西，“论”在语言的表现形式上常是潜在的，不说出来也不写出来。例如：“喂，帽子！”这是一个句子，其中并无系词，而“论”已潜伏在里面。“我要帽子”“我请你把我的帽子拿来”“我的帽子不是在那里吗”等，表示各种情绪的句子都可以包含在内。“论”既是潜伏的，为什么又可以了解它呢？这与语调有很大关系，其中潜在的“论”往往由语调来显示，“论”潜伏于语调之中。从这一点看，可以认识到不应该把语调排斥在语法研究之外。

总之，判断有一个主体及对象，主体、对象用“论”来联系。“论”是一个断言，逻辑上一般都使用系词“是”，必须说：“我是去的人。”但平常语言中用陈述词，如：“我去”，“去”是陈述词。用了这个陈述词，“是”这个断言成为不必要了。

3.“理”与“论”的内部构造

判断有两个部分，即“理”和“论”，两者不能缺一。

“理”是判断的对象。它的内部可以分作两个部分：“题（目）”A——主语（逻辑所谓主词）——判断对象的主体；判断对象如何，则是“说（明）”Z——述语（逻辑上的宾词）。

“论”同样可以分作两个部分，有“题”，也有“说”。

据此，一个句子有“理”的两项以及“论”的两项，共四项。上面的例子：“喂，帽子！”可以有：“我（A）——要求你（Z），你（A）——把帽子拿给我（Z）”，即按逻辑应分成四项：“我”“你”都是判断对象。因为“理”“论”的内部构造相同，所以语言的句子分析不必按“理”“论”分开，只要分为

“主”“述”两项。

三、“题”与“说”的关系

这里主要谈主语与述语的关系。

1. 陈述词

（1）陈述词的范围　　具有把“说（明）”跟“题（目）”结合起来的能力的词叫陈述词（verb）。在汉语里，陈述词不限于一般所说的动词，而包括一切有陈述能力的词如系词、形容词在内。英语句子一般非有动词不可，而汉语往往依靠具有陈述能力的其他的词。

（2）陈述词的性质　　陈述词是其有系词性的，系词把主词与宾词联结起来，如：“我（题目）画（陈述词）画（说明）。”陈述词“画”为什么会具有陈述能力？并不是因为它表示了动作，而是因为它与“我（题目）”相结合，对这一事物有所陈述。

若把“我画画”这个句子压缩起来，则变为“我画的画”。在彼此明了的场合下，又可以变为“我的画”。注意其中的“的”，它有和题目、陈述词联系的作用，也是系词性的。陈述词表示词（要素）之间的关系，可以说它本身是含语法关系的。

（3）陈述词的含义　　陈述是关于什么（事）有所叙说。“我画画”这个句子，重要的观念并不在于用画具把景物、人物等表现在画布上，却在关于什么有所叙说——此处是关于“我”。

实际语言中的陈述词有两重性格：实质及叙说。以“画”为例，实质是以画具作画；叙说是关于什么有所说明，谁在画。语法学绝不研究实质意义，重要的在于注意这个“关于”什么是如何陈述的，这才是语法所要研究的关系。所谓关系，应当是属于一般的、抽象的。而注重实质意义，只是解决个别词汇意义问题，与关系相距甚远。这一点，我们不能再忽视了。

近年来人们谈及句子，常限于实质性的解说，这显然已离开了语法学的目的。例如对话中常会遇到："喂，在家吗？"（问）；"在。"（答）。这里，"在"是一个陈述词，一方面表示存在的实质意义，一方面就是"关于"，即关于某一个。实质意义主要是词汇学的问题，语法学的问题应集中在关系方面。

要注重分析陈述词对于什么有所陈述以及如何陈述的问题，如在中国科学院语言研究所语法小组的《语法讲话》中有这样的例句："今天（主）开会（述）。"作者片面地强调词序，机械地规定为位置在前的是主语，在后边的是述语。当然，在汉语语法中词序确实是重要的，但汉语语法中用来表现关系的形态部并不限于词序，多种多样的形态部都产生语法意义，应当细致地从各种关系中把它们寻找出来。如："台上坐着主席团"。这个结构中重要的往往并非"坐"的实质，而是关于什么有所"坐"，因为陈述词原来是关于什么有所陈述的。据此，这一句可以看成倒装句，句子的倒装应该具备一定的条件，必须加以分析。在这类句子里，把指地位的词提前了，与其关联的陈述词也随之提前，主语就放在后面。还有一例："楼上走下来一个人。"《语法讲话》也把这个句子看作主语（"楼上"）在前，述语（"走下来"）在后，再接宾语（"一个人"）。其实，陈述词是关于"一个人"有所陈述的。这一句由于着重点在"地位"上，倒装的理由与前一例相同。如果片面地强调词序，反而会把问题搞乱了。应该指出，陈述词主要是把"说明"与"题目"结合起来，对主语有所说明，陈述词对主语有所说明，是它的特性。

2. 转移关系

（1）词项之间的转移　　关系句子中主语和述语两个词项凭借陈述词结合在一起，这称作转移关系（transition）。如"我去"。这两个词项是凭"去"结合起来的。"去"一方面表示实质意义，一方面表明"谁"去，在这里对于"我"是有所陈述的。这两者有了一定的关系，即一词项转移到另一词项；或者说是另一词项与这个词项发生关系，这个词项向另一词项转移过去。在日常交际中，对于只说一个“我”是不能令人满意的，必须问及“我”怎么样，才能使人满足。这种交际上的要求可以说是转移关系的前提。

（2）转移性不完全感　　有的语言学家认为，转移的本质是心理上的不完全感。事实表明，说话并未说完全，要继续追求说明，这种要求对不完全状况有补足性的说明是对的。单一词项就有这种不完全感，往往由不完全感造成转移关系。另外，在一定的情景中，言语会形成某种省略，则必定已得到来自情景的补足。词项之所以被称为词项，是因为一词项对另一词项发生关系而有转移性的缘故。主语、述语都是因为有转移性的存在，才成为词项的。

（3）狭义的转移关系　　狭义的转移只限于他动词。如“我画”。“画”什么呢？必须带有一个宾语才行，因为有不完全感，才有转移性的存在。何以会产生他动词？原因是引起了不完全感，但是，若要以不完全感来区分自动词和他动词，那是不很恰当的，这种区分并不完备，在下面的例子中可以看出来。如“烧”，不完全，“房子烧了”，则是完全的。不过，这还是从心理上来理解的，并非从形态上加以区别，以此区分自动、他动是有问题的。单纯由心理的角度来区别，一定会产生主观、片面的毛病。在这里，我们同样必须着重在发见和研究语法形态，以形态作为区分的依据。如：“做”，必须说明“做”什么，不然就不完全；但是，“他会做”，又完全了。“吃”，不完全，要求说明“吃”什么；“好吃”，前面加上一点东西就完全了。“开”，可以是“开门”，“开”作他动词；也可以是“花开了”，“开”成了自动词。比较一下，未必是因为有了不完全感的差别，就可以区别转移与否。可见，在汉语中，要区别自动、他动的性质是非常困难的。有的语法学者认为汉语动词本无自动词、他动词的区别，只有自动、他动的不同用法。换句话说，汉语的动词可作自动词用，也可作他动词用。

上述说法似乎也难解决问题。如“我走了”，“走”是自动词；而“走路”的“路”，有些语法书上作宾语处理。同一类型的如：“坐牢”“立壁角”等，《语法讲话》都放入动词带宾语之列。相反如黎锦熙又据英语，否定是带宾语，当然，他的见解也未必是正确的。

上述类型要说成是带宾语确有困难，若按西欧语法，宾语的位置可以移动，英语中主动式变为被动式就是一种实例，但对照以上例子却可以商量，汉语不能移动宾语的位置变为被动，汉语的动词——广义地说是陈述词，一类是表示动作的（他动词属此），另一类是表示性状的（自动词，形容性的）。如“生米”，“生”是形容性的拿来形容“米”；“生”又可以成为自动词，有“饭生、菜熟”。像“会”“能”等成分加在动词之前，使得动词发生变化，成了表示性状的词，这是一种现象，往往可以解决不少问题。如“他做”，是动句；“他会做”“他能做”就成了性状句。此外，如“可”，在文言中使用往往属于被动性质，“可食”“可欺”等均含有被动的意义。对此，我们要不要认为包含这类词的句子就是被动句呢？这也值得认真考虑。这些情形之中，是加入了被动意义的，但若把加入被动意义的句子都看作被动句，问题就更多了，如：“花开了”（自动的）；“门开了”（被动的）；又如：“鱼养在塘里”，“画挂在墙上”“书放在桌上”等，一般说，都可以有被动意义在内。但是，像这样的动词，究竟是表示性状，还是表示动作的呢？其实，这些都是表示性状，并非表示动作的。至于在什么地方表示动作，可以说是完全不相干的事，这里必须说明一点，两个词项的结合都是有转移关系的，然而却不一定限于他动词对于宾语的关系。有必要区别动作与性状的不同，没有“被”，但具有被动性的意义，大都表示状态。还有一种情形，如“酒喝醉了”。这里的“酒”显然不是处于某一状态之下。可以进一步分析，“酒”是不是主语呢？“喝醉”是不是“酒”的状态呢？从语言实际出发，“喝醉”只是关于“酒”的陈述。“酒喝醉了”是不是有被动意义呢？问题就来了。“喝醉”也可以带上宾语，如：“他喝醉了酒”，“喝”加上了“醉”，不一定表示状态，这里仍作为动词用。同样，“书读熟了”也不一定表示状态。其实，这一格式只是陈述“你、我、他”而已。这些加于前、加于后的成分就形成了不同的情形，必须从这些关系之中来进行一些分析，显然不能混为一谈。

看来若拿不完全感作为转移性的本质并不妥当，我们把主述之间以及限定词、被限定词之间的关系看作转移关系。我们并不想把不完全感作为区分动词的原理，因为它并不完备。只有从两个词项的结合中发现内中存在的转移关系，对语法研究才是有用的。

四、内属关系与外附关系

转移关系主要有内属关系和外附关系，下面分别加以说明。

1. 内属关系

（1）释义　两个词项之间的关系密切，可以相互渗透的，称为内属关系。如：“桃花美丽”，从实体说到实体的性质，互相渗透，关系很密切。又如“哥哥是画家”，实体与在某一状态中的实体结合，“哥哥”便是“画家”是内属的主、述的结合。不过，这还是意义的内属。“哥哥”转移到“画家”是内属关系的转移，“画家”是“哥哥”的属性。其语法上的表现，才是我们研究的着重点。

（2）内属关系的语法表现　表现内属关系的语法手段是“一致”（concord）。形态丰富的语言一定是用词形变化来显示这种关系的。性、数、格、时的一致均属这种情况。如法语：la Terre est ronde（“地球是圆的”）。这里 la terre 与 ronde（阴性）是一致的，西欧语言往往要求名词与动词的“数”相一致；形容词则必须限制者与被限制者在“性”上一致。有的语言还要求“格”数”都一致。

表示内属关系的词“是”，在实际语言里未必是单纯的。汉语的“是”就起源来说，大约从代词转变过来。古汉语有这样的例子如：“知之为知之，不知为不知，是知也。”龙果夫的《现代汉语语法研究》也认为，“是”具有代词性。可以说，汉语的“是”有两种性质：一表示转移性，二表示存在。如：“前面是虎，后面是狼”，不是单纯的系词，而是表示存在的。这两种不同性质的“是”在别的语言里也有不同。如西班牙语：Es（“他是”）abagado（“律师”），与代词结合在一起，表示内属关系；Esta en Madrid（“他是在马德里”），表示存在。英语里的 is 等，是从 verb to be 来的，也并不单纯。如：to be or not to be（“活下去还是不活下去”），be 表示存在；还有 being（“存在物”）；human beings（“人类”）也含有存在性。

2. 外附关系

（1）释义　指外在的两个对象（客观存在物），凭说话人的意图或意向把它们结合起来而形成的关系。如：“书”“桌子”都是外界存在物，凭我们的意向把它们结合在一起，“书在桌子上”。种种叙述句往往是外附关系，若分两个词项来看：“我（主）写字（述）”，“我（主）杀鸡（述）”。主、述两个词项是说话者把它们结合起来的，是看到客观事物的情况而主观上通过语言表现加以结合的。

（2）外附关系的语法表现　表现外附关系的语法手段是支配（government）。前面的例子中，“字”由“写”支配；“鸡”是被“杀”所支配的。外附关系所表示的支配往往具有可逆性，如“老虎吃掉人”，“人”被“吃”是支配关系；可逆性则“人被老虎吃掉”。如果不能反过来，没有这种可逆性，就必有毛病。“正月十五吃元宵”是一个叙述句，要说成“元宵被正月十五吃”根本不行。叙述句中的可逆性是由主语、述语之间有支配关系而来的，所以可以倒过来。“正月十五”是表时间的，可以看作可有可无的附加物，主语可能被省略了，显出主语同样也可以倒过来。

如果仅仅构成一个词组（短语）而不成为句子的，则是一种限定关系（restriction），其中包含限定与被限定两者。外附关系改变为限定关系，要用“的”来表示。如：“老虎吃人”换成“吃人的老虎”，反映了限定与被限定之间的关系。内属关系改变为限定关系，可以省去“的”，限定与被限定由词序来支持。如：“花红”—“红花”；“小伙子年青”—“年青小伙子”。

转移关系除上述两种之外，还有其他一些情形。“有”“在”这些都可以作动词用。“在”也可作介词，如“我在家休息”。“在”作动词是自动词还是他动词？这个问题是可以研究的。按英语，“在家读书”，“家”是介词的宾语；而“我在家”的“家”不是宾语。怎么解释呢？英语这种介词有宾语，为什么作动词又没有宾语呢？汉语中的“有”，情况也如此。中国科学院语言研究所语法小组的《语法讲话》把“有”一律看作他动词，这样处理过于简单了。“有三尺长气”“有五寸厚”的“有”是不是他动词呢？可以研究。

以上两节着重谈了转移性问题和陈述词的密切关系。转移性是凭借陈述词表现出来的，它的表现有多种手段。陈述词的主要性质是转移性，但同时它还有实质意义。至此，我们更可以看到语法与逻辑的不一致，看到两者又不是相互排斥的。

五、单词句与双词句（两词句）

就发生方面来说，从心理学角度加以考察，句子最初由单词句发展而来，最初不是两项性的。

1. 单词句

成人的言语中单词句比较少，要不然就是省略了某些成分。所谓省略，指某一部分的内容可以不言而喻，可以按所处环境的提示来解说。从发生看，幼儿的单词句很多。我们研究幼儿的语言，往往可以窥察到语言发生中的种种迹象，还可以由此推断出一些语言学习上的心理过程。幼儿看见行进中的汽车，会叫："wu、wu……"这"wu"对幼儿来说也是一句话。在幼儿脑子里原来没有汽车的完整概念，"wu"用来引起整个的形象。概念尚未形成，正与语言尚未完全是一致的。幼儿的分析力尚差，还不能作概念的分析，仅能作形象的分辨。"wu"并不是表示概念的单词，而是表示整个形象的句子。而在成人言语里，若一个句子仅有一个单词的话，往往是在一定场合之下说的。这时，主语等都已经省略，实际上是以说话时的情景来传达主语等成分的意思。这种情形与幼儿的"wu"类句相比，有本质的不同。

2. 双词句（两词句）

幼儿语言进一步发展后会出现双词句（两词句）。幼儿会指着开过来的汽车告诉爸爸："papa wu wu"（意思是："爸爸汽车来了。"）最初是平列关系的东西进一步复杂起来，成为从属关系。我们可以想象到，人类的语言也无非是从整个的形象的单词句，经由交际实践发展为双词句（两词句）；最初的成分是平列的，后来才是从属的。这也是从心理中表现出逻辑的发展。我们认为，语法研究应该以两词项的事实为重点，或者说应该以有组织的语言为主；单词句的研究则可以作为语言的形成过程来探索，科学的语法应该注意这种两词项的句子的组织形态，从中发现语言的句法规律。

六、句子的特征

归结起来说，从构成句子的材料来看，句子是两个词项的转移关系；而从作用来考察，句子使转移关系实现出来，这关系就由一词项转移到另一词项。转移关系实现了的是句子，未实现的只能是组合。如"山高水长"是否句子？不能确定。不在具体的场合下出现，未与具体的情景相联系，只能算是组合。"年青"只是一个组合；"我年青"在具体的场合说出来，实现了转移关系才是句子。对于这未经实现的组合，人们给它一个巧妙而又矛盾的名称，称为“句子形式”。所谓“句子形式”，如在一定情况下使转移关系实现出来，就成了句子。这样，我们可以说，凡两个词项结合都是组合，到具体的情景下进入言语才是句子。言语行为是以句子为单位的，而在语言里则已存在着组合。因此，句子的重要特征就是两词项及其转移关系，两词项是由一词项转移到另一词项的必备条件。我们讨论句子问题，主要是明确应该从转移关系的构成出发，由构成的形态中去研究实际语言的句子结构。

一般语言学的对象与任务 *

一、译名商兑

一般语言学是俄语 общее языкознание，英语 general linguistics，法语 linguistique générale，德语 all gemeine sprachwissenschaft 的译语。我国语言学界一向是以“普通语言学”的名称来翻译这一术语的，岑麒祥先生在他编著的《普通语言学》一书里，说过“曾有人提议叫作一般语言学”这样一句话。那里面所指的“有人”，恐怕就是我。吕叔湘先生在 1958 年 2 月号的《语文学习》上发表了一篇《语言和语言学》，在那篇文章的附注里，吕先生也明白指出：“应该叫作一般语言学（方光焘教授对于这一点很坚持），不过现在大家已经用惯了普通语言学这个名称。”我并不是喜欢标新立异，妄想推翻用惯了的名称来坚持一己的私见。荀子在《正名》篇中说过：“名无固宜，约之以命。约定俗成谓之宜。”这一点极浅显的道理，我自信还能懂得。我认为“普通”一词在汉语里，具有多种含义，把这种多义的词，安放在学术用语里，就很容易引起误解。而且“普通”一词也不能反映出这一门科学的性质。布达哥夫（P.A.Будаков）说得好：“在我们的社会主义社会的条件下，术语也和整个科学一样，乃是全体人民都能享受到的。”[①] 普通语言学这一名称，就算在语言学工作者之间已经用惯了，可是会不会在使用汉语的全体人民中招致一些不必要的误解呢？全体人民能不能通过这一名称，理解得这一门科学的性质呢？这些都是应该加以考虑的问题。现在我想趁便在这篇短文里，把提议更改译名的理由扼要地叙述一下。

---

* 原文载于《江海学刊》1958 年第 3 期。

① ［苏］布达哥夫：《语言学概论》，时代出版社 1956 年版，第 25 页。

首先，“普通语言学”中的“普通”，既不是“普普通通”的意思，也没有像在“普通话”一词中那种“普遍通行”的含义。普通语言学并不是以一种世界上普遍通行的语言来作为研究对象的。事实上，在人类的现阶段，我们还没有一种全世界普遍通行的语言。在汉语里，我们也常用“普通”一词来作科学名称的限定语，例如普通化学、普通物理等等；这些科学名称前面的“普通”，是作“基本”或“初等”解的。普通语言学决不是基本语言学，而且在普通语言学之上也并没有什么高等语言学。严格地说，每一个术语，应该只有一个单一的意义。术语的多义性，实在是很大的缺点。现在姑且退一步说，假如在那含有多种意义的“普通”一词中，有一种意义能反映出这门科学的性质的话，那末我们就用普通语言学这个名称，也没有什么不可以。然而事实上，一般语言学是在个别的、具体的、特殊的语言研究的成果上建立起来的语言理论。“一般”一词显然是对个别、特殊而言的。一般语言学中的“一般”，也明白指出存在一切个别的、特殊的语言里面的一般性或共同性。一般语言学的主要课题就在于寻求能把语言史上的一切特殊现象都归结在里面的一般规律。“普通”一词虽然在汉语的少数用例中，也有作“一般”解的；但是严格地说来，和“普通”相对的应该是“特别”或“专门”。这样看来，一般语言学这一译名，实在比较普通语言学更能反映出这门科学的性质。我提议更改译名的理由就在于此。有人认为一般语言学是日人的翻译，我们犯不着去抄袭日人的译名。我看这并不是“犯得着”或“犯不着”的问题，而是译名是否恰当的问题，只要译名恰当，我们就不妨沿用日译。我们不是有许多科学名称，都是沿用日人的翻译的吗？为什么独对一般语言学这个术语，就非得别出心裁改译成普通语言学不可呢？而且“一般”一词在哲学、社会科学中也用得很频繁。我们不是有“一般性”“一般概念”“劳动一般”“生产一般”以及“一般的发展规律”等术语吗？我真不明白，为什么一定要把一般语言学改译作普通语言学。也许有人会说，一般语言学也好，普通语言学也好，这并不是一个值得争论的问题。要知道，不正确地使用术语会使我们离开科学愈远，甚至于会堵塞了走向科学的途径。术语的问题决不是无足轻重的小事，翻译界前辈严又陵先生的“一名之立，旬日踟蹰”的慎重态度，仍然是值得我们效法的。

二、我们为什么不重视一般语言学

中国科学院语言学顾问谢尔久琴科（Г. П. Сердюченко）教授在答《中国语文》记者问时曾经指出：“我认为中国语言学界的工作中的缺点之一，首先就是对普通语言学（按：即指一般语言学——泰）的问题注意不够。”[①]这是一针见血、击中要害的忠告。王力教授在天津语言学会成立大会上的报告中，也有一段发人深省的论述。他说：“首先应该强调的是普通语言学（按：即指一般语言学——泰）。可以这样说，最近五十年来，中国语言学各部门如果有了一点一滴的成就，那就是普通语言学的恩赐。普通语言学通过直接和间接的道路来影响中国语言学。但是如果我们不承认中国语言学的落后，我们就是没有自知之明。而中国语言学的落后，主要是由于我们的普通语言学的落后。这一个薄弱的部门如果不加强，中国语言学的发展前途就会遭受很大的障碍。”[②] 从上述两位教授的言论中，我们深深感到一个国家的语言学的发展前途是和一般语言学的发展分不开的。为什么我们以往不肯重视一般语言学呢？为什么一般语言学不能引起我国语言工作者的注意呢？假如我们能把忽视一般语言学的原因寻找出来，那对于今后开展一般语言学的研究和推动中国语言学向前发展都会有一定的帮助。

第一，欧洲的一般语言学是在比较语言学的研究成果上建立起来的，

---

① ［苏］谢尔久琴科：《答本刊记者问》，《中国语文》1957 年 7 月。

② 王力：《中国语言学的现状及其存在的问题》，《中国语文》1957 年 3 月。

所有这些一般理论都具有一定的局限性。我们固然应该接受这些理论的指导，可是倘一味生硬地要把这些理论搬来解决我们汉语的特殊问题，那就未必能获得令人满意的结果。谢尔久琴科教授曾经指出："欧洲的一些普通语言学教程基本上是根据印欧语的材料编写的，因此不能使中国的学生、教师和科学工作者满意。"① 是的，我们语言工作者虽然从欧洲的一般语言学教科书中，也学到一些理论，可是一旦把这些理论应用到汉语研究的实践中去，便会感到"格格不入"。我们就开始怀疑这些一般理论的应用范围。这样一来，忽视一般语言学的倾向便在不知不觉之间形成了。

第二，我们应该指出，20 世纪以来，欧洲语言学界在一般语言学方面，有了显著的进展。这四五十年中在欧洲和美国出版了不少的应用范围较广、概括性较大的一般语言学的理论著作。我们可以举出索绪尔的《一般语言学教程》(1916)，布龙菲尔德的《语言论》(1933) 和特鲁别茨柯依(Н.С.Трубецкой) 的《音位学原理》(1939) 等等作为例子。我国语言工作者以往对于那些著作从没有系统介绍过，更谈不上批判了。这固然和我国语言工作者人数不多、水平不够有关，可是我认为，我国语言工作者只重视汉语研究工作，看不起翻译、介绍工作却是一个主要原因。这种对介绍工作的忽视，便招致了忽视一般语言学的必然后果。

第三，我们还应该从汉语的特性来谈一谈。汉语和印欧语言比较起来，无论在语音结构上，语法形态上，以及构词法上，都具有极大的悬殊。研究汉语就必须注意汉语的特殊性，汉语的民族特点，这也是理所当然的事。可是无论怎样强调特殊性，我们却不能把作为交际工具的语言的共同性抛开不谈。我们决不能以汉语和印欧语言有很大的不同为借口，就排拒一般理论的指导。毋庸讳言，强调汉语的特殊性也是造成忽视一般语言学的一

① 谢尔久琴科：《答本刊记者问》,《中国语文》1957 年 7 月。

个原因。

最后，我们应该指出，我们语言工作者太偏重实用，始终局限在部分的研究里。我们没有把部分的研究和另一部分的研究联系起来，更没有把这些研究提高到一般语言学的角度来加以考察。我们只看到枝枝节节的许多实际问题，而没有看到语言的整个体系。偏重实际，轻视理论，满足于部分的研究，也可以说是造成忽视一般语言学的另一个原因。

三、一般语言学的建立

一般语言学是一门极年轻的科学。倘若撇开先验论的、思辨的、形而上学的语言哲学不谈，科学的一般语言学应该说是在 19 世纪末 20 世纪初才建立起来的。1880 年青年语法学派代表保尔（H.Paul）出版了《语言史原理》。那一著作可以说是一般语言学的前身。1916 年索绪尔的《一般语言学教程》出版了。那本书却奠定了一般语言学的基础。我不想在这篇短文里对一般语言学的成立和发展，作冗长的叙述。为了正确地理解一般语言学的对象和任务，我想对保尔和索绪尔的著作作以简单的介绍还是有必要的。

19 世纪对于我们的科学来说，实在是一个编纂历史的时代。罗列事实，堆积材料并不能构成历史。历史本身应该是一个说明。法兰西的 père（父亲）是从拉丁语 pater 演变来的，语言史家用这样的话来说明。比较语言学者更加添了一句“pater 和同语族的其他语词，都是从印欧语的拟测形 pater 演变来的”这样的话，来进行说明。这是把时间的连续，看作因果关系的推理。其实，以一事项和同位的另一事项之间的连续关系，来说明因果，那是不够的。历史决不是简单的记述，应该在记述之上能有所说明。我们只有把既定的事项和已经知道的更高一位的事项相联系起来，那才是真正的说明。

语言史家保尔想要认识贯穿在历史的根底里并且在历史发展中起作用

的诸种力量，他想要寻找出存在于诸种力量中的恒存关系的法则来。《语言史原理》一书显示了他在这方面的努力。保尔认为语言和人类文化的其他一切产物同样，都是历史的考察的对象。但是，对于这样的历史的考察（因而语言史也在内）应该成立一种与之相并行的学科。那是探寻在历史上发展的事物的一般的生活条件，并且研究一切推动历史发展的要因的性质和作用的学科。这种学科就是保尔所指的原理论，是语言研究的最后的结果，是经验的，保尔想把生理学和心理学当作解释语言事实的基础学科。其中最被重视的，显然是心理学。保尔常常被人指责为个人心理主义的理由就在于此。他以为，在人类文化中，多种多样的要素混杂着，而且许多种力量同时起着作用，那是历史发展的本质。为了理解这一点，我们对于个个要素及其作用的性质，应该抱有明确的概念。因此，首先必须对要素进行分析，然后再来观察它们的结合。这样看来，保尔的原理论是要建立在从事那些工作的学科上面的，这种学科无疑地首先是心理学。按照保尔的意见，在一切文化运动中最本质的要因是心理的要素，一切都和心理有关。所以保尔认为心理学是文化科学的基础。

然而保尔却并没有把心理的东西看作唯一的要素，纯粹地只建立在心理的基础上的文化并不存在。他认为把文化科学叫作精神科学是不正确的。事实上只存在着一个唯一的纯粹的精神科学，那就是作为法则科学的心理学。一进入历史发展的领域，我们就不能不在处理心理的力的同时，处理物理的力。人们的精神为了要作出文化的产物，常常不能不和身体及其周围的自然协同一致。因此，有关物理的力的活动法则的知识也是必要的。

上面的叙述是对保尔的《语言史原理》的极简略的介绍。保尔的原理论主要想用类推的心理作用和语音法则无例外的物理作用，来解释一切语言事实。岑麒祥先生在他编著的《普通语言学》一书里，对保尔的学说，已有了正确的批判，我不想在这里作重复的论述，我的目的就在于指出保尔的《语言史原理》和一般语言学之间的关系。保尔认为原理论是和各种历史的科学相对立的，有多少历史的分支，就会有多少原理论。有和美术史相并行的美术史原理论，也有和宗教史相并行的宗教史原理论。显然，在保尔的心目中已经具有一种和语言史相对的语言学的概念了。这样看来，保尔所指的原理论，即使不是产生一般语言学的母胎，至少也可以说是一般语言学的前身了。

从洪堡特（W.V. Humboldt）经斯坦塔尔（H. Steinthal）、冯特而到了保尔的所谓德国正统派的心理学派的研究态度，单纯是心理学的。他们的研究的对象也只是语言的成立、成长的机构。语言在一切意义上，对他们来说，都不外是史的考察的对象。

可是一到了索绪尔，我们却又进入了另外一个新的广大的处女地。那就是语言的静态的世界，是体系构成情况的认识。索绪尔认为静态的认识应该先于动态的认识。语言在作为史的进化的担当者之前，首先不能不是一定社会的表现手段、交际工具。无论怎样，语言学首先应该研究作为表现手段的记号的性质和生活条件。进一步还应该把语言学和更高一位的科学连结起来，那就是索绪尔定名为记号学（sémiologie）的科学。寻求记号学的原理的是心理学。这样，语言学便在科学的总体中获得了确定的位置。

索绪尔的语言学说是和唯心主义的社会学家杜尔干的社会学说有关系的，在他的语言理论中有强烈的唯心主义的色彩。索绪尔区分了体系的研究和历史的研究，而且不适当地对立起来，很容易引人走向反历史主义的道路。他把声音和听觉映象分割开来，以语言意识代替了语言，歪曲地把语言归结为心理现象。对于这些错误的理论，我想以后另作专文批判讨论，但在这里我们不能不指出：索绪尔对于一般语言学，尤其在方法论的探索上却有一定的贡献。兹维金采夫曾经正确地指出："德·索绪尔提出了许多语言学上的新问题，在语言研究上发现了许多重要方面，促进了对于语言特点的深刻了解。但是在他的学说上有不少内在的矛盾。"[①] 索绪尔在《一般语言学教程》中提供了一些非常一般的和基本的原则。其中最主要的原则就是：第一，语言是一个体系，应该作为一个体系来研究；第二，语言体系的研究在语言存在的一定时期内不应以语言历史的研究替代；第三，语言研究的对象必须是语言而不是其他任何东西。三四十年来，这些原则成为方法论探索的基础，而且也给予了20世纪的一般语言学以很大的影响。斯铁布林－卡勉斯基（М·Н·Стеблин-Каменский）说过："因此，可以毫不夸大地说，从索绪尔对语言学发展的影响上看，恐怕语言学史没有一个学者可以和他相比。"[②] 我们所以把索绪尔认为是一般语言学的奠基人，不是没有理由的。

1950年斯大林发表了《马克思主义与语言学问题》。斯大林的这一著作不特揭露了马尔的"语言新学说"的庸俗唯物论和非科学的性质，而且同时也批判了资产阶级语言学家的唯心主义。对于语言的本质，语言与思维，语言的起源和发展，语言的融合等等问题，斯大林都作了原则性的指导、科学性的阐明和经典式的解决。我们可以毫不迟疑地说，斯大林的著作奠定了马克思主义语言学的基础，确定了今后语言科学发展方向，并且标志着一般语言学发展的新阶段的开始。

四、一般语言学的对象与任务

我们在上面已经提到过，一般语言学是以语言的一般性、共同性作为

---

① 兹维金采夫：《19—20世纪语言学说史选集》（俄文本），第225页。

② 斯铁布林－卡勉斯基：《关于结构主义的几点意见》，《中国语文》1957年8月。

研究对象的。这种一般性究竟存在在哪里呢？我们不能设想：在听得到或看得到的语言之外还存在着一般的语言。列宁在《谈谈辩证法问题》里指导我们："个别一定与一般相联而存在。一般只能在个别中存在，只能通过个别而存在，任何个别（不论怎样）都是一般，任何一般都是个别的（一部分，或一方面，或本质），任何一般只是大致地包括一切个别事物。任何个别都不能完全地列入一般之中等等。"[①] 列宁的这一科学规定，在我们的语言研究范围内，也是完全适合的。一般语言学不能单凭个别的、具体的语言研究的成果而成立，但是离开了个别的、具体的语言研究成果，也就不会有什么一般语言学。

在普通叫做"语言"的一词里，有两种含义：一种是指作为人类的一般的可能性的言语活动。另一种是在特定的条件下被实现了出来的语言。法兰西人把前者叫做 langage（语言活动），把后者叫做 langue（语言）。

可能性本来是潜在的东西。我们只能在实现中去捉摸它。语言活动（langage）是可以作为概念来理会的，但并不是可以凭感官感知的。我们在各种个别的、特殊的语言里，看到了人类言语活动的实现，因此离开了各个特殊的、个别的语言学，就不会有一般语言学。这样看来，特殊语言学对一般语言学的关系不是外延的，而是内涵的。可是要想在个别的、特殊的单一语言中看出了语言的具体而微的小宇宙，那也是不可能的。任何一个个别的、特殊的语言仅仅分有语言的一般性的一部分罢了。

我们在这里还应该附带说明一下，有人认为，语言活动（langage）是抽象的东西，而语言（langue）才是具体的。我们认为这种看法是不很正确的。放在我们的直观前面的，只是整个的语言，那既不是单独的语言活动，

---

① 列宁：《哲学笔记》，人民出版社 1956 年版，第 363 页。

也不是单独的语言。那可以说是同时兼有双方的。倘把这整个的语言，看成单独的语言活动或单独的语言，那都应该说是抽象行为。

从上面的叙述中我们可以看出，在具体语言里都存在着个别和一般的辩证的统一。一般语言学也就是以个别与一般相结合的各个具体语言中的一般性作为研究对象的。一般语言学者要从个别的语言的静态研究、历史研究和各个语族的历史比较研究的成果中建立起一般理论，复又回过来用这些一般理论来指导个别的语言的静态研究、历史研究和各个语族的历史比较研究。

有人把语言研究“分为个别的（演绎的）和综合的（归纳的）研究”。[①] 所谓个别的研究是指个别语言的静态研究和历史研究，而综合的研究却是指一般语言学。这种把演绎法和归纳法对立起来的说法是有问题的，而且个别的研究并不一定以演绎法为主，而一般语言学也未必完全专用归纳法。

我们从归纳法和演绎法的相互关系出发，可以把全部自然科学和社会科学，按照它们本身的方法，分为归纳分析占优势的科学和演绎分析占优势的科学。例如植物学和动物学在科学里是属于前者的，而物理学却是以后一种分析方法占优势的科学。

我们也可以使用上述的方法来说明在发展过程中的一些科学的不同阶段。正如科学的历史所证明的那样，就科学发展的低级阶段来说，那是以归纳方法作为特征的，但当科学发展到更高的阶段的时候，演绎分析便占了统治的地位。

在语言科学的历史上成为新阶段的、20 世纪的结构主义语言学的方法，

---

① 彭楚南：《谈谈语言学》，《中国语文》1957 年 1 月。

与传统语言学的归纳法相对立，是以演绎法占统治地位为特征的。[①]

结构主义用演绎法研究语言，并规定了一些一般原理。这些一般原理是否经得起具体语言事实的检验，是否全无缺点？我不想在这里评述。作为综合的、理论的研究的一般语言学，自索绪尔以来，已经逐渐地向着以演绎分析占优势的方面发展了。把个别的语言研究看作是演绎的，把综合的语言研究看作是归纳的，那是毫无科学根据的说法。

也许会有人提出这样的疑问：建立在语言的一般理论上的个别的语言的语法体系，是否能站得稳固呢？是否会像沙滩上的建筑一样呢？这倒不能不看一看所根据的一般理论的情况了。假如建立在本身不健全的一般理论（例如叶斯柏森的三品学说）的基础上，那无疑是站不住的。可是射程较远的、正确的理论（例如谢尔巴院士的音位理论、语法理论等）一定会对于我们汉语语法体系的建立和汉语音位的研究，都有很大的启发和帮助。

现在让我们来谈一谈一般语言学的任务。索绪尔在《一般语言学教程》中曾提出了语言学的三项任务：（1）对所有一切能接触到的语言，进行记述，并编辑那些语言的历史，进一步编辑各语族的历史，更在可能范围内拟测各语族的祖语；（2）寻求在一切语言中恒常地、普遍地起作用的力，并引导出能把语言史上的一切特殊现象都归结在里面的一般规律来；（3）限定语言学的范围，并对语言学本身下定义。

索绪尔所提出的这几项任务，当然也是现今的一般语言学的努力方向。作为和个别语言的静态研究相并行的一般语言学，首先应该在理论上探寻一些足以指导个别语言的静态分析的原理和方法。另一方面，作为和语言史相并行的一般语言学，也应该首先建立起足以指导编辑语言史的理论。

---

① 邵勉：《论结构主义语言学的本质》，《语言学论文选择》第 5 辑，中华书局 1958 年版。

在这门年轻的一般语言学中，辽阔的园地正期待着我们语言工作者今后的辛勤劳动和开发。

自1950年以来，全国语言学界掀起了学习斯大林的语言学著作的高潮。我们在语法方面也展开了热烈的讨论。语法学家也检查了以往自己的研究方法的错误，并确定了今后建立语法体系的正确方向。我们也翻译和介绍了一些有关一般语言理论的著作。1955年，教育部和中国文字改革委员会召开了文字改革会议，中国科学院哲学社会科学部又举行了现代汉语规范问题的学术会议。八年来，在党的正确领导下，我国语言学界呈现出空前的活跃。在这大跃进的时代里，在全国语言工作者的共同努力下，一般语言学的研究将会有显著的进步，那是可以断言的。汉语史的研究，汉语的静态研究，也将随着一般语言学的进展，向前迈进。在不久的将来，汉语研究的成果一定会丰富世界语言学，也一定会对一般语言学作出应有的贡献。

｜第三编｜

语言言语论

评索绪尔的语言和言语的区分*

一、索绪尔简介

索绪尔（Ferdinand De Saussure，1857—1913），原是法国人，家庭因宗教上受迫害逃亡去瑞士，他就在瑞士长大。中学读完后，进日内瓦大学（1875），一年后去莱比锡大学学习语言学，1878 年去柏林大学。1880 年又回莱比锡大学考博士学位。1881 年到 1890 年任教于巴黎高等研究学院，1891 年到 1913 年在日内瓦大学教书。1878 年当他 21 岁时，发表《印欧语元音的原始体系》论文，有许多创见，震动了当时的语言学界。早期和青年语法学派接近，教历史比较语言学。1906 年起在日内瓦讲授一般语言学，开过三次课，讲稿还在修订当中，他就去世了。1916 年，由他的学生巴利和薛施蔼等整理成书。索绪尔的《一般语言学教程》虽然有不少矛盾，但提出许多极有意义的问题，他的学说给欧美语言学很大的影响。他是结构主义语言学的先驱者和奠基人。《一般语言学教程》原是讲稿，语言鲜明生动，比喻丰富，说服力强，这也是造成极大影响的原因之一。索绪尔的观点以涂尔干（E.Durkheim）的社会学为基础，有唯心主义的东西，但他关于语言的许多论述则是正确的。

二、语言、言语和言语活动

索绪尔使用语言、言语和言语活动三个术语。我们先从日常用语来考察几个不同的概念。

---

* 原文载于《语法论稿》，江苏教育出版社 1990 年版，第 161—169 页。

法语 langage，言语活动，指人类说话的能力；langue，指一个社会、国家、民族共通的作为交际工具的语言；parole，个人的话，指以语言作为材料，传达个人思想感情的话，个人行使言语活动的能力所用的话。

英语里只有 language，相当于法语 langue，即语言；speech，可以包括法语 langage 和 parole 两种意思，可以有 human speech，my speech。

汉语关于语言的概念很多。相当于 langage 的有"言"，"石不能言"，"鹦鹉能言"，都指人类的言语能力。也用"语"一个字，"千载琵琶作胡语"，近于 langue。现代汉语里用"话"，和 langue 一致，指社会、团体语言的总称，如常讲"中国话"。又有"你的话""我的话"，含有 speech 或 parole 之意。古代汉语的"言"，"相对而言"，也是指 speech 和 parole。这三个概念在日常用语里常是混用的。

索绪尔是在日常用语基础上，再进行加工的。他作了这样的规定：

langue，语言，是一个社会内部用以互通声气、思想的声音手段。也就是说，语言是这些手段所构成的整个的体系，是一个特定的社会的历史产物，是客观存在的文化材料。语言以人的头脑中储存着的印象总和的形式在集体中存在着。好像一部词典，有相同的许多册数，分派给每个人去使用。

parole，言语，包括生理、心理活动，严格地说言语属于个人。在言语里，没有什么是集体的，它的表现是个人的，暂时的。言语是依赖个人意志组合的，也依赖与个人意志有关的发音作用去进行。

langage，言语活动，使语言、言语统一起来。语言是社会的产物，是物。言语是个人的行为，暂时的，是事。物永存，事一瞬间就变成过去。语言的物是静止的，只是材料，言语的事，表情达意则是动的，有了行为。言语活动把语言和言语的矛盾统一起来，语言的静的材料在言语里活动起来。所谓孤立的词，实在就是索绪尔的语言的词，到实际言语活动中就成了运用中的词，一般的和个别的统一起来。这样说来，言语活动就是说话。说话要通过说，说指能力而言是人类共有的。说的是话，是社会共有的材料。言语活动就专指运用语言材料，按个人表情达意来进行。索绪尔学派的定义是，言语活动指以说话者用分节（articulation）声音把意识内容传达给听话者一事为目的的活动。

索绪尔在区分这三个概念时，他的目的是认清语言学的研究对象，是为了确定语言学的对象这一要求而提出的。索绪尔讲过，区分语言和言语是为了辨清主要和从属、本质和偶然。在言语活动中，言语甚至是暂时的，不能作为研究对象，剩下来唯一的对象就是作为社会的、本质的、主要的语言。

索绪尔认为语言是同质的，单纯的，不是混质的。索绪尔把语言的最小单位叫记号（signe），说语言是一个记号体系。作为一个单位的记号可以分成两部分：一叫能记（signifiant），一叫所记（signifié）。（岑麒祥译为“表示者”“被表示者”。也有人译为“能记者”“所记者”，这个“者”不必要。还有一种译法：表达手段，表达内容）从常识讲，能记即声音，所记即意义。

索绪尔认为语言存在于说这个语言的社会团体的头脑里，是在集团的各个成员的头脑里。所谓同质，也指这种心理的同质。头脑并无声音，能记在头脑里不是声音本身，而是在头脑里记存下来的这个声音的听觉映象。一个词，听许多人讲了，这个声音在脑子里留下了听觉映象，是集团共同的映象，也即记号里的能记部分。所记是头脑中看到事物而反映的概念，也就是意义。记号包括听觉映象，也包括概念，都是意识的、心理的，所以叫它同质的，不混质。这种构成记号体系的语言，才是语言学的研究对象。索绪尔在这里排斥了声音，只把听觉映象作为能记。如果他把声音作为能记，就不是心理的，而是社会的了。他就差这一步，只把声音归于言语，说言语是个人的。他只承认语言由社会集团形成，是集体意识的产物，因而只有听觉映象。

三、区分语言、言语和言语活动的必要性和可能性

苏联契科巴瓦认为纯粹属于个人的言语客观上不存在，把不存在的东西虚构起来加以区分是不可能的，也是没有必要的。国内有些学者对此也作了这样的批评。

我认为，索绪尔要从混质的言语活动中认清语言，这是正确的，必要的。他把语言和言语对立起来是错误的。索绪尔说的纯粹属于个人的言语究竟是否存在，当然可以再研究，但作出这样的区分是完全必要的，有重要意义的，只是区分的方法有些毛病罢了。契科巴瓦和一些学者的批评显得过于含混，没有把正确的和错误的区别开来。

索绪尔不当之处究竟在哪里呢？首先可以指出，索绪尔把语言和大脑联系起来，说语言和大脑有关，这一点是唯物的。但他把实际音响归于言语，以听觉映象来代替物质的实际音响作为能记，认为声音和能记无关，这样就取消了语言的物质性，又回到唯心主义观点里去了。索绪尔自己也处在自相矛盾的地位；他一方面说记号的能记、所记都是心理的；而另一方面又认为语言是社会集团的交际工具。如果说语言是心理的，凭什么作为交际工具呢？他认为语言是表达观念的记号体系，存在于社会心理之中。那么又凭什么东西把心理的能记、所记取来表达观念呢？这就是他讲不通的地方。

为了认清语言学以语言为研究对象，从言语活动中区分语言和言语是完全必要的，但是不能把个人的言语和社会的语言对立起来。纯粹的个人的言语是不存在的，我们不承认有个人的言语的存在，即使有的话，也不会被人理解，它已经失去言语的资格。索绪尔不注意一般和个别的统一关

系，把一般和个别完全对立起来了。

索绪尔区分出来的语言是所谓心理意识中的语言，并不是客观存在的物质语言本身，不是在言语活动中具有物质外壳的语言。他在区分中的主要错误就是以存在于意识中的语言，即心理的东西，替代实际的语言。

索绪尔的区分已经是二十世纪初的事，但我觉得至今还有积极的意义。尽管这个问题在国际学术界还有一些争论，在我们国内也有争论，但这一区分在语言学理论发展上的贡献还是一致肯定的。

语言没有阶级性，在五十年代以后已成为定论。言语有没有阶级性呢？不少人认为言语是有阶级性的，问题还正在争论。高名凯在《文风笔谈》(《中国语文》1958 年 5 月）和一篇自我批判（《中国语文》1958 年 10 月）中提出言语有阶级性的论点。这是现实性的问题，也是争论的焦点。

苏联斯米尔尼茨基在《语言存在的客观性》一文中批评了索绪尔关于语言、言语的区分（见《语言学论文选译》第五辑）。在用词上，法语三分：langage，言语活动；langue，语言；parole，言语。英语二分：language，语言；speech，言语活动，言语。俄语也是二分的。斯米尔尼茨基一再声明，他讲的言语，指索绪尔的 langage，即言语活动。高名凯以为这种言语有阶级性，他可能是把言语和言语活动混淆了，把斯米尔尼茨基讲的言语（即索绪尔讲的言语活动）看作有阶级性的了。

斯米尔尼茨基认为语言和言语事实上有很大的区别，所以有区分的必要。索绪尔是把语言和言语对立起来的，斯米尔尼茨基也指出这一点。他赞成在混质多样的言语活动中，提炼出语言来。他的所谓语言是实际生活中的语言，言语活动中的语言，并非索绪尔那种存在于意识中的语言，这一点完全不同。

斯米尔尼茨基又把言语活动抽出语言以后的剩余部分叫作超语言的剩

余部分。他解释说超语言的剩余部分可以分为两部分：个人因素，如个人发音的特点、口吃、个人的误解、词的掌握不当等；也有社会因素，如社会公认的诗歌韵律等。这种超语言的剩余部分也不是索绪尔讲的纯粹个人的言语，二者并无共同之处。

斯米尔尼茨基认为在一定领域里产生的，运用语言所产生的具体产物，叫作言语作品。这种言语作品并不是索绪尔的纯粹个人的言语，而是离不开语言的，是运用语言所获得的结果。言语作品可能有阶级性，是上层建筑的东西，一部分反映思想立场的作品当然如此。虽然运用的语言材料是一样的，但运用语言材料表达一定的内容却可能有思想立场。不过，言语却不能说有阶级性。语言是一个形式，语言所表达的思想内容才是有阶级性的。形式和内容固然不可分割，但不能相互替代，它们之间还是有区别的。作为材料，图画的线条、形式，没有阶级性，形成了图画、作品，就可能有阶级性。语言是文学作品的材料，没有阶级性。纯粹属于作家个人的语言是不会有的，作品中的语言材料大体上属于社会，属于作家个人创造出来的还是少的。所有作品里运用着的都是语言里重复出现的语言单位，作家有的是个人的思想感情。同样，音符是一种媒材，没有阶级性，而音乐作品可以有阶级性。高名凯批评索绪尔把语言和言语对立起来，但他自己也把语言和言语对立起来，说一个没有阶级性，一个有阶级性，这不是自相矛盾了吗？形式和内容是统一的，但不能说形式等于内容。“夸张”这个词并无阶级性，但用来表达一定的思想感情，这思想感情本身可能有阶级性。

四、语言的知识和语言本身

人类能够思维，在于具有语言的知识（也可以叫语言意识），如大脑的词库里收储着许多词和各种词的搭配模式等。学了外语，如果长久不用就会逐渐淡忘，放到潜在意识里去。语言知识是来自实践的，是我们对实际语言的知识。索绪尔把社会集团个人脑中的语言意识看作是唯一存在的语言，而丢开了实际的语言。他认为语言知识是唯一存在物，实际语言反而由语言知识得来，这是本末倒置的。

不承认有个人的纯粹的言语，那末索绪尔所说的语言是否存在呢？对于概念与听觉映像的联合（索绪尔认为都是心理的），我们认为都是活的语言的影子。不能否认这种语言确实存在，因为这种联合而成的语言并非幻想，它是有物质基础的。索绪尔认为当这种语言通过生理发声的机构实现出来，已经不是语言，而是个人的言语。语言存在于脑子里，实现出来只是个人的言语。他不承认在个人言语中有语言，不了解在言语活动中的个人言语里有语言存在，不了解一般和个别的统一，把社会的和个人的对立起来。

脑子里的语言在言语活动中实现出来时是否会纯粹属于个人呢？“我有一本书”，有五个单位，反复出现在不同的个人言语里。这种反复出现的共同的东西是属于语言的，可以说是语言的东西实现于言语，不能说是纯粹个人的言语。所以索绪尔注意到的语言是实际语言留在人们意识中的痕迹或反映，是存在于意识里的人们对语言的知识，而不是语言本身。索绪尔的语言是活的语言的影子，这样看是对的。

语言本身又在哪里呢？语言本身存在于言语活动中，即存在于语言的交流之中。没有言语活动中的语言，人们的意识里也就不会有语言意识的存在。意识中的语言来自言语活动中的语言，言语活动中的语言才是语言的真正存在物。语言只有在言语活动中才能得到滋养和发展，研究语言也只有把语言放到言语活动中去观察、检验。所以巴利说：“言语活动是语言的澡盆，语言在言语活动中得到滋养。”

实际音响又怎样看呢？言语活动是通过实际音响得以进行的，实际音响自应属于语言。但是索绪尔把实际音响也归于个人的言语。由于通过个人发出来的音响千差万别，索绪尔对语音学的看法就认为是语言学的辅助学科，不属于语言学的一个部门。在这里，也可以再次看到索绪尔对语言一般与言语个别的关系是割裂开来的。语言的实际音响不是以个人为主的，尽管生理发声出于个人，但起到语音作用的实际音响是以共同的语言为主的。索绪尔连这一点也排斥了。

在个人的意识中实际音响在意义的形成上具有重要作用。意义是事物现象、关系的现象经过个别的反映进行概括而成的，这种概括并不是个人去进行的，而是在社会的影响下进行的。社会就依靠实际音响来影响我们，也就是说，是通过语言的物质方面即音响来影响我们的，没有实际音响头脑中的共同意义就不会存在。

再说，语言不单是为了交流。实际音响又把社会积累的经验（当然是连同概念、意义）传授给每个人，这种抽象能力也是靠语言得来的。“根”这个音响，它和意义的结合物，对于“绳子”“粉笔”“铅丝”等有一定长度的都可以用上去，凭这个词可以去掌握这个经验。这是我们民族过去的经验传授下来的。“一张纸”“一张桌子”都用“张”，又是另外的经验。这都是抽象的经验，概括的经验。因此，意义的形成，社会性的共同意义，完全是靠着实际音响才得以实现的。大脑中形成起来的意义不能归于个人的心理现象，而是一种社会现象，不过是在个人的心理上反复出现罢了。

至此，我们可以归结一下。索绪尔的错误是取消了语言的物质性，把实际音响看作个人言语的东西。他又把意识中的语言看作是第一性的，即把存在于个人头脑中的语言知识看作是语言。他认为在个人言语活动里实现出来的言语，已通过个人生理机构，是暂时的、非本质的，而把头脑中的语言意识看作是本质的、主要的。这里的本末倒置，一般与个别的对立，未能辩证地统一起来也是极为明显的。

索绪尔的这种错误观点来自涂尔干的社会学说。那种社会学说只承认社会意识，以此代替社会存在。结果索绪尔就只承认语言意识，不承认语言的存在。

语言与言语问题讨论的现阶段*

一

自 1959 年 5 月，施文涛同志和我在《南京大学论坛》上发表了一篇《言语有阶级性吗？》的文章以后，到了现在，已经有足足两年了。高名凯先生曾经在 1960 年的《中国语文》第 1、2 期上发表一篇《论语言与言语》的反驳文字。一年多来，关于语言和言语问题的讨论展开了。有许多同志参加了这一讨论。在《中国语文》《学术月刊》《文汇报》等刊物上，都刊载了讨论这一问题的文字。我生了一场大病，卧病在床，未能参加讨论，这实在是一桩憾事。这两个月来，我曾经把各位先生发表的文章细细阅读一过，从那里面我得到了很多的启发和助益，也纠正了我以往的一些错误看法。概括地说，这些文章可以归结为下列三种不同的意见：

第一种意见主张区分语言和言语，但不承认言语有阶级性。（由方光焘、施文涛提出）

第二种意见主张区分语言和言语并断定言语有阶级性。（由高名凯、戚雨村、吴在扬、田茹等提出）

第三种意见反对区分语言和言语，也不承认言语有阶级性。（由李振麟、董达武提出）

应当指出，即在这三种主张的内部，各人的见解也不尽相同。例如，在第二种意见中，戚、吴两人认为有些言语作品没有阶级性，而田茹先生却认为一切言语作品都有阶级性。

---

* 原文载于《江海学刊》1961 年第 7 期。

在百家争鸣、展开讨论的过程中，意见的分歧并不是可怕的事。重要的问题却在于参加讨论的各方，应该怎样虚心地来对待和自己不同的意见。“百家争鸣”应该以寻求真理为目的，争鸣决不是争胜。假如我们粗暴地把对方的意见都看作是“无的放矢”或者认为“落了空”，那还有什么辩论可言呢？我们更不应该抓住对方的片言只语，加以讥讽揶揄，因为这可能是争胜心情的流露，而和寻求真理的争鸣精神是背道而驰的。

二

有些人认为，语言、言语讨论到了现阶段，似乎已陷入到名词、术语用法的争论中去，再也无法深入展开了。我以为这样的看法不一定很正确。事实上，言语有没有阶级性这一问题决不是单纯的术语用法的不同，而是对事实的看法的分歧。在学术讨论的过程中，参加争鸣的人，对于共同使用的名词术语的内容各个加以明确的规定，使得大家能有大体一致的理解，这决不是概念之争，而是使辩论深入必经的步骤。也许有人认为，各人对共同使用的术语，各个抱有不同的理解，因而也就各个作出不同的规定。这样一来，不但不能使辩论深入，反而把问题搅得更加混乱了。我认为，这种顾虑是多余的。一个术语的内容究竟规定得正确与否，那完全要看能否和客观实际相符合。单凭一己的主观来规定名词术语的内容，非特不能为人们所接受，而且也经不起事实的考验。参加争鸣的人对共同使用的名词术语内容，提出了各人的规定来互相商讨，以求得大体一致的理解，这并不是坏事，而是有利于展开辩论解决问题的措施。当然，学术问题的讨论不应急于求解决，急于下结论，可是，参加讨论的人也决不可以放弃追求真理的精神和从分歧走向统一的应有努力。只要我们能抓住关键性问题，不谈枝枝节节，不流于繁琐，我相信，语言、言语问题的讨论一定可以得到较为圆满的结论。那末，究竟有哪些关键性的问题呢？现在姑且照我个人的观察，先提出下列四个问题来谈一谈。

第一，术语问题。

在语言、言语问题的辩论过程中，各人对共同使用的名词术语，显然抱有不完全相同的理解，其中距离较大的是：言语、言语作品、超语言的剩余部分和风格、风格学等。

首先，我们不妨先看一看各人对“言语”一词的规定吧。高名凯先生认为，言语要包括“言语行为”和“言语作品”两方面，但在下“言语”的定义时，他认为要把“言语活动”这一含义也包括在内。田茹先生却有不同的主张。他说：“……我们所说的言语是作为人们使用语言的产物而存在的，它并不包括人们使用语言的过程这种行为本身。”① 我们在《言语有阶级性吗？》一文里仅仅把“言语”一词局限在言语作品的表达形式方面。② 对“言语”这一术语的含义，目前已经有了这样三种广狭不同的规定。我认为这三种分歧的意见似乎都与主张区分语言和言语的斯米尔尼茨基的解释有些关系。在《语言存在的客观性》一文里，斯米尔尼茨基曾经对“言语”这一术语提出广狭不同的三种解释。他首先认为他所指的言语是相当于索绪尔的 langage（言语活动）。他说：“——在传达德·索绪尔的体系时，‘言语’（речь）是指他说的 parole，而我们这儿所用的‘言语’（речь）指的则是另外一种东西，大致相当于德·索绪尔所谓的 langage。”③ 有些人把索绪尔的 langage 译作“言语行为”这是不很恰当的。langage 是一个很广泛的概

① 田茹：《有关语言和言语的几个问题》，《中国语文》1961 年 2 月；并见《语言和言语问题讨论集》，上海教育出版社 1963 年版，第 104 页。

② 方光焘、施文涛：《言语有阶级性吗？》，《南京大学论坛》1959 年第 4 期；并见《语言和言语问题讨论集》。

③ 斯米尔尼茨基：《语言存在的客观性》，《语言学论文选译》第 5 辑，中华书局 1958 年版，第 121 页。

念，它所指的是“言语器官发出的一定声音与一定意义内容的有规律的结合”。我们认为把 lanage 译作言语（广义的）或言语活动，都要比“言语行为”来得更切合一些。斯米尔尼茨基同时又把言语解释成言语活动的结果——言语作品。他说：“从语言和言语作品（就是本文中所规定的那种意义下的言语）之间的这些关系来看，应该认为整个的具体句子（由一定的单词所组成而又具有一定结构方式的句子）是言语单位而不是语言单位，因为这些句子都是在某种程度上完整而又独立的言语作品。”最后斯米尔尼茨基又把“言语”规定为“言语作品中的言语”。他说：“……因为各种言语作品中的言语是研究语言的原始材料，而语言则是从材料中精选出来的真正的研究对象。”[①] 所谓各种言语作品中的言语，显然不是指言语作品的思想内容，而是指表达思想内容的表达形式。这样看来，言语一词本来就具有几方面的互相关联的含义。正如《苏联大百科全书》的《言语》条下所指出的那样，言语是言语活动，又是这一活动的产物的总和，即由言语单位（句子）所组成的语言材料，同时言语也包括语言体系。人们在言语活动时必须遵守语言规范。这些规范的总和构成了语言体系。[②] 分歧的意见可能是由于各人所强调的方面不同而产生的。有人认为，言语一词倘从广义的解释，当然包括言语作品在内，那就不能不有阶级性。倘从狭义的解释，“言语”既然是包括在言语作品中，它仅仅是表达思想内容的表达方式，就不能有阶级性。这是一个解决争端的调和折中的办法。可是，问题却并不因此而得到令人满意的解决。我们要问：是不是一切言语作品都有阶级性呢？言语作品之所以有阶级性，是不是因为作品的思想意识和作品所反

① 斯米尔尼茨基：《语言存在的客观性》，《语言学论文选译》第 5 辑，中华书局 1958 年版，第 125—127 页。

② 《语言学译丛》1960 年第 2 期。

映的立场观点有阶级性呢？言语的表达形式究竟有没有阶级性呢？这一系列的问题只有深入地展开讨论，才能获得圆满的解答。

其次，让我们再来看一看言语作品的含义吧。言语作品这一术语也是斯米尔尼茨基提出的。他显然把言语作品一词用在两种广狭不同的意义里，他说："在这一切场合中，相应的言语作品（就上例来说，是句子）所表达的思想，可能属于不同的生活领域，但是这些言语作品都得由语言组成，……"[①] 由语言组成的相应的言语作品是用以表达思想的而不是思想本身，假如我们把被表达的思想作为内容来看，那末，用以表达思想内容的言语作品可以不可以被理解为表达形式呢？斯米尔尼茨基在《英语句法学》里曾经说过："虽然句子通常以个别的言语行为的形式出现，但我们必须把句子和与之相应的言语行为严格地区别开来。"[②] 这里他不是明白地指出了句子（按即言语作品）是言语行为的形式吗？他认为，"任何言语作品都具有一定的组成和结构，至于说出和理解言语作品的过程本身：具体的时间、条件、人等等，都并不构成言语作品本身的特征，这也就是为什么在不同的言语行为中它们仍然不失为同一言语作品的缘故（因为复呈言语作品时，它的组成和结构并不发生任何变化）。"[③] 这样看来，出现在不同的言语行为中由语言组成的同一言语作品，难道不是那些言语行为的形式吗？作为不同的言语行为的表达形式的同一的言语作品究竟是不是也有阶级性的呢？这是值得今后展开讨论的问题。斯米尔尼茨基在另一方面却又把言语作品这个词当作思想内容和表达形式相结合的整体来使用的。他说："但是言语作品（此地指具体的句子）都是有所为而发，表达一定的思想内容，它们

① 斯米尔尼茨基：《语言存在的客观性》，《语言学论文选译》第5辑，第124页。

② 斯米尔尼茨基：《语言和言语》，《语言学译丛》1960年第2期。

③ 斯米尔尼茨基：《语言和言语》，《语言学译丛》1960年第2期。

对不同的阶级往往并不是一视同仁的；言语作品中表达了某阶级的利害和观点，某阶级的思想意识，所以很多言语作品（重点是我加的——焘）本身都属于社会的某种上层建筑。”[①] 引文中最后的“言语作品”一词显然不是单指形式而是把思想意识内容也包括在内的，属于社会的某种上层建筑的某些言语作品，无疑的是具有阶级性的，斯米尔尼茨基把这些言语作品归入到超语言的剩余部分中去，而断定它们是超出于语言范围之外的语言的附加物。这些言语作品之所以被列入上层建筑，究竟是不是因为它们所表达的思想意识、所反映的观点、立场具有阶级性呢？我们能不能说，属于上层建筑的言语作品的表达形式具有阶级性呢？所谓超出于语言范围之外的语言的附加物，究竟是不是指内容，指被表达的思想意识和观点立场呢？我们能不能说运用语言的言语作品的表现形式是超出于语言范围之外的语言的附加物呢？我认为，斯米尔尼茨基所说的与“言语”这一概念相等的言语作品，决不是列入超语言的剩余部分之内的某些属于上层建筑的言语作品，而是那些可以出现于不同的言语行为中的同一的言语作品，也就是那些“作为言语行为的形式”的句子，也就是“过去和现在所创造出来的、反复使用着的各种产物的总和”。这是我个人对斯米尔尼茨基所使用的言语作品一词的理解，很可能对他的原意有误解或歪曲的地方，希望读者批评和指正。

再次，让我们来谈一谈“超语言的剩余部分”这一个比较难懂的术语吧。我们在《言语有阶级性吗？》一文里曾经说过：“斯米尔尼茨基对‘超语言的剩余部分’个人因素的说明，也都是有关语言的表达方式，与个人的思想和世界观无关的，所以也不可能有阶级性。”我们应该承认这段话是错误

---

① 斯米尔尼茨基：《语言存在的客观性》，《语言学论文选译》第5辑，中华书局1958年版，第126页。

的，斯米尔尼茨基明明把某些属于上层建筑的言语作品列入在“超语言的剩余部分”之内，我们怎么能说“超语言的剩余部分”与个人的思想和世界观无关呢？现在我们虽然承认超语言的剩余部分包含着具有阶级性的某些言语作品，但是我们依旧不能同意言语有阶级性的说法，主张言语有阶级性的人们认为，言语既然包括超语言的剩余部分在内，而超语言的剩余部分又包含有某些属于上层建筑的言语作品，那末言语有阶级性的论断似乎是很自然的，而且也合乎逻辑的。这样的推论却不能使我们心服，我认为这一结论仅仅是从表面推究出来的，主张言语有阶级性的人们并没有对超语言的剩余部分的实质加以分析研究。斯米尔尼茨基明白地指出，超语言的剩余部分是超出于语言范围之外的，是语言的附加物。作为语言的附加物的超语言的剩余部分，虽然包括在言语之内，但对言语来说，也不应该是本质的东西，因为言语是语言的运用，而且也是语言现象。我们怎么能够用非本质的东西，来规定言语的本质的属性呢？主张言语有阶级性的人们似乎对超语言的剩余部分的实质有重新加以考虑的必要。言语与超语言的剩余部分的关系怎样？语言与言语的相互关系又怎样？在下言语有阶级性的结论之前，我们还应该对这些问题作出明确的解答。

最后，我们应该把“风格”这一术语的内容规定一下，同时我们也得把风格学的性质和对象提出来讨论一下。在讨论言语有没有阶级性问题的文章里，人们喜欢牵涉到风格和风格学的问题，甚至有人以风格有阶级性作为论据，来证明言语有阶级性。风格究竟是什么？这是很不容易回答的问题。有一句常常被人引用的布封（Buffon）的名言：“风格就是本人。”在阶级社会里，人既具有阶级性，当然风格也无疑地具有阶级性。可是作为术语的风格却含有两种广狭不同的意义。在文艺学里，风格——这是作品的一切要素的统一体。这是表现在作家的整个创作中的思想艺术特点的统一体。这里也包括思想、主题、性格、结构和语言。但在语言学里，风格一词却用在较为狭窄的意义上。维诺格拉多夫院士认为："作家的文学艺术风格，就是对于一定的世界观的表达手段体系。这一术语也常常被语言学家用在更为广泛的意义上，是用来表明文学语言的文体（政论体、公文体等）的。"[①] 在语言、言语问题讨论中所牵涉到的风格应该是狭义的，是一定世界观的表达手段体系，是文体分类所涉及的言语风格。柯尔尊曾经指出："语言学中认为风格就是指某人的语言的特点而言，这些特点包括句子的构造和表达思想的形式。"[②] 那末，语言学中所研究的风格究竟有没有阶级性呢？这是很不容易回答的问题。我认为叶菲莫夫的看法很可以供我们作参考。他说："作家的风格不是属于上层建筑或阶级性质的现象之列的。风格，也就是作家惯用的表达手法，按语言手段（词汇、成语、句子结构及其应用规范）的构成来说，是全民性的，没有阶级性的，但是它依然没有摆脱被各个阶级理解得各不相同的一些专门词和专门语汇的某种异味。我们不能把作家赖以表现自己的世界观的那些专门成分（这种成分在语言中不足百分之一）的作用加以夸大，并宣称作家所运用的全部语言手段都是阶级范畴。"[③] 我们不知道田茹先生能不能同意这种看法。他认为："言语风格是人们使用语言的作风和技巧的综合表现。因此，言语风格问题就不仅仅是语言问题，它与人们的思想、立场都有直接关系，风格的特征是直接由言语表现出来的。"[④] 田茹先生虽然没有明白说出风格有阶级性的话，但他企图从言语有阶级性的判断中，得出风格有阶级性的结论，那是很明显的。对于言语风格这一术语，我们究竟应该怎样来理解呢？田茹先生的定义似

---

① 转引自叶菲莫夫：《论文艺作品的语言》，时代出版社 1958 年版，第 74 页。

② 柯尔尊：《文艺学概论》，高等教育出版社 1959 年版，第 178 页。

③ ［苏］叶菲莫夫：《论文艺作品的语言》，时代出版社 1958 年版，第 78 页。

④ 田茹：《有关语言和言语的几个问题》，《中国语文》1961 年 2 月；并见《语言和言语问题讨论集》，第 115 页。

乎与维诺格拉多夫的理解有出入。维诺格拉多夫把现代语言中的功能风格规定为“言语风格气”，同时写道：“风格是社会所意识的、在功能上被制约的、内部相结合的、在某一全民的、全民族的语言范围内运用、选择、组合语言交际手段的方法的总和，它和该人民的言语社会实践中服务于另外的目的、实现另外的功能的那些表达方法相互关联着。”[①] 正如田茹先生所指出的那样，言语风格与人们的思想、立场有直接关系，但风格毕竟还是运用、选择、组合语言交际手段的方法的总和而不是思想、立场本身。我们对于这一点应该特别加以注意。为了阐明风格学的性质和研究对象，让我们来把风格学（stylistique）和修辞学（rhétorique）作一比较吧。两者虽然都研究语言的表现手段，但修辞学是一种规范科学，而风格学却是一种记述科学，修辞学一方面从文学家、语言大师的文章中概括出用词造句的典范，教人怎样写；另一方面又制定一些戒律，教人不要那样写；而风格学的对象却是研究语言的功能风格的体系。修辞学谈文体，所谈的是简洁体和细致体，刚健体和优美体，朴实体和华丽体，等等；而风格学所谈的文体却是具有不同功能的政论体、公文体、科学体、文学体等等。修辞学的目的在于教人写好文章；而风格学的目的却在于发现表达手段和被表达的内容的关系。田茹先生既然把言语风格解释为“人们使用语言的作风和技巧的综合表现”，他也就很自然地把风格学的任务规定为“指引人们树立良好的语言的作风，掌握使用语言的技巧”。田茹先生心目中的风格学似乎是和传统的修辞学（rhétorique）相同。也许这样的风格学更合乎目前我国语文教学的需要，可是我总认为，作为记述科学的风格学在语言学中也应该有它的一席之地。

---

① ［苏］维诺格拉多夫：《风格学问题讨论的总结》，苏旋等译，《语言风格与风格学论文选译》，科学出版社 1960 年版，第 159 页。

第二，“使用语言的阶级性”问题。

自从王德春先生发表了《语言的全民性和使用语言的阶级性》一文后[①]，有些参加语言、言语讨论的人也就根据使用语言的阶级性的说法，来证明言语有阶级性。关于这个问题，李振麟、董达武两先生曾经提出正确的批评。他们指出：“所谓使用语言有阶级性，是指使用语言的人的立场和观点的阶级性呢？还是指语言被使用之后就变成为有阶级性了呢？如果是前者，那是没有问题的，……如果是后者，那就有问题了。如前所述，在人类社会当中，不为人们所使用的语言是不存在的。”[②] 言语是语言的具体运用（或使用），这是为主张区分语言和言语的人所共同接受的说法。可是在这里却存在着这样一些问题：语言被使用之后，进入言语中去，这些语言要素是不是会发生变化的呢？如果是不变的话，那末言语又是从什么地方产生出来的呢？高名凯先生认为：“……语言被利用之后并没有变成有阶级性的，也没有变成言语……”[③] 我们真不明白，高先生所指的言语究竟是什么？究竟是从什么地方产生出来的呢？这些问题，我想留在下面再作进一步的讨论，现在就不多说了。

第三，“语言和言语的关系是不是一般和个别的关系”问题。

我们曾经在前述的文章里，说过这样一句话：“我们从具体的千差万别的言语中抽象和概括出语言来，也就可以把什么是一般的，什么是个别的区别开来了。”无疑地我们在这句话里肯定了语言和言语的关系是一般和

---

① 王德春：《语言的全民性和使用语言的阶级性》，《解放日报》1959 年 12 月 28 日。

② 李振麟、董达武：《关于语言和言语的若干问题》，《学术月刊》1961 年 1 月；并见《语言和言语问题讨论集》第 83 页。

③ 高名凯：《再论语言和言语》，《中国语文》1961 年 3 月，并见《语言和言语问题讨论集》，第 142 页。

个别的关系。对于这一点，许多参加讨论的人都提出了批评和指责。我们虽然细心地阅读了各位先生的意见，可是却仍然认为这一论点并没有什么错误。有一点，我们应该在这里声明一下，我们是在承认语言存在在言语里的前提下，在反对把语言和言语相对立的条件下，肯定了语言和言语的关系是一般和个别的关系的。我们也从来没有说语言是“纯粹的一般”，言语是“纯粹的个别”。我们更没有把语言和言语的关系，看成为理论与实践的关系。语言是言语的一个主要组成部分，而且也贯串在言语的各个方面，语言决不是言语的总和，因为语言和言语的关系是质的而不是量的。从个别的言语的共性中，抽象概括出一般的语言，而个别的具体的言语并不能完全归到一般的语言中去，因为在具体的言语里存在着非语言的东西。列宁说过：“个别一定与一般相联而存在，一般只能在个别中存在，只能通过个别而存在，任何个别（不论怎样）都是一般。任何一般都是个别的（一部分，或一方面，或本质）。任何一般只是大致地包括一切个别事物。任何个别都不能完全地列入一般之中等等。”[①] 语言和言语的关系也正是这样。在这里我们也应该附带声明一句：我们的主张，决不是新创而是重复一些语言学家的旧说。让我首先引一段比较长的阿赫曼诺娃（О.С. Ахманова）的话吧。她在批评资产阶级语言学者叶尔姆斯列夫时说：“唯心主义者把‘语言’，说成是常体的系统，与作为变体成样本的罗列的‘言语’相对立〔语言在这些变体或样本中得以‘实现’或‘物质化’，语言在言语之前并且不依赖于言语而在观念中存在，也就是说，不依赖于在这个语言中是否存在着某种言语表达（текст）〕就让唯心主义的这种说法去歪曲问题的真相吧，因为实际上只有‘文句’（текст）、实际存在的言语表达，实际变体之整个总和才真是第一性的，本源的，而各种变体之所以存在也就是因为这些变

① 列宁：《哲学笔记》，人民出版社 1956 年版，第 363 页。

体是在言语之中，在人们用语言来交际时被一再反复地再现出来。作为一般东西的常体是不可能在各变体之前、在各个别的东西之前存在的，个别一定与一般相联而存在。一般只能在个别中存在，只能通过个别而存在。”①

在《苏联大百科全书》《语言》条下，她写得更加明白：“语言以不同的形式存在，它不是抽象的东西，不是所有变体的总和，而是现实的统一体，是个别中的一般。”② 罗马尼亚语言学家格拉乌尔（A-Graur）院士对于个别和一般的问题也曾说过这样一段话：“无论如何，我们不能把个人完全撇开，因为社会的语言本身就是一种抽象，要在个人的说话当中才能找到它的具体实现。事实上，集体的语言不过是各个不同的个人言语中的一个平均数罢了。”③ 我们并不想引用两位语言学家的话来替我们的主张辩护。我们仅仅想证明，我们的意见并不是凭空捏造出来的。也许我们对于上面所引的几段话理解得不够，或者有所歪曲，我们希望参加讨论的人，能尊重和自己不同的意见，能对个别与一般这一问题再加以考虑。对于田茹先生的批评，我们有一些不同的看法，想留待下面再答复。

第四，语言、直语与思维、思想的关系问题。

有些苏联的哲学家如沃斯特里科夫、高尔斯基（Д.п.Горский）等都认为语言与思维的关系是形式与内容关系，可是他们并不区分语言与言语。他们所指的语言，当然包括言语在内。1956年出版的《语言与思维》一书里，高名凯先生曾经说过“……因为语言是思想的表达形式……”的话。④ 那时，高先生并没有主张区分语言和言语。在1960年出版的《语法理论》一

① ［苏］阿赫曼诺娃：《论语言学范畴的“同形”概念》，《语言学论文选译》第6辑，第124—125页。

② ［苏］阿赫曼诺娃：《语言》，《语言学译丛》1960年第2期。

③ ［罗］格拉乌尔：《个别与一般——偶然与必然》，《在华学术演讲集》，第14页。

④ 高名凯：《语言与思维》，三联书店1956年版，第49页。

书里，高先生依旧抱着这样的见解。他说："从语言与思维的关系来说，语言是'语言·思维'这个统一体的形式，思维是这个统一体的内容。"[①] 可是，这时候高先生已经主张区分语言和言语了。苏联心理学家比留科夫虽然也主张区分语言和言语，但他却说："言语和语言都是思维的手段和形式。"[②] 主张区分语言和言语的苏联心理学家鲁宾斯坦（С.Л. Рубинштейна）却认为语言和思维的关系并不是形式和内容的关系。他说："如果在这种情况下认为思维可归结为语言的内容，也就是说，归结为词的意义，而把思想的形式归结为语言、语言形式，并据此而断言语言与思维的统一就如同形式和内容一样，这也是不正确的。思维具有自己的形式——逻辑形式，而语言有自己的内容——词义，词的规定的意义……" 鲁宾斯坦对言语和思想的看法又是怎样的呢？在同一篇文章里，他说过这样一句话："对于具有言语形式外衣的思想认识活动与表达这种思想的言语本身和文句的活动是有区别的。"[③] 我们能不能从这一句话里断定鲁宾斯坦认为言语与思想的关系是形式与内容的关系呢？在下言语有阶级性的结论之前，我们应该深入地考虑一下言语与思维的关系问题。言语与思想虽然是不可分割地紧密结合着，可是两者究竟是不是同一物呢？尽管某些作品的思想意识有阶级性，我们能不能因此就断定表达思想意识的言语也有阶级性呢？这些都是值得深入展开讨论的问题。

---

① 高名凯：《语法理论》，商务印书馆 1960 年版，第 120 页。

② ［苏］比留科夫：《根据斯大林同志关于语言学问题的著作，看巴甫洛夫关于第一与第二信号系统相互作用的学说》，《巴甫洛夫关于两种信号系统的学说》，科学出版社 1956 年版，第 73 页。

③ ［苏］鲁宾斯坦：《论语言、言语和思维的问题》，《语言学译丛》1959 年第 1 期。

三

上面曾经说过，从参加讨论的各位先生的文章里，我获得了很多的启发和教益，可是对各位先生的某些论点和主张，也抱有一些我个人的不同的看法。我不想在这篇短文里把所有不同的意见都写出来。现在首先提出几个和各位先生的看法距离较大的问题来谈一谈，希望各位先生批评和指正。

第一，有没有区分语言和言语的必要？

李振麟、董达武两先生曾经在他们的论文里，把一些意见不尽相同的甚至于相反的人，都归并到区分语言、言语论者这一名称下面，再加以批评，被批评的人，看了文章，不知道李、董两先生的话是否指他，也就很难接受两位先生的宝贵意见。其实所谓主张“区分语言、言语论者”都是根据斯米尔尼茨基的文章立论的。假如李、董两先生对于区分语言、言语的总原则有意见，为什么不正面地对斯米尔尼茨基的论点提出批评呢？是不是在总原则上，李、董两先生并没有不同的意见，而他们所反对的却是区分语言、言语论者的一些个别的看法呢？他们承认语言和语言活动的区别，曾经说过：“差别（按即语言和语言活动的差别——焘）是存在的。因此，语言学不仅可以而且应当同时进行语言和语言活动的研究。”他们也明白指出：他们反对把语言活动叫作言语活动，反对把语言活动和语言看成为本质不同的两种社会现象。[①] 为什么他们要反对把语言活动叫作言语活动呢？他们深怕一旦把语言活动叫作言语活动，就得承认“言语”。一承认“言语”这一术语就会陷入到言语有阶级性的陷阱中去，这种顾虑似乎是多余的。我们尽管承认语言和言语的区分，我们却仍然可以反对言语有阶级性，

---

① 李振麟、董达武：《关于语言和言语的若干问题》，《学术月刊》1961 年 1 月；并见《语言和言语问题讨论集》，第 70 页。

反对言语和语言是本质不同的两种社会现象的说法。语言和言语的区分究竟有没有必要？究竟有没有现实的意义？我想这些问题也是存在在没有参加论战的读者们的心里的。我就在这里谈一谈我个人的看法。首先应该指出，语言和言语的这种区别完全是属于语言学范围或科学范围之内的事。在汉语日常用语里，语言和言语究竟有没有区别？这个问题似乎与规定科学术语没有直接的关系。尽管现代汉语的“语言”和“言语”两个词是多义性的，可是我们却可以依靠上下文来理解语言、言语的种种不同的含义。谁都懂得“你的话很有道理”的“话”（言语）和“他说上海话”的“话”（语言）的分别。为了科学研究的方便，科学术语却不容许有多义性。在语言学范围内，语言和言语的区别也可以说是适应这种迫切要求而产生的。那末，语言和言语的区别究竟有哪些现实意义呢？让我在语言学范围内简单扼要地提出下列的五点回答：

（一）区分语言和言语有助于认清语言学所研究的真正对象——语言。

（二）区分语言和言语有助于理解斯大林指出的语言和上层建筑的根本区别。

（三）区分语言和言语有助于理解语言和言语的相互关系和语言存在的客观性。

（四）区分语言和言语有助于理解作为表达形式的言语和被表达的思想意识内容间的关系。

（五）区分语言和言语有助于认清风格学的研究对象和风格学是不是语言学的一个部门。

其次，我们还应该指出：在解决逻辑和语法的相互关系问题时，也必须估计到语言和言语的这种区别。最后，在心理学、生理学范围内，语言和言语的区别也是正确理解巴甫洛夫关于第二信号系统的学说的必要条件。

第二，能不能划分语言科学和言语科学?

主张区分语言和言语的张世禄先生在《文汇报》上更进一步地提出了划分语言科学和言语科学的论断。他说："由于语言和言语具有不同的本质特点，所以它们可以而且应该成为不同的研究对象。语言科学的研究对象是语音系统和词汇、语法等，是关于语言这种工具的结构和性能，言语科学的研究对象是修辞、风格和文章作法等，是关于人们运用来表达意思的方式和手段。"[①] 张先生竟把语言和言语看成为两种具有不同的本质特点的东西，而使它们对立了起来。这种说法是很容易堕入到唯心主义里去的。德·索绪尔不也是把语言（langue）和言语（parole）对立起来的吗？德·索绪尔不也是主张划分"语言"的语言学（linguistique de la langue）和"言语"用的语言学（linguistique de la parole）的吗？主张划分语言科学和言语科学的张先生会不会走上德·索绪尔的老路去呢？张先生应该提高警惕。最使我怀疑的，是张先生的语言科学和言语科学的研究对象不同的说法。真的，只有语言科学的研究对象才是语言，而言语科学的研究对象只是言语吗？我们既然承认语言存在于言语中，那末，离开了言语或言语作品，我们又到哪里去找语言科学的研究对象呢？张先生的回答可能是这样：语言科学的研究对象虽然是语言，我们却不妨从言语或言语作品中去找语言。是的，我们可以从言语作品中提炼出语言来。但我们不能不问，修辞学不也是从各种言语作品中，去找语言的修辞手段的总和吗？风格学不也是从各种言语作品中，去发现语言的功能风格的体系吗？为什么我们又要把修辞学、风格学划入言语科学中去呢？张先生指出，语音系统的研究是属于语言科学的范围，可是张先生却没有告诉我们，语音的研究是不是属于言语科学？

---

① 张世禄：《一定要把语言和言语分开来》，载《文汇报》1961 年 2 月 25 日；并见《语言和言语问题讨论集》，第 131 页。

实验语音学是不是语言科学？作为音位的变体的音品（语音）是不是存在在言语里呢？作为声音类型的音位是不是存在在语言里呢？主张划分语言科学和言语科学的张先生也许在语音问题上就很难自圆其说了。

第三，言语活动有没有阶级性？

戚雨村、吴在扬两位先生曾经在《学术月刊》上发表的论文里，提出言语活动有阶级性的看法。他们认为，在使用言语的过程中，即在言语活动中，人们必须“严格遵守约定俗成的习惯”。但同时他们却又从《青春之歌》里举出卢嘉川、江华和余永泽的“话不投机”作为事例来证明言语活动有阶级性。[①] 当卢嘉川和余永泽见面的时候，他们说着现代汉语也严格遵守着约定俗成的习惯，为什么他们会感到“话不投机”呢？“话不投机”是和言语活动有关的吗？是单纯的言语问题吗？对于这一点，我们参加讨论的人应该再加以考虑。所谓“话不投机”难道不是思想不对头吗？林道静和余永泽在恋爱的时候，不是说得很“投机”的吗？林道静的思想有了转变，也就对余永泽感到“话不投机”了。言语和思想虽然是不可分割地紧密结合着，但毕竟不是同一物。我们认为话是用来表达思想的，用来反映观点、立场的。可是“话”（言语），并不是思想意识本身，也不是观点、立场本身。我们怎么能够把表现者（言语）和被表现者（思想意识）混为一谈呢？

第四，我们应该怎样来理解语言和言语的关系？

田茹先生不承认语言和言语的关系是一般和个别的关系，他说：“语言有语言的一般和个别，言语也有言语的一般和个别。”[②] 这样的说法很容易使人们认为语言和言语是风马牛不相及的、了无关系的两件东西。田茹先

① 戚雨村、吴在扬：《语言、言语及其相互关系》，《学术月刊》1961年1月；并见《语言和言语问题讨论集》，第97页。

② 田茹：《有关语言和言语的几个问题》，《中国语文》1961年2月；并见《语言和言语问题讨论集》，第114、112页。

生曾经明白指出："语言之所以能够成为人们的交际工具，而有其存在的价值，正是由于它是被人们反复使用着的，它以言语的原材料身份而存在于言语中。"试问："以言语的原材料身份而存在于言语中"的语言究竟是语言的一般呢，还是语言的个别呢？在言语作品中被反复使用着的语言，对言语来说，究竟是一般的东西呢，还是个别的东西呢？作为交际工具的语言，假如对言语来说，不是一般的东西，那么千差万别的言语作品又怎么能够被人们互相了解呢？田茹先生所说的语言有语言的一般和个别这句话还是可以理解的。我们知道，语言学所研究的是人类的语言，但是全人类统一的、一般的语言并不存在，存在着的是汉语、俄语、朝鲜语、日语、英语、法语以及其他个别的、具体的语言。所谓人类的语言，所谓"语言的一般"实在就是从这些具体的、个别的语言中抽象概括出来的一个概念。可是问题不应该停止在这里，我们要进一步研究一下具体的、个别的语言——例如汉语究竟存在在哪里呢？汉语一方面应该是存在于汉民族的各个成员说的言语（也就是田茹先生所说的言语作品）里，但另一方面汉语也应该是从汉民族的各个成员说的言语中抽象概括出来的。我们从汉语和说汉语的各个成员的言语中间看出了语言和言语的一般和个别的关系。田茹先生所说的言语有言语的一般和个别却很难理解。言语的一般所指的究竟是什么？我们不知道，从千差万别的言语（也就是田茹先生的言语作品）中怎样才能概括出言语的一般来呢？我们究竟从什么角度去概括呢？如果从语言的角度去概括的话。那末，概括出来的不是语言又是什么呢？

第五，高名凯先生和我们的主要分歧点究竟在哪里？

对于言语作品的表达形式的不同理解是高先生和我们的主要分歧点。高先生认为："……言语不过是对语言的使用或用语言要素所构造的作品，被使用的语言要素不过是作为言语作品的形式部分存在于言语之中罢了。"

他又说，“言语是语言要素和思想内容的结合物。”① 现在让我们用图式来指出我们之间的分歧吧。

根据高先生的话，我们得出下列的图式：

言语（=言语作品）$\begin{cases}\text{思想内容}\\ \text{表达形式……语言要素}\end{cases}$

倘按照我们的理解，就可以用下列的图式来表示：

言语作品 $\begin{cases}\text{思想内容}\\ \text{表达形式……言语}\end{cases}$

言语不是语言变来的吗？语言要素进入言语作品中，仍然是语言要素吗？我们不能同意高先生的说法。我们认为语言要素进入言语作品之后一定会发生变化的。姑且以现代汉语的“我”这一个词为例吧。作为一个词（语言要素）的“我”，并没有主格、宾格的区别，但一旦进入言语作品中，例如在“我打你”和“你打我”里，“我”这一个语言要素就发生了变化，就有了主语、宾语的区别了。从这一个实例中，可以看到语言要素一进入言语作品中，就不是原来的语言要素，却已变成表达思想内容的“言语形式外衣”了。高先生认为，存在于言语作品中，作为形式部分的语言要素是没有阶级性的。为什么从语言要素变来的，作为言语作品的表达形式的言语，就会有阶级性呢？

高先生似乎也承认，语言要素进入言语作品中是要起变化的。他说：“……并且，即使人们的言语组合所用的都是语言要素，这言语的组合也已经不是语言，因为它已经是语言要素的化合物，而不是语言的化合物了。”② 这

① 高名凯：《再论语言和言语》，《中国语文》1961 年 3 月；并见《语言和言语问题讨论集》，第 142—143 页。

② 高名凯：《论语言与言语》（下），《中国语文》1960 年 2 月；并见《语言和言语问题讨论集》，第 29 页。

种语言要素的化合物，是不是也作为言语作品的形式部分存在于言语中的呢？语言要素的化合物究竟有没有阶级性呢？高先生却没有明白告诉我们。

上面所说的分歧点仅仅是问题的一个方面。高先生和我们所争论的问题似乎还要复杂得多，高先生一方面承认存在于言语作品中的语言要素没有阶级性，但另一方面他又说："人们在使用语言时对语言要素所进行的选择可以具有阶级的烙印。"① 诚然，在全民语言里有一些赖以反映作家的世界观的专门成分。我们知道这些专门成分的数量并不多。高先生似乎不应该夸大那些成分的作用，而把作品的全部语言手段也都认为是有阶级性的。

高先生的最后一道防线是"言语方言"，这是高先生所创造的新词。他对这个新词曾经作过这样的解释："我们不妨创造一个术语来说明言语中的这种特殊的表达形式的系统，管它叫作'言语方言'（discurslect——'方言'的意思本来指的就是语言变体），包括个人的言语表达形式的系统（即霍尔所说的'个人方言'）和社会公认的言语风格的表达形式的系统产。"② 个人的表达形式系统究竟是什么？究竟是怎样构成的？高先生并没有举出实例来说明，我们也就无从判断，高先生举出了两种不同的言语风格的表达形式系统的实例。他认为我国古代的公文尺牍的表达形式系统是所有写公文尺牍的人都要运用的，所以没有阶级性。另一个言语风格的表达形式系统的实例是八股文。高先生认为八股文的表达形式系统是具有阶级性质的，我们不能接受高先生这样的说法。八股文之所以有阶级性是因为八股文所表达的思想意识和所反映的观点、立场有阶级性。作为表达形式系统的八股文究竟有没有阶级性呢？这是一个值得今后展开讨论的问题。高先生在

① 高名凯：《再论语言和言语》，《中国语文》1961 年 3 月；并见《语言和言语问题讨论集》，第 144 页。

② 高名凯：《论语言与言语》（下），《中国语文》1960 年 2 月；并见《语言和言语问题讨论集，第 32—33 页。

下八股文有阶级性的结论之前，似乎应该再深入一步地把作为表达形式系统的八股文的形式细细分析一下。

为了进一步展开语言、言语问题的讨论，我在前面曾经分析了现阶段的情况，并提出几个关键性的问题和我个人的一些不成熟的看法。在阅读有关文件和参加讨论的过程中，我深深体会到自己对于马克思主义哲学原理和毛泽东思想钻研得很不够。看问题常常停滞在表面，而且往往带有主观性、片面性。今后必须加强对马克思列宁主义和毛泽东思想的学习，要学会用辩证唯物主义的观点分析问题和解决问题。

在今后的讨论过程中，我们首先应该注意区分语言和言语的同时，要把两者联系起来。

其次，我们不要忘记言语一方面是语言的具体运用，但同时语言又是从言语中提炼出来的。

再次，我们必须承认思想内容和表达形式是不可分割的，但也应该记得两者并不是同一物。

最后，语言是宣传工具，同时又是交际工具，片面地强调任何一方面都是不对的，我们应该注意两方面的紧密结合。

语言与言语问题答客问 *

关于语言与言语问题，国内语言学界自1959年展开了讨论后，到现在已经有三年半了，许多同志对这一问题都表示了极大的关心和兴趣。近两年来，我有机会向上海、杭州、合肥等地的语言学界同志们提出了我个人对语言、言语问题的一些不成熟的看法，也和同志们交换了意见。同志们对我所提的论点，提出许多疑问和不同的意见，这许多意见和疑问对我来说，都是有极大的启发和帮助的。我打算在这里把同志们提出的问题概括为五个，对每个问题，根据我个人的不成熟的看法，作一些解答，希望能得到同志们的批评和指正。

一

有些同志问：语言和言语的关系，是否就是工具和工具的使用之间的关系？如果是的话，那末，作为一种工具、武器的语言本身正和飞机大炮一样，是没有阶级性的，但使用语言的言语则如人们使用飞机大炮这件事一样，是不是应该具有一定的阶级性的呢？

我们认为，把语言和言语，比作工具和工具的使用，那是不完全恰当的。

首先，谁都同意言语是语言的使用的说法。可是作为语言使用解的言语所指的应该是一种遣词造句的活动或过程，而不是言语行为的目的，也不是言语行为的产物——言语作品。尽管言语行为的目的和言语作品的思

* 原文载于《合肥师范学院学报》1962年第2期，后编入《语言和言语问题讨论集》。这是在安徽合肥师范学院举行的座谈会上的发言。现在根据黄景欣同志当时的记录，加以修改，草成此篇，希望能得到语言学界的同志们的批评和指正。光焘附记。

想内容可能具有一定的阶级性，但作为活动、过程看的言语却并没有阶级性。

提这个问题的同志们，似乎只承认语言是工具而忽略了言语也是工具这一事实。他们把语言和言语对立起来，认为两者是不同性质的社会现象。其实，这是一个很大的误解。这些同志虽然都读过斯米尔尼茨基的《语言存在的客观性》，但对他所说的一句话，却没有予以足够的注意，他正确地指出："……言语不等于语言，因为言语不但是交际工具，而且又是这种工具的应用过程，……"[①]（重点是我加的——泰）这难道不是斯米尔尼茨基肯定言语也是交际工具的明证吗？语言和言语既然同是交际工具，我们怎么能把这两者对立起来呢？我们怎么能说，语言是没有阶级性的，而言语却具有阶级性呢？没有具有一定意义内容的言语，人们的思想内容也就无法被表达出来。显然，思想内容是被表现者，而言语则是表现者。有些同志把表现者和被表现者混为一谈，才会抹杀了言语的工具性，才会得出言语有阶级性的结论。

我们严格地把言语和言语行为、言语行为的目的区别开来。有些同志似乎很难接受这样的区分。他们认为，言语就是言语行为，而一切言语行为都有一定的目的，因此也就具有一定的阶级性。这种误解，显然是由于没有区分言语行为和表达形式而产生出来的。斯米尔尼茨基在《英语句法学》的一章里曾经说过："虽然句子通常以个别言语行为的形式出现，但我们必须把句子和与之相应的言语行为严格地区别开来。"[②]这句话说明了两点：第一，句子是言语行为的形式；第二，必须严格地把句子和言语行为区别

① ［苏］斯米尔尼茨基：《语言存在的客观性》，《语言学论文选译》第5辑，第120页。

② 斯米尔尼茨基：《语言和言语》，《语言学译丛》1960年第2期。

开来。那末，句子究竟是什么呢？按照斯米尔尼茨基的说法，句子就是言语的单位。这样看来，言语这一概念所指的应该是言语行为的表达形式而不是言语行为本身，更不是言语行为的目的。作为语言学术语的言语，毕竟是语言现象，它是原材料，只有从它里面才能概括出语言来。假如言语这一术语所指的是言语行为，那末，我们就无法从具有千差万别的目的的言语行为中，去抽象出语言来了。主张言语有阶级性的同志们似乎应该对这一点再加以考虑。

让我们在这里先来谈一谈言语和言语作品的关系吧。斯米尔尼茨基所提出的言语作品这一术语显然具有广狭不同的两种含义；前面已经指出，斯米尔尼茨基认为，句子是个别言语行为的形式，而最基本的言语作品就是句子。那末，狭义的言语作品也只能被解释为言语行为的形式了。这样的言语作品，已经把那些不能构成言语作品本身的特征的具体的时间、条件、人等等都舍弃去了。仅仅具有一定意义内容的言语作品，只有在成为个别的言语行为的形式时，在和具体的时间、条件、人等等相结合时，才能表达一定的思想内容，因而也可能具有一定的阶级性。必须指出，广义的言语作品之所以具有阶级性是根源于思想内容，作为表达形式的言语却并没有阶级性。有些同志不同意这种看法。他们认为，言语作品的表达形式是语言要素，而言语是和思想内容分不开的，因此就具有阶级性。这种论断显然包含着两重误解：第一，他们把言语和思想内容混为一谈；第二，语言要素只是构成言语作品的材料而不是言语作品的形式。只有语言要素的组合才是言语作品的表达形式。我们认为，言语就是这种语言要素的组合。主张言语有阶级性的同志们似乎在形式与内容的关系上还得再加考虑。

最后，我们应该谈一谈作为工具的语言的特殊性质。作为交际工具的语言跟一般工具不同，它同时是构成言语作品的材料，飞机大炮虽然被人们当作工具来使用，可是人们从没有把飞机大炮作为材料来造成新的东西。

这是语言的一个不容忽视的特征。高尔基曾经说过，语言是“文学的第一要素，是它的基本的工具”；但同时他也指出：“文学的根本材料是语言——是给我们一切印象、感情、思想等以形态的语言……文学是借语言来雕塑描写的艺术。”[①] 主张言语有阶级性的同志们却似乎对语言这一工具的特殊性质，未能予以足够的注意。

从上面的阐述中，我们可以清楚地看出，把使用语言和使用飞机大炮等同起来是很不恰当的。这些同志们是不是只看到言语是语言的使用的一面，而忽视了言语同时是工具的一面呢？他们是不是只看到语言是工具的一面，而忘记了语言同时是材料的一面呢？他们是不是因为言语行为的目的和思想内容的重要，就硬把目的和思想内容跟作为表达形式的言语混为一谈呢？这些问题，都是值得我们进一步加以研究的。

二

有些同志问：在讨论中，有人认为言语就是言语作品，而一切言语作品都是有阶级性的，因而言语必然也有阶级性。这种说法是否正确？

我们认为，简单地把言语说成就是言语作品，是不正确的；同时，简单地说一切言语作品都有阶级性，也是不正确的。

在以前发表的文章里，我曾经指出：言语这一术语有广狭不同的两种含义。广义的言语包括活动、过程、行为和作品等，而狭义的言语却是言语作品的表达形式。我们认为，无论就广义讲或就狭义讲，言语并不等于言语作品。同志们所提的问题的前一部分我没有什么新的意见可补充。值得详细谈谈的倒是后一部分，一切言语作品是否都有阶级性呢？

所谓“作品”，可以理解为以语言作材料构成的新产物。在讨论中，田

---

① 周杨编：《马克思主义与文艺》，解放出版社 1950 年版，第 118 页。

茹先生是一个极端派，他认为言语就是言语作品，而一切言语作品都是有阶级性的。[①] 朱星先生却和田茹先生不同，认为只是“有些”言语作品有阶级性，但也有另一些言语作品没有阶级性。[②] 朱先生是一个折中派。言语作品可能是一句句子，也可能是一段记载、一段说明，或者是一篇报告。一句句子也好，一段记载、一篇报告也好，假如在那里面看不出什么立场观点的话，我们就很难说这一言语作品有阶级性。在“今天星期三”“他是上海人”“我从南京来”等等句子里，我实在看不出什么阶级性来。一个几何定理、一段植物形态的记述，更不见得就表示一定的阶级性。我们认为，一切言语作品都有阶级性的提法，是不很恰当的。

我们虽然不同意一切言语作品都有阶级性的说法，我们仍然肯定某些言语作品是有阶级性的。现在让我们进一步追问一下：构成某些言语作品的阶级性的因素究竟是什么呢？这显然不是言语作品中作为表达形式的言语，而是它里面的思想内容。因为假如作为表达形式的言语有阶级性的话，那么一切言语作品都应该有阶级性，这是很显然的。

有些同志不同意这一点，他们坚持一切言语作品都有阶级性的主张。他们的理由是：一切言语作品，就其总的倾向来说，都是有阶级性的。例如田茹先生就说：“二加二等于四”等等就其“所反映出来的基本立场和观点”来说，都是有阶级性的。[③] 我们觉得，这种论证方法是很值得商榷的。任何科学的研究都应该有一个特定的范围，它必须在一定的前提下来研究

---

① 田茹：《有关语言和言语的几个问题》，《中国语文》1961年2月；又见《语言和言语问题讨论集》。

② 朱星：《论言语的阶级性》，《中国语文》1960年3月；又见《语言和言语问题讨论集》。

③ 田茹：《有关语言和言语的几个问题》，《中国语文》1961年2月；又见《语言和言语问题讨论集》。

某一客观对象，离开了这特定的前提，超出一定的范围，也就必然要超越出这一特定的科学部门。因此，在科学研究中，对任何问题都用推究到绝对的终极原因的办法来解决，那是很不恰当的。即以“人是有阶级性的”这一命题来说，那也不能把它抽象化或绝对化，因为它毕竟还要受“在阶级社会中”这一条件的限制，这也是很显然的。

在这里，我们想要问问：所谓“总的倾向”所指的是什么呢？当我们在语言学范围内讨论语言和言语问题时，我们必须承认这一重要前提：言语是语言现象。因此，超出语言现象之外的东西，也不应该是言语的。假如，某些同志所说的“总的倾向”是思想体系、观点、立场的话，那已经距离我们的前提太远，它们并不是言语本身，不是表现者，而是被表现者，因而也就超出了我们讨论的范围了。我们不能把非语言的，不属于言语的思想体系、立场、观点和言语混淆起来，更不能把它们当作我们语言学的研究对象。

这一点是很重要的，一切科学都要借助于语言、言语来表达一定的内容，各门科学的内容、“总的倾向”是不同的，但它们的表现形式却是相同的。我们语言学所关心的正是后者，而不是前者。我们一定要把范围划分清楚。

三

有些同志问：言语本身是否有独立的内部发展规律？它是否可作为独立的语言科学的研究对象？

关于这一问题，我在以前发表的两篇文章里，[①] 也曾谈到过。那时我是

---

① 参见《语言和言语问题讨论的现阶段》及《漫谈语言和言语问题》；又见《语言和言语问题讨论集》，上海教育出版社 1963 年版。

以修辞学为例来阐述我个人的看法的。现在我的基本论点并没有改变，所以也不想在这里重复。我觉得，我们应该提出来谈谈的倒是王德春先生在1962年3月发表了一篇题为《语言学的新对象和新学科》的文章。王先生在文章里主要地讨论到同志们提出的这一问题。这里我打算提出个人对这篇文章的一些不同意见和看法。

王德春先生在这篇文章中，没有明确提出“使用语言”这一短语要包括思想内容的主张。他仅仅指出：“语言学研究使用语言的规律和特点，并不直接涉及语言表达的思想内容。”[①] 在这一点上，王先生对他过去所坚持的，“使用语言的阶级性”的论点，似乎已经作了一定程度的修正。这是值得我们重视的。但是，在这里，他却又认为语言体系本身有自己的规律，这是语言学研究的对象；而与此并行地，还存在着“使用语言的规律”，是语言学的“新学科”的研究对象。实际上，我们应该不应该把语言体系的规律和语言使用的规律割裂开来，对立起来呢？这是值得商榷的问题。

首先，人们要问，语言体系本身的规律和使用语言的规律所指的究竟是什么？对于这一问题，在王先生的文章里我们却找不到充分明确的解答。在我们看来，使用语言是言语活动的过程。在过程中，贯穿着语言体系，语言体系也不外是从过程中概括出来的。事实上，脱离了使用语言，我们就找不到语言体系的规律；而且也只有在语言体系规律的存在的前提下，我们才能谈得上使用语言。举个实例来说吧。现代汉语的句子里的宾语，一般说来，大都放在动词的后面，这是现代汉语的一条规律。可是，这条规律究竟是语言体系的规律呢，抑或是使用语言的规律呢？倘若根据动前宾后的关系来看，这应该是使用语言的规律，因为前后的关系只能存在在过程中。可是，从另一面看，及物动词和宾语的出现的位置是不同的，是

① 均见《文汇报》1962年3月1日。

相对立的，因而两者的关系又是相互制约的。那末，这又应该是一条语言体系的规律了。我真不知道，我们有没有区分语言体系本身的规律和使用语言的规律的必要。王先生的这种区分究竟有没有科学的根据？究竟符合不符合语言事实？我实在不能不有些怀疑。参加语言、言语问题讨论的同志们大部分都承认“言语是语言的使用”的说法。现在我们不妨从语言和言语的相互关系的角度，来看一看区分语言体系的规律和使用语言的规律，究竟是否合理。我们在以前的文章里，曾经指出：语言和言语的关系是一般和个别的关系。使用语言——言语是过程、现象，个别，是本质存在和表现的形式。语言是体系、本质，一般是从过程中、使用中概括出来的。一般不是只能在个别中存在，只能通过个别而存在吗？本质不是只能在现象中表现自己吗？语言体系的规律又不是抽象的、静止的存在，那末，我们怎么能够离开使用语言，找到语言体系的规律呢？我们应该认清，规律并不是神秘莫测的东西，而是事物的内在的本质的联系，假如在使用语言中有规律可寻的话，那应该是语言的内在的本质的联系，试问这种内在的本质的联系不是语言体系本身的规律又是什么呢？我们认为区分使用语言的规律和语言体系本身的规律是不必要的，把使用语言的规律和语言体系本身的规律对立起来也是不合理的。

其次，我对王德春先生所提出的所谓“语言学的新学科”也很感到怀疑，修辞学应该说是语言学中一门很古老的学科。我国早在先秦典籍中就有一些有关修辞、风格的零星片断的言论，魏晋六朝以来又出现了许多有关修辞学、风格学和文章学的专论和著述。即在西欧，也早在古希腊时，亚里士多德就著有修辞学。这还能说是“新学科”吗？即以风格学、文体学而论，在西欧也不能说是崭新的；巴利和日内瓦学派所提出的以表现手段为研究对象的风格学，也有将近六十年的历史了，科学总是从实际需要中产生、发展起来的。因此，应用科学往往先于理论（或体系）的研究。这不论在西欧或者在我国，都是如此。我们认为，一切我国古代有关语言运用的研究，例如关于修辞、风格、文体、文章等等的论著，都是我们语言学的宝贵遗产。我们应该继承这份遗产，并加以发展。倘若不加珍惜地把它抛弃掉，却打算另建什么“新”学科，那是不很妥当的。

在这里，我们还应该重提一下罗姆切夫教授的发言，他正确地指出：语言和言语不是两种不同学科的不同对象。我们认为，这一意见是值得王德春先生和其他主张建立言语学科的先生们重视的。

这里，我想顺便谈一谈文风问题。目前，许多同志在解释毛主席的文风理论时，都毫无例外地把作品的思想内容包括在文风这一概念之内，并由此而推出文风有阶级性的结论。的确，毛主席在《反对党八股》里曾经说过：“要使革命精神获得发展，必须抛弃党八股，采取生动活泼新鲜有力的马克思列宁主义的文风。”[①] 同志们作这样的理解是有道理的，可是，这仅仅是问题的一面。据我们的理解，毛主席也有强调作品的表达形式的一面的话，他明确地提到过作为形式的文风可能同思想内容产生矛盾。例如，在为《合作社的政治工作》一文写的按语里，毛主席说：“本文作者懂得党的路线，他说得完全中肯。文字也好，使人一看就懂，没有党八股气。在这里要请读者注意，我们的许多同志，在写文章的时候，十分爱好党八股，不生动，不形象，使人看了头痛。……本书中所收的一百七十多篇文章，有不少篇是带有浓厚的党八股气的。经过几次修改，才使它们较为好读。虽然如此，还有少数作品仍然有些晦涩难懂，仅仅因为它们的内容重要，所以选录了。”[②]

显然，假如文风本身就包括思想内容，那么，这段话就很不容易理解

---

① 《毛泽东选集》第 3 卷，人民出版社 1991 年版，第 841 页。

② 《中国农村的社会主义高潮》下册，人民出版社 1956 年版，第 1134 页。

了。这里不是明白地告诉我们，有些文章重要、思想正确，但在文风上却带有浓厚的党八股气吗？这难道不是明显地表明，文风作为一种表现形式，也有它的相对的独立性吗？简单地把文风和思想内容等同起来，显然不合毛主席的原意。我们究竟应该怎样来全面地理解毛主席的文风理论，那是一个值得今后深入讨论的问题。

四

有些同志问：为什么说应该把言语作品中的意义内容和思想内容区别开来？这两者究竟有什么区别？

我们认为，言语作品中的意义内容和思想内容是有显著区别的。意义内容是说者、听者所共同的，客观存在的东西。说者在共同的意义内容的基础上表达出他个人在一定情况、条件下的独特的思想内容。听者也只能通过共同的意义内容，去理解说者的独特的思想内容。意义内容是属于言语作品的表达形式部分，而思想内容却是言语作品所要表达的东西。

关于这一问题，施文涛同志在他的文章中已有较详细的论述，[①] 我不打算在这里重复了。值得提一提的是，美国的语言学者弗里斯的一篇有关这一问题的论文，他的论述很可以供我们参考，弗里斯在一篇题名为《意义与语言分析》（Meaning and Linguistic Analysis）[②] 的论文里，把一般所说的“意义”分为三种：一是词汇意义，二是结构意义（即语法意义），三是社会、文化意义。他认为前两种意义是语言的意义，后一种则是非语言的意义。社会、文化意义，似乎不易理解，现在让我举一二实例来说明吧。在“巴拉

---

① 参阅施文涛：《论语言、言语和言语作品》，见《中国语文》1960年4月；又见《语言和言语问题讨论集》，第55—58页。

② 见 *Language* Vol. 30，1954。

斯跳过了1.84米高的横杆”的句子里，意义内容是很容易懂的，可是不熟悉运动界情况的人们就不会理解这一新闻的重要性。这是打破世界女子跳高的纪录的消息，这也就是弗里斯所说的社会、文化意义。假如我和我的小孩约定星期六带他去看电影。到了星期六，小孩一看见我回家，就对我说：“今天星期六！”这句话在旁人听来只懂得意义内容，却不知道小孩为什么要说这样一句话，而我却是懂得我小孩的用意的。弗里斯所指的社会、文化意义似乎也应该把我小孩的这种“用意”包括在内。这样看来，社会、文化意义是一个相当广泛的概念，和我所说的思想内容很相近似。言语作品中，言语的意义内容是在词汇意义和语法意义的基础上形成起来的，言语作品就凭借它的帮助来表达、暗示、反映和透露思想内容。那么，意义内容应该是表现者，而社会、文化意义（或思想内容）是言语作品所要表达的东西，也就是被表现者。要正确地理解某一言语作品的社会、文化意义，单单了解它的字面上的意义是不够的。关于这一点，我们曾经举过杜甫《北征》一诗中“凄凉大同殿，寂寞白兽闼”这两句的解释，作为例证，加以说明，同志们可以参阅一下。①

总之，我们认为，言语作品有内容和形式两个方面：思想内容（也即弗里斯所说的“社会、文化意义”）是作品的内容的一面；而意义内容则是作品的形式的构成部分。不消说形式和内容也不能截然分开，两者也都可以互相转化、互相推移；但我们决不能因此就把两者混淆起来，看作同一物。

五

有些同志问：言语有没有阶级性的问题的关键似乎就在于言语这一术

① 参阅方光焘：《漫谈语言和言语问题》。

语包括不包括思想内容，假如言语包括思想内容的话，那末，它就是有阶级性的；假如不包括思想内容，那就没有阶级性。那末，言语这一术语到底包括不包括思想内容呢？

是的，这确实是一个关键性问题。为了使问题显得更为突出，我们可以问：言语究竟应该不应该包括思想内容？这是不能单凭个人的主观来决定的。我们只能根据客观的必然性去规定术语的范围。有些同志认为，言语有没有阶级性的争论，是“两可之说”，是“无穷之辩”。这不能不说是一个很大的误解。其实，在规定术语范围的问题上，我们决不容许有模棱两可、折中调和的答案。同志们也许要问：决定术语的范围的客观必然性究竟是什么？这种必然性究竟存在在哪里？我们知道，术语不是孤立的存在，术语是处在相互联系、相互制约的术语体系中的。那末，我们所要找寻的客观必然性也可能存在在术语体系里，只能显现在术语体系的相互联系和相互制约中。有些同志却不从术语体系看问题，反而喜欢从日常用语的例句中，从言语一词的上下文里来推断，作出了言语有阶级性的结论，这是不很恰当的。术语并不与上下文发生联系，与术语发生联系的只是术语体系。例如“同化”这一术语，我们只要弄清楚它是属于民族学术语体系的，抑或是属于语音学术语体系的，我们就可以理解它的涵义和范围了。上面在回答第四个问题时，我们已经指出：思想内容（或社会、文化意义）是非语言的现象（或非语言的意义）。从术语体系来看，我们决不能把非语言的东西包括到言语这一术语里去。这是很显然的，现在我们想从术语体系的相互联系、相互制约方面，来阐明“言语”不应该包括思想内容的理论根据。

第一，假如说，作为语言的具体表现。语言的原材料的言语包含着思想内容的话，那末，从这种言语之中，怎么能概括出没有阶级性的语言来呢？这是不可理解的。

第二，假如言语包括思想内容的话，那末，言语就不应该是交际工具，就不应该是思想的形式外衣，因而也就不应该是语言现象。这显然违背了我们公认的言语是语言现象这一根本前提。这种非语言现象的“言语”，就不应该是语言学范围内所应采用的术语。

第三，反过来说，思想作为一个整体，它并不是语言的一部分，而是属于人们活动的某一领域的。但言语却完全是语言现象，是语言的具体表现，是语言的存在形式，它和语言的关系乃是个别和一般的关系。在这一前提下，言语就根本不可能包括思想内容。

在结束这篇发言的时候，还有几点我想顺便在这里声明一下：

第一，我虽然主张不把思想内容包括在“言语”这一术语里，可是我丝毫没有轻视思想内容的存心，更没有缩小思想内容的重要性的意图。语言也好，言语也好，毕竟都是交际工具，都是为思想内容服务的，没有要交流的思想内容，就不会产生语言这种工具，因而言语也就无法形成。可是语言学的研究对象却不是思想内容。承认思想内容的重要性是一回事，不把思想内容包括在“言语”里是另一回事。这两者之间，并不存在着矛盾或冲突。我们认为，语言学的首要任务就是弄清楚语言的内部结构。只有掌握语言内部结构的规律，我们才能使语言更好地为思想内容服务。

第二，我们虽然主张，语言学不以思想内容作为研究对象，但同时我们也坚决地反对，语言学可以脱离政治、语言学与社会主义建设无关的说法。语言学是社会科学，它决不是那些妄想脱离政治的人们的逃避所。也许有人要问：不管思想内容，只研究语言内部结构的语言学怎么能够为政治、为社会主义建设服务呢？让我们以现代汉语的内部结构研究为例，来答复这个问题吧。假如我国的语言学者能弄清楚现代汉语的内部结构，并且发现了现代汉语的内部结构的规律，这就可以帮助国内外学习汉语的人，更快地学会汉语，更正确地运用汉语。这难道是与政治无关的吗？这难道不是为社会主义建设服务吗？

第三，我们虽然主张语言学的对象不是思想内容，但同时我们承认语言是和思想内容不可分割的。语言究竟怎样地表达思想内容？语言结构和各种思想内容结构的关系又是怎样的？这些也都是语言学应该研究的问题。我们想把研究语言内部结构的语言学叫作微观语言学，而把研究语言和各种思想内容结构的关系的语言学叫作宏观语言学。只有在弄清楚语言内部结构和各种思想内容结构的基础上，宏观语言学的研究才能顺利进行。

从方法论来看，区分微观语言学和宏观语言学究竟是否合理？单从语言本身研究语言内部结构究竟是否可能？语言既然是历史的产物，那末，我们究竟能不能抛开历史进行静态的描写？这一系列的问题，虽然都很重要，但已经超出我们讨论的范围，所以我在这里也就不再多赘了。

漫谈语言和言语问题*

语言与言语是近年来我们语言学界争论最多的问题之一。关于这个问题的基本观点，已在《言语有阶级性吗？》和《语言与言语问题讨论的现阶段》两篇文章中陈述过。这里，为了使讨论更深入一步，我打算再提出几个具体问题谈谈，以供同志们参考，并希望同志们指正。

一

语言与言语的问题，到底是什么性质的问题？为什么要这样哓哓不休地展开辩论？它的实际意义何在？——关于这些问题，学术界的看法尚不大一致。据说，某些同志就把这一问题称之为“一字之差、两字颠倒”的问题，他们完全否认了问题的重要性。无疑地，这是因为不了解问题的实质而引起的一种误解，我们必须加以澄清。

在语言学研究中区分语言和言语，是20世纪现代语言学理论和方法论中极为重要的中心问题之一。随着现代科学技术的发展，20世纪的语言科学逐步走上了严密化的道路，这就促使语言学家在理论和方法论上，作出更多的探索，以便把语言学向严密化方面推进一步。区分语言和言语，以便从具体的、个别的言语中概括出一般的语言体系，这不仅在方法论上对语言科学的严密化有重大意义，而且在理论上也有助于解决语言科学的一系列重大问题。正因为如此，这一问题不仅在我国，即在国外向来也都受到语言学者的重视。

这一点，我们从国外的一些实际情况可以得到清楚的说明，自从德·索

* 原文载于《江海学刊》1962年第10期，后编入《语言和言语问题讨论集》。

绪尔严格地提出了言语活动（langage）中的语言（langue）和言语（parole）的区分之后，这一问题就一直成为语言学者们注意和讨论的中心之一，在他们里面，有赞成这种区分的，也有反对的。赞成的如法国的心理学家德拉古拉瓦，他在30年代就在素绪尔的基础上进一步提出区分言语活动（langage）、语言（langue）、言说（parler）和言语（parole）；[①] 波兰的语言学家多罗雪夫斯基（W.Doroszewski）则反对这种区分。1933年，英国的埃及学者卡尔狄诺（H.Gardiner）在罗马的国际语言学大会上，也曾就这一问题作了专题报告，他的题目就是《论语言和言语的区别》（The Distinction of "Speech" and "Language"）。在讨论他的报告时，丹麦的语言学者叶斯柏森认为这一区分很有意义，但恐怕难以贯彻，德国的语言学者奥多（E.Otto）则赞成这一区分。近年来，随着语言科学的迅速发展、特别是应用语言学的迅速发展，这一问题在国外得到普遍的重视。苏联的语言学者们不仅在他们新近的著作中对这一问题提出许多不同的见解，并且进行了专门的讨论。直到去年，《莫斯科大学学报》第4期（语文学和书志学部分）还发表了库兹涅佐夫和罗姆切夫（Т.П.Ломтев）的两篇发言。这些事实，都充分说明了这一问题在现代语言学上的重大意义。

必须指出，我们今天在语言学中讨论这一问题，仅仅是限于语言学意义上的"语言"和"言语"这两个术语所指的现象之间的差别和关系问题，而不是日常生活用语中的"语言"和"言语"两个词的区别问题。在汉语中，"语言"和"言语"这两个词在形式上确是"两字颠倒"，在日常用语中，也并没有什么重大的差别（除了"言语"一词也可用作动词之外），我们既可以说"言语不通"，也可以说"语言不通"，完全是一回事。这一点，周

① H. Delacroix：*Le langage et la pensée*，1930，Paris，pp.1—4.

建人先生曾经正确地指出过。[①] 我们完全同意周先生的意见。但是，在语言学上，作为科学上的术语，“语言”和“言语”则是同俄语的язык和речь、英语中的language和speech、法语中的langue和parole相对应的。它们所指称的现象是不是有区别的呢？如果有的话，这种区别的性质又是怎样的呢？这是我们所要讨论的问题。显然，在对待这一问题时，我们决不能从日常生活用语的角度来看待这两个术语，更不能从形式上简单地斥之为“两字颠倒”的问题，而必须实事求是地从客观现象出发来研究这一问题，这是最重要的。

自然，在语言学中，使用“言语”这一术语是否妥当，还是可以讨论的。过去，我们也曾用“言”“言谈”来翻译索绪尔的parole，陈望道先生也曾译为“辞白”。如果要探究“言语”这一术语的来源，据我所知，建国后，我国心理学者首先使用了这个译语，语言学界不过沿用心理学者的译名罢了，为了避免误解，是否可以改用别的术语，我个人没有什么成见。但应该指出：这一问题并不是术语定名的争论，术语名称的更换并不能改变问题的实质。

二

谈谈所谓使用语言的阶级性问题。这一问题是王德春先生提出的，[②] 高名凯先生认为言语就是语言的使用，这似乎也就证明了言语有阶级性。这样一来，两个问题便被纠缠在一起，变成一个问题了。

使用语言究竟有没有阶级性？要回答这一问题，我们先来看看“使用语言”这一短语，究竟包含着些什么，并且在这里面，哪些是有阶级性的，

① 周建人：《关于语言和言语的一封信》，《文汇报》1961年5月23日。

② 王德春：《语言的全民性和使用语言的阶级性》，《解放日报》1959年12月28日。

哪些是没有阶级性的。

“使用语言”，首先应该有被使用的语言。被使用的语言是没有阶级性的。这一点大家的看法应该是一致的。

其次，“使用语言”必须以使用者为前提。社会中的具体的人就是语言的使用者。在阶级社会中，人是有阶级性的；在阶级还没有出现的社会里，人就没有阶级性。这一点，也是大家所承认的。

再次，“使用语言”是一种行为，也就是为了一定的目的而使用语言手段、获得一定结果的人的行为。应该承认，在阶级社会里，这种行为的目的，可能是有阶级性的。但由于情况的不同，这种行为可能具有不同的性质；假如它的目的是为了一定的阶级服务，那末，它就是有阶级性的；假如它的目的只是为了交际或简单事实的陈述，那就不一定有阶级性，这两种情况是经常存在着的。这一点，在讨论中有几位同志也曾经指出过。

复次，“使用语言”是一种活动或过程，那就是遵照一定的语言内部规律去使用语言的一种活动或过程，单从这种活动、过程本身来看，那决不会有阶级性。掌握语言规律、按照一定的规律进行用词造句的活动，这对于任何一个阶级的人们都应该是大致相同的。正如开汽车这一活动过程一样，开汽车的活动就是按照汽车的内部结构规律来操纵汽车，或使之前进，或使之后退、转弯，这种活动，对于任何抱有不同目的的人来说，都是一样的。虽然人们开汽车的目的可能有阶级性，但这并不影响开汽车这一活动过程的共同性质。这一点，也应该是很清楚的。

最后，“使用语言”必然要产生一定的结果，这种结果就是言语作品。言语作品有没有阶级性呢？这也有两种不同的情况：假如言语作品是包含有特定的世界观或政治观点的话，它是有阶级性的；假如不包含这种特定的世界观、政治观点的话，则是没有阶级性的。应该说，这两种情况是客观地并存着的，我们应该承认像“打倒美帝国主义”这一类言语作品有阶级性，同时也应该承认客观上存在着许多像“我是浙江人”“今天星期三”“三加五等于八”这一类没有阶级性的言语作品。有人认为，判断“言语”有没有阶级性，应该从言语作品的整体着眼，不应该单凭孤立的句子来推断。其实，这是对“作品”一词的误解。言语作品并不像文艺作品那样，重视思想的整体，一句具有一定意义内容的句子就是一个言语作品。这种句子通常以个别言语行为的形式出现在言语活动中。整个的思想内容是言语所要表达的东西，是被表现者而不是“言语”本身。斯米尔尼茨基正确地指出：“但是思想作为一个整体并不成为语言的一部分，而属于语言所服务的人们活动的某一领域。”①

显然，从上面的分析可以看出，“使用语言”包含着一些不同性质的概念，这些概念，有的是有阶级性的，有的却没有阶级；其中究竟哪些概念是本质的、主要的，哪些是非本质的、次要的？我们能不能从这些不同性质的概念中得出“使用语言有阶级性”这一判断来呢？这是很值得进一步研究的问题。

我们认为，作为语言学的术语，作为“使用语言”解的“言语”，它首先应该是一种活动过程，并没有阶级性。这一点，我们可以从实例中得到清楚的证明。

姑且以翻译为例吧。显然，翻译是一种“使用语言”的活动。它是不是有阶级性的呢？答案显然是否定的。比如说，新华社记者把肯尼迪的《国情咨文》译成汉语，无疑地就是一种使用语言的活动。

在这一活动中，新华社记者所使用的是汉语，而所表达的却是肯尼迪的帝国主义立场观点和思想，我们能不能因为肯尼迪的《国情咨文》有阶级

① ［苏］斯米尔尼茨基：《语言和言语》，《语言学译丛》1960年第2期。

性，就认为新华社记者使用汉语进行翻译这一活动也有阶级性呢？显然这是不正确的。同样，高名凯先生曾经翻译过一些巴尔扎克的作品，假如他的翻译忠实于巴尔扎克的原作的话，那末，高先生使用语言所表现的，应该是巴尔扎克的思想内容。在这种情况下，假如坚持使用语言的阶级性的说法，那末，翻译者的阶级性就应该出现在翻译作品里了。事实上，当然不是如此。这样看来，使用语言一事不仅可以表达自己的思想感情，而且也可以表达他人的思想感情。我们就不应该把阶级性硬套在使用语言这一活动过程上去。

如果我们再注意一下机器翻译这一事实的话，问题就更显得清楚了。应该承认，翻译机器在进行翻译时，必然也“使用语言”。如果说“使用语言”有阶级性的话，那末，机器的“使用语言”究竟表现出怎样的一种阶级性呢？其实，机器所表现的，只能是原作者的思想内容，原作者的阶级性。可见，阶级性是属于作品的思想内容，而不是属于“使用语言”这一件事。

三

显然，这里面还存在着一个非常重要的问题；言语和思想的关系怎样？在阶级社会中，人们的思想意识有阶级性，这是无疑的。但是，能否因此就推论出表达思想意识的言语也有阶级性呢？这是值得讨论的。许多主张言语有阶级性的同志，都认为思想包含在言语之中，是言语的一个组成部分，因此言语也就有阶级性。实际上，这种推论不一定是正确的，它的错误就在于把这两种不同的现象混淆起来，因为它们之间有密切联系便错误地把它们看作同一物。应该说，这是违背马克思主义的基本观点的。

谁都承认，语言和思维、言语和思想是密切联系、不可分割地存在着的。没有语言就不可能有思维的存在，同时，没有思维也就没有语言。同样，与此相应地，不体现在言语中的思想也是不存在的，而且，不表达一定的思想内容的言语也是不可想象的。正因为如此，我们应该承认两者之间的密切联系、不可分割的一面，但是，这也仅仅是问题的一面。从另一方面看，我们也绝对不能因此就认为这两者就是同一物，不能认为它们的性质就完全相同，因为问题很明显：既然这两者是密切联系着的，这就意味着它们是两种不同的现象，而不是同一种现象。它们都有相对的独立性，都有自己的性质特征。这是很清楚的。正因为如此，简单地从思想有阶级性来推论言语有阶级性，是不正确的，这一点，我们同样地也可以从许多事实中得到证明。

首先仍以翻译这一事例来说明吧。很显然，翻译之所以成为可能，这一事实本身就证明了思想和言语不是同一物。我们知道，“翻译的目的就是把一种语言中的内容与形式移植到另一种语言里去”。经过翻译之后，作品的言语形式外衣必然要改变，但它的思想内容却必需保留，这就很清楚地表明这两者不是同一的。假如思想和言语，也就是内容和形式是同一物的话，那末翻译就根本不可能了。

在我国文学批评史上，曾经有过关于“言尽意”和“言不尽意”的争论。这一问题的实质也不外是有关言语表达形式和思想内容的讨论。究竟“言”能不能“尽意”呢？《易经》上说：“书不尽言，言不尽意。”《三国志·秦宓传》中也载有秦宓的话：“仆文不能尽言，言不能尽意。”陆机在《文赋》里也有过“恒患意不称物，文不逮意”的说法。这些，显然都是属于“言不能尽意”的一派。但和陆机同时的欧阳建却提出《言尽意论》的主张，他一反众说，认为言尽意尽，这究竟应该如何解释呢？在我们看来，“言”和“意”正是作品的表达形式和思想内容的两个方面。假如从言语和思想是密切联系、不可分割的这一方面来看，那末，应该承认“言尽意尽”的说法。可是从另一角度来看，这两者并不是同一物，思想通过言语形式表达出来，言语是表达思想内容的形式，它们并不是同一物。这样，我们就不能不承认“言不尽意”的主张。拿陆机《文赋》的话来说，所谓“意不称物”也就是说，物是客观事物现象，是丰富多彩的，人们的意识不可能详尽无遗地反映客观事物；而所谓“文不逮意”，则意味着由于语言修养的限制，人们也不可能把意识到的完全表达出来，即以有高度语言修养的作家而论，他们也不能把所意识到的，一一写出来，必须有选择取舍。这选择取舍，不就是言不尽意的很好注解吗？显然，从这一争论中我们可以清楚地看出，言语和思想是一个统一体，但同时又不是同一物。这两者之间，有“统一”的一面，也有“非同一”的一面。因此，就我们的问题来说，显然也必须承认：言语是反映思想、观点、立场的，但它并不是思想、观点、立场本身，这两者决不能混淆起来。

或许，我们举一个日常用语的例子，问题能说明得更清楚一些吧，例如，“反动派”一词，从言语的角度来看，究竟有没有阶级性呢？我们知道，在语言中，作为一个词，“反动派”有自己的客观意义，它虽然带有贬义，但并没有阶级性。倘把它应用到言语中去，它就同一定的客观现实联系起来，并且在不同的情况中，它所联系的客观现实常常是不同的。这时，我们应该承认，这个词所表现、联系的人无疑地是有阶级性的；但这并不等于说，用来表现、联系人的这个词也有阶级性，客观存在的人是被表现者，而言语却是表现者，被表现者决不能是表现者本身，表现者也不等于被表现者。因此，我们决不能从被表现者有阶级性中，推演出作为表现者的“反动派”一词也有阶级性的结论，这是很明白的。

应该指出，语言中任何一个词，一旦被运用到言语中去，它都必然要暗示、透露、反映出一定的观点立场，但它本身并不就等于观点立场。这一点，毛泽东曾经明确地指出过，他说：“‘百花齐放、百家争鸣’这两个口号，就字面看，是没有阶级性的，无产阶级可以利用它们，资产阶级也可以利用它们，其他的人们也可以利用它们”。[①] 这里，所谓“就字面看”，显然就是指作为表现形式的言语，它是没有阶级性的，某些同志认为这里的“字面”指的是语言，而不是言语，并且认为作为语言的“百花齐放、百家争鸣”“一旦……表达一定思想内容以后”，就成了言语，“就不再是没有阶级性的了”。[②]这种解释应该说是一种严重的误解。第一，就“百花齐放、百家争鸣”这两句话来说，它显然已不是语言中的一个个的词，而是句子了。按照持有这种观点的某些同志的说法，句子已经不是“语言单位”而是“言语单位”，那么，我们怎么能说这个完整的句子“就字面说”是语言呢？这种矛盾是无法解释的。第二，如果说，一切语言手段“一旦表达一定思想内容以后，就不再是没有阶级性的了”，那么，我们不得不承认，一切表现着一定思想内容的表达形式都有阶级性。这不是把思想内容和表达形式混为一谈吗？要知道，马克思主义经典作家早就指出：“语言是实际的意识”，“语言是思想的直接现实”（马克思语）。如果按照这些同志的观点推论下去的话，这岂不意味着作为“思想的直接现实”的语言，也即表现着思想的语言，也有阶级性吗？我们不应该忘记，“语言”是从作为原材料的“言语”中概括、抽象出来的，假如“言语”有阶级性的话，我们怎么能够从它里面概括出“语言”来呢？这样看来，某些同志认为毛主席所说的“就字面看”指的是语言，而不是言语，那显然是不正确的。在我们看来，“就字面看”所指的既是语言，也是言语，这两者都是表达形式，都是没有阶级性的。

---

① 毛泽东：《关于正确处理人民内部矛盾的问题》，人民出版社 1957 年版，第 30 页。

② 田茹：《有关语言和言语的几个问题》，《中国语文》1961 年 2 月；并见《语言和言语问题讨论集》，第 108 页。

现在，让我们再以一个诗的言语的实例来说明思想与言语的关系吧，杜甫的《北征》诗里有两句话："凄凉大同殿，寂寞白兽闼。"胡小石先生在《〈北征〉小笺》一文中，曾经明确地指出："……此二语，出二殿阁之名，宋以来注家皆未注意，亦未得其解。今试探之，则皆为上皇而发也。"[①]根据胡先生的考定，大同殿乃玄宗即位后常居之所，"上皇"曾在此对高力士说过"以天下事付林甫"，高力士谏以"天下柄不可假人"，玄宗未能听他的话，以致后来有天宝之乱。白兽闼则为玄宗诛韦后所入之门，乃"上皇"奠定帝业之要地。两处皆涉及玄宗之盛衰，所以杜工部借此以"叹上皇暮境有悲凉之感"。显然，胡先生的考证、解释是正确的。可是，这并不在我们讨论的范围之内。我们所关心的是，为什么这两句诗"宋以来注家皆未得其解"呢？所谓"未得其解"，显然不是言语表达形式的问题，而是思想内容的问题。就言语表达形式来说，应该承认，宋以来的学者决不会不懂得"凄凉大同殿、寂寞白兽闼"的"字面上"的意义，但仅仅懂得"字面上"的含义，他们却仍然未能了解杜甫这两句诗的"深微曲折"的用意。我们认为，诗人杜甫正是借这两句言语来暗示、透露某种思想、观点和立场的。但是作为表达形式的言语并不等于思想、观点和立场本身。因此，人们即使了解了言语本身，也不一定就能了解它所透露、反映的思想、观点和立场。

我们不能把言语和思想、观点、立场混为一谈，更不能从思想、观点有阶级性的前提中，推演出它的表达形式的言语也有阶级性的结论。

四

正确地理解语言和言语的关系，对于解决语言学中的一系列问题是很有帮助的，上面我们所说的都牵涉到意义问题，这里就专门来谈谈语言和

① 胡小石：《〈北征〉小笺》，《江海学刊》1962 年 4 月。

言语的区分和词义研究的关系。

词义问题是语言学理论中争论最多的问题之一，把语言和言语区分开来之后，我们应该怎样来看待词义问题呢？这首先要弄清楚词是什么样的一种单位，有些同志认为，把语言和言语区分开来之后，接着，必须区分“语言单位”和“言语单位”；同时他们认为，词只是一种语言单位，而不是言语单位。[①] 这是值得商榷的。苏联的心理学家比留科夫在主张区分语言和言语的同时，曾经指出，词也是一种言语的手段，它既是语言单位，又是言语的因素。[②] 另一位心理学家鲁宾斯坦也有同样的看法，他说：“把语言与言语区别开来的同时，也必须把词看作是二重性格的东西——既是语言的单位，又是言语的单位。”[③] 可以说，这种看法是比较正确的，在目前也得到了许多语言学家的赞同。[④] 事实上，也只有在这一理解的前提下，才能帮助我们去正确理解词义的问题。

目前，关于词义有两种不同的定义。一种定义说：“词义是事物、现象、或关系在意识中的一定反映。”另一种定义说：“词义就是词和意识到的某种现象的联系”，哪一个定义更正确呢？在有关问题的讨论中，有些同志认为后一个定义要比前一个定义来得正确，因为前一个定义是从概念出发

---

① 戚雨村、吴在扬：《语言、言语及其相互关系》，《学术月刊》1961 年第 1 期，并见《语言和言语问题讨论集》。

② 比留科夫：《根据斯大林同志关于语言学问题的著作，看巴甫洛夫关于第一与第二信号系统相互作用的学说》，《巴甫洛夫关于两种信号系统的学说》，科学出版社 1956 年版，第 73—74 页。

③ 鲁宾斯坦：《论语言、言语和思维的问题》，见《语言学译丛》1959 年第 1 期第 45 页注③。

④ 参见 Т. П. 罗姆切夫：《语言和言语》，П.С. 库兹涅佐夫：《论语言和言语》，《莫斯科大学学报》1961 年第 4 期语文学和书志学部分。

的，它无法把词义与概念区别开来。[①] 这一批评应该说是不很恰当的。在我们看来，这两个定义并不是矛盾的，它们的差别仅仅在于着眼点不同而已，前一种定义，是以作为语言单位的词为着眼点的，这样的词“具有相对稳定的——‘词汇的’意义或者许多彼此相联系的意义”，[②] 因此它也具有更大的概括性和一般性，它是和概念相对应的。后一种定义，则是着眼于言语中的词，这种词“受它的使用条件和上下文的限制，具有变化的意义”，[③] 它同具体的事物存在着现实的联系，它是和具体事物相对应的。因此，同是词义，我们可以分别地从语言和言语两个不同的角度来观察。从语言方面来看，作为语言单位的、孤立的词的词义，是客观事物、现象、或关系在意识中的一定反映；它是和概念相联系着的。而从言语方面来看，作为言语单位的、运用中的词的词义，则和现实中某一事物或现象联系起来，可以看出，前者正是后者的概括，后者则是前者的体现，这两者是不可分割地联系着的。

在这方面，苏联的语言学家阿摩索娃（Н.Н. Амосова）的意见是值得注意的。在《论词的词汇意义》一文中，她指出，必须把作为语言单位的“孤立的词”同作为言语单位的“单独运用的词”区别开来。“孤立的词是语言词汇中备以运用的因素，不是交际的因素”，它“所表达的正是最纯粹的一般的东西，”因此，“能代表孤立词特点的是它和事物的概念发生关系，不是和事物直接发生关系，后者对孤立的词来说只是一种潜在能力，仅仅在言语活动中运用这个词时才能实现”。概括地说，孤立的词具有“词的概念对应性”。运用中的单独的词和孤立的词却不完全一样。在不同的场合中，

---

① 黄景欣：《试论词汇学中的几个问题》，见《中国语文》1961 年 3 月，第 19—20 页。

② ［苏］鲁宾斯坦：《论语言、言语和思维的问题》，《语言学译丛》1959 年第 1 期。

③ ［苏］鲁宾斯坦：《论语言、言语和思维的问题》，《语言学译丛》1959 年第 1 期。

同一个词同样具有概念的对应性，“在这一点上，它和孤立的词没有区别”。但除此之外，“它还取得另一面的词汇意义：和一定的事物发生联系，这是词处于孤立状态时所没有的”，也就是说，它具有词的“事物对应性”。概括地说，“词在言语中，由于它所固有的概念对应性，也就取得了事物对应性”。[①]——显然，所有这些，对于我们正确解决词义的性质问题，以及对于正确理解语言和言语的关系问题，都是有极大帮助的。

自然，在这方面还应特别注意，我们说语言中的词义具有“词的概念对应性”，这并不意味着语言中的词义就等于概念；同样，说言语中的词义具有“词的事物对应性”，也不意味着言语中的词义就等于事物，这两者应该严格区别开来，词义既不等于概念，也不等于事物，更不等于人们的思想、观点、立场，它只是概念、事物、思想、观点、立场的表现者而已，在这里，我们也可以看出，言语和思想不是同一物，不能把表现者和被表现者混为一谈。

五

前面我们曾经提到，1961 年《莫斯科大学学报》（语文学和书志学部分）第 4 期发表了库兹涅佐夫和罗姆切夫在莫斯科大学方法论讨论会上就语言和言语问题所作的两篇发言。我们认为这两篇发言很值得注意。因为它们反映了苏联语言学界对这一长期争论悬而未决的问题的最新的看法。其中有许多意见，特别值得我们慎重考虑。

这里，我不打算全面地介绍这两篇发言。我只想结合我们前一阶段的讨论来谈谈罗姆切夫在他的发言里提出的几个论点，来作为我们进一步展

① ［苏］阿摩索娃：《论词的词汇意义》，《语言学译丛》创刊号，1958 年，第 34—42 页。

开对论的参考。

首先，罗姆切夫提出了语言和言语是否可以作为不同科学的研究对象问题，这是值得注意的。这一问题我们在前一阶段的讨论中也曾经提出过。张世禄教授在《一定要把语言和言语分开来》一文中，认为语言和言语是两种不同的现象，必须分别来研究，因此也就必须把“语言科学”和“言语科学”区分开来，[①]针对这点，我们曾经表示过怀疑，并指出这种提法有走索绪尔把语言和言语对立起来，从而主张划分“语言”的语言学和“言语”的语言学这条老路的危险。[②]在这方面，罗姆切夫正好也有清楚的说明，他指出，如果认为语言和言语是不同的对象，语言和言语的单位必须由不同的科学来研究的话，那么必然要得出结论说，言语也应该有自己独特的内部发展规律；这种假设根本是错误的，没有根据的。[③]我们认为，这一意见很值得重视。即就实际情况来说，张世禄教授认为，“语言科学的研究对象是语音系统和词汇、语法等，是关于语言这种工具的结构和性能；言语科学的研究对象是修辞、风格和文章作法等，是关于人们运用来表达思想的方式和手段。”这应该说是一种错觉。就拿语法学和修辞学来说，这两者都是以语言的表现手段作为研究对象的，都是属于语言学的部门。它们虽然都同样地从具体的言语出发来进行研究，但各从不同的角度寻找语言的不同的规律，语法学寻找的是语言的语法结构规律，修辞学所寻找的却是语言的修辞手段的规律。它们的出发点是相同的，都是言语，它们的归结也是相同的，都是语言，我们认为，两者的对象并没有什么不同，只是对同

① 见《文汇报》1961年2月25日；又见《语言和言语问题讨论集》。

② 方光焘：《语言与言语问题讨论的现阶段》，《江海学刊》1961年7月；又见《语言和言语问题讨论集》，第106页。

③ 罗姆切夫：《语言和言语》，《莫斯科大学学报》（语文学和书志学部分）1961年第4期。

一对象，从不同的角度加以考察而已。我们怎么可以把语法学和修辞学分别划归到“语言科学”和“言语科学”呢？

其次，罗姆切夫也提出关于区分“语言单位”和“言语单位”的问题。这个问题，我们国内也有某些同志提出过，例如戚雨村、吴在扬两位先生在他们的《语言、言语及其相互关系》一文中就认为词汇单位（包括词素、词和熟语）和语法单位（包括构词的规则、构成词组的规则和构成句子的规则）属于“语言单位”，具体的言语作品（包括自由词组、句子、整个的篇章）则是“言语单位”。[①] 这种划分，似乎是以苏联斯米尔尼茨基教授的意见为依据的。但罗姆切夫对此提出异议，他认为，语言现象中的任何一种单位，都既是语言的，又是言语的；它既可以从语言方面来研究，也可以从言语方面来研究。必须把同样的单位，看成既是语言单位，又是言语单位，不可能有属于语言而不属于言语的单位，也不可能有属于言语而不属于语言的单位。这一意见同样是值得我们慎重考虑的。就以戚雨村、吴在扬两位同志提出的划分来说，其中似乎也存在着一些难以解释的矛盾。例如，两位同志把句子看成是言语单位，同时又把“构成句子的规则”看成是语言单位。实际上这乃是一个整体，“构成句子的规则”不是独立的，它是句子的一个方面，而具体的句子也必然包含着构成句子的规则；它又是句子这一单位的另一方面。我们怎么能把它们割裂开来看作两种不同的单位呢？

再次，罗姆切夫提出语言和言语的性质和关系问题。他认为语言和言语是同一现象的不同方面，把它们区别开来，主要的根据是语言是本质，言语则是这种本质存在和表现的形式，作为本质的语言就表现在言语之中。因此，他不承认语言和言语有性质上的不同，这两者都是社会的。它们之间的关系，也就是一般和个别的关系。高名凯先生和其他许多同志都认为

---

① 见《学术月刊》1961 年第 1 期；又见《语言和言语问题讨论集》。

语言和言语是本质不同的两种现象。我们则认为它们只是同一现象的两个方面，它们的关系只是本质及其表现形式之间的关系，也就是一般和个别之间的关系。要解决这一问题，罗姆切夫的这些意见显然是很值得我们考虑的。

六

高名凯先生在1961年7月号的《中国语文》杂志上发表了《论语言发展的内因和外因》一文。这篇文章讨论的虽然是语言发展的原因，实际上谈的大部分是语言和言语问题。我们读了，觉得有几个问题还值得进一步提出来和高先生商榷。

第一，高先生说，言语对于语言，就像植物对于水分一样，它从语言中吸收养料来滋养自己，就像植物吸收水分来滋养自己一样，因此，言语是在语言之外的，不在语言之内。[①] 高先生喜欢用比喻，但这一比喻却很难说明问题。在学术讨论中滥用本质上没有共同点的比喻是很危险的。记得在这个问题上，日内瓦学派的巴利的说法恰巧同高先生的相反。巴利认为语言是从言语中吸收养料的。到底应该怎样来看待这个问题呢？这里我们不想来下什么谁是谁非的判断。值得我们注意的是：在语言和言语的关系问题里显然存在着两个方面，高先生是不是只看到言语是语言的运用的一面而忽视了语言是从言语中概括出来的另一面呢？根据水分和植物的比喻，高先生会不会得出语言先言语而存在的结论呢？

第二，高先生认为，语言和言语的关系是一种外部的关系，也就是说，语言和言语的矛盾属于外部矛盾，在这里，高先生是不是又陷入到片面看问题中去了呢？假如按照高先生的定义，言语就是人们对语言的使用的话，

---

① 以下均见《中国语文》1961年7月。

那么，一方面，使用语言的人自然不在语言之中；但另一方面，高先生似乎又忘记了语言存在于言语之中这一事实了。只要承认语言存在于言语之中，我们怎么能够把语言和言语的关系，看成为外部的关系呢？

第三，高先生认为“言语和人的关系要比它和语言的关系深”。这问题也有两面。从一方面说，言语必须有人来使用语言才能形成，因此它和人的关系比较密切；但是从另一方面看，语言作为人们的交际工具，它和人们的关系又何尝不密切呢？同时，如果我们考虑到语言是从言语中概括、提炼出来的话，那么就应该说，语言和言语的关系似乎要比其他一切更深。在对待这些问题上，我们是不是应该考虑得更全面些？这也是值得大家加以注意的。

自然，对于这些问题，我们在这里并不想作出什么结论。应该指出：我们所研究的对象，是极其复杂的。我们在对它进行论断的时候，必须时时注意照顾全面，否则结论会流于片面，就会似是而非。这在对待言语是否有阶级性这一问题上，也应该是如此。

| 第四编 |

符合方法论

语言的记号性问题*

二三十年来，语言的记号性问题是欧美语言学界普遍关心的问题之一。许多学者发表了意见。其中，以索绪尔的论述影响最大。索绪尔的继承人有加以修正的，也有更向唯心主义一面发展的。我们在研究语言学的方法论原则以及确定研究方向时都不能不涉及这个问题。它并非纯粹抽象的理论问题，也有巨大的实践意义。

一、索绪尔的语言记号学说

索绪尔的语言记号学说有以下几个要点：

1. 语言是表达观念的记号体系

索绪尔认为语言是表达观念的记号体系，语言记号可以和社会生活中起一定作用的其他记号相提并论。记号（法语 signe），如文字、聋哑人的字母、象征性的仪式、礼节形式、军用信号等均属于记号，所以应当有一门科学专管其事，叫记号学（sémiologie）。记号学研究社会生活中记号的生命，属于社会心理学的一部分，也是普通心理学的一部分。索绪尔在这里着重的是记号的共同性，是语言记号和其他记号的共同性，不是谈语言记号的特质、性质问题。

索绪尔说的体系是一个整体。凡整体都有构成整体的要素，由一定的要素有机地联系起来，构成一个体系的整体。在体系之中，要素之间相互会影响，一个要素的变动，就会影响到其他要素。苏联契科巴瓦的《语言学概论》讲到这个问题，以为体系类似机械的排列，没有把有机地联系这

* 原文载于《语法论稿》，江苏教育出版社 1990 年版，第 208—221 页。

一点说清楚。例如音位，有音位体系，由音位的要素有机地组成。所谓有机地联系，就指要素之间有一定的相互关系。

索绪尔认为要素之间的关系有几种：互相依存、互相制约（规定）、互相对立等。互相对立的关系最重要，构成语言体系的主要是对立关系。如音位系统中，[b]、[p]、[d]、[t] 等是对立的，表示各有意义。词类之中也是互相对立的，现代汉语动词可以作谓语，名词如不带系词一般不能作谓语；副词不能修饰名词，形容词可以作动词的状语等。

对立（opposition），这个概念索绪尔用得很多。他说："语言的机构全部都可以归结为同一性和差异性的作用。"又说："语言里面除了差异而外并没有别的什么。"（均见我的旧译稿）罗马尼亚语言学家格拉乌尔（A.Graur）指出，索绪尔所谓的对立是没有肯定项的对立。索绪尔的对立就是没有肯定项的对立，是差别的对立，主要在于差别。如同文字，主要是示差。"江"可以写成上面一横短一些，也可以写成上面一横长一些。保持示差，但不能过头了写成"汪"。索绪尔强调语言可以归结为同一和差别，同一就是肯定。但他又说语言里只有差别，就是没有肯定项的对立，单单表示差别的对立。

2. 语言记号是一个纯粹价值体系

索绪尔认为语言是一个纯粹价值体系，语言中的价值和经济学上的交换价值相像。价值体系即不同事物的等价体系。不同事物如劳动、工资等，可以对比观察其等价关系。一斤米和一尺布，一尺布和一斤油，一斤油和几十包火柴等价，都是不同事物的等价。能记、所记是不同事物，也可以构成一个等价体系，即价值体系。记号之间也有等价关系。不过，所记的意义不等于记号的价值，意义相同的，价值并不相同。比如复数在梵文和法语都表示多数，但各自所处的价值不同，梵文排斥双数，法语则包括双数在内。在价值的获得上，全体以部分而获有价值，部分也因为在全体中的位置而获有价值。纯粹价值体系是数学记号的体系。索绪尔认为语言也和数学一样，可以用数学方法来研究语言学。当然，数学体系和语言体系是否相同是值得研究的。机器翻译的出现已经使二者紧密联系起来了。

3. 语言记号的本质是任意性

索绪尔提出语言记号是任意的（arbitraire，任意性），指记号是不可论证的。这个原则极为重要，这在他的《一般语言学教程》里是第一个原则，其他许多论点实际上都由此推导出来。任意，指能记、所记之间没有任何内在的联系，听觉映象和概念之间并没有内在联系。正是由于具有这样的任意性，才有世界各种语言的存在，不然世界各种语言可能是一模一样的。各种语言的存在、发展，证明语言记号确实具有任意性的特点。如不同语言的法语 boeuf、德语 ocks、英语 ox 等，都表示“牛”。任意性是语言记号理想的表现，所以索绪尔说记号学应以语言为代表。他认为记号和象征不同，象征往往有必然的关系，比如西欧以天平象征法律，其中确有可以解释的理由。记号的能记、所记之间，却没有可以解释的理由，语言记号有了这种任意性，才能成为理想的记号。

任意，并非指说话人可以自由地选择能记，说话人在这上面是无能为力的。任意性，即能记、所记之间的不可解释性或约定性，是指使用语言的大众不能对语言发挥绝对作用。在论述任意性的原则时索绪尔也看到语言中还有不任意的地方。他提出两个术语：motivation 有缘由可讲的东西，可证的。immotivation，不肯定的，否定的，不可论证的，不可解释的。他提出派生词是可解释的、可论证的、非任意的，其中的声音和意义有一点联系。法语 -ier 接在“水果”之下，表示“水果树”，pommaier，“苹果树”；pairier，“梨树”。“四”“十”，是不可释的，“十四”“四十”，是可解释的。他说世界的语言分作两种，一种是词汇语言，一种是语法语言，后者富有论证性，前者多任意性。汉语是词汇语言的代表，可以说是典型的、标准的，任意性占优势；印欧一些语言则是语法语言的代表。当然，这种分法还值得研究。

对于这一点，不少人持反对意见，不赞成语言记号具有任意性特征。提出来的一种证据是拟声词，其中能记、所记有内在联系。“鸭”，从前是一个拟声词，“鸦”也是拟声的，能记和表达的概念、事物有一些内在联系。另一种是感叹词，能记和所记也有内在联系。索绪尔认为这些词在语言中数量很少，是微不足道的。能记和所记在开始可能有内在联系，但在演变过程中已经按语言记号的体系性来演变，即在历时演变中原来的内在联系已经消失。

4. 语言在历史演变中有传承性和可变性

索绪尔从第一原理——语言记号的任意性引申出来，说语言有历史演变的传承性。意思是若把能记和所记的观念加以比较，记号是自由选择的，能记也是自由选择的，但把记号和使用记号的语言社会对照一下，能记就不再是自由选择的。比如汉民族有自己的能记，这一点我们完全可以理解。索绪尔认为说话是自由选择的，但说话和强迫的自由投票可以相比。在语言这种强迫的自由投票中，个人对语言不能作变更，大众对语言也不能发挥绝对作用，大众被束缚在原有的语言上。因此语言总是作为前代的遗产传承下来，一个既成的语言状态总是历史因素的产物。正是这样的历史因素，形成语言记号的不变性。

索绪尔还探讨了语言记号不变性的原因。他指出，仅仅当作历史遗产来说明语言的不变性是不够的。这种现象和其他同样属于历史产物的现象之间，有什么不同呢？他认为，语言缺乏个人意志，而其他现象个人意志很多。说话的大众虽然对语言操纵自如，但缺乏反省、控制，所以无法判断语言是好是坏，其他现象却完全可以由个人来看好坏。

索绪尔认为语言记号的不变性，从本质上来看有四点原因：一是语言记号的任意性，从变更语言的一切企图中保护了语言。二是因为任意，就形成保守性强。大众对语言规律认识不清，难以另作选择。三是语言记号繁多，改变很困难。四是语言记号体系很复杂，说某种语言的人无论能说得怎样流畅，对整个体系还是反省不到的。集体对于语言普遍喜欢稳定，倾向于保守。

从不变性这一面，索绪尔又讲到语言记号的可变性一面。他认为可变性也是由任意性而来的，正因为是任意的，也蕴涵着可变的因素。当然大众是保守的，语言是历史传承下来的，如果没有稳定性，就不可能进行交际。一切持续的事物在时间中都要发生变化，语言在传承的不断继承中也不例外。

5. 语言体系是被动的，是接受语言的变化而变化的

索绪尔认为语言的一切变化都是在言语中萌芽的，言语提出了改变，语言体系接受了这种改变。为什么一些要素在言语中会起变化？当时的青年语法学派认为一方面是机械的、物理的原因，另一方面一些语法形式的变化又来自心理因素的类推、类比等。这些变化，就语言体系而言都是接受的，因而是被动、机械的，是接受言语的变化而变化的。

二、索绪尔语言记号学说的批判

对于索绪尔的语言记号学说，我们应当着重分析这样几点：

1. 语言记号具有自己的本质特征

记号学是索绪尔心目中的一门科学，它以社会生活中起一定作用的记号为研究对象，以语言为代表。但索绪尔把语言记号和其他记号相提并论，只注意它们之间的共同性，这样片面地强调它们的共同性，必然会出现弊病，语言将失去一切自身专有的特性，语言特有的发展规律、内部规律也会被忽略。由于只注意记号的共同性，就必然会抹杀语言各要素的质的特征。比方说声音是语言的要素，但索绪尔认为声音的本质不属于研究范围之内。他只注意示差，只问要素的对立关系，不问要素本身的质的特征。

这种记号学的观点影响很大。20世纪20年代以来，许多研究语言记号的论著多少都受到影响，普遍只注意语言记号和其他记号相接近的特征，撇开语言记号的本质问题。不少著作都把语言记号等同于社会生活的其他记号。一些流派如结构主义，甚至是走向了极端。

2. 语言体系是历时发展的相对结果，历时和共时不能截然对立

关于体系性，格拉乌尔认为从索绪尔那里要吸收他所坚持的语言的体系性原则，对此他评价很高。从语言学史看，青年语法学派不问语言的体系性特征，只问历史的要素变化。索绪尔针对青年语法学派的守旧观点，坚决主张体系性原则，这是创见，确实是历史性的进步。可是，索绪尔对体系性的理解是有缺陷的。对于体系，可以有不同的理解：索绪尔认为体系不是由过去的发展所决定的，把历史和体系割裂开来，对立起来。他认为历史可以妨碍、干扰体系的研究，强调历时、共时不能并存。这种片面观点可以说是时代的局限，这样就完全忽略了历史因素，转向另一个极端。马克思主义的体系观点就完全不同了，认为体系也是在变化中，在历史的不断地发展、运动中形成的，今天的体系是历史运动的一个相对结果，历史的活的证人。索绪尔的体系是机械的、被动的。他认为体系的演变只是接受要素的变化而变化，整个体系不变，体系完全被动地、机械地接受言语的变化。那么，究竟是要素在变化还是体系在变化呢？从现象上来看固然是由要素的变化来实现的，实际上是体系的要求才有要素的变化，只是通过要素的变化来实现。布拉格学派在这一点上已对索绪尔的观点作了修正，就体系来看问题，体系是能动的。

3. 语言是有社会功能的价值体系

关于价值体系，多洛舍夫斯基有个解释：指由某些有确定关系联系起来的要素所构成的整体。数学单位构成的是数学体系，最能表现价值体系的性质。多氏认为，数学记号体系和语言记号体系不同，数学是纯粹的价值体系，语言则不仅有价值，而且有其自身特有的功能。这个看法是符合事实的。语言记号一方面因为和其他单位发生关系而有价值；另一方面，因为和所记相联系而有功能。这种记号的存在不仅因为它是语言体系的一部分，而且因为它把意识和客观现实联系起来，组成交际工具。索绪尔把语言看成价值体系，就是只注意价值体系的共同性，而完全忽视了语言的功能作用。索绪尔把记号所标示的意义内容看成价值，把记号的功能看成表示价值的差别，语言成为纯粹的价值体系，这样的语言记号和现实已经毫无关系。他认为语言是自足的独立体系，这个体系从历史中解脱出来，又从现实的功能中解脱出来。结果他的结论就是为语言而研究语言，把语言价值体系的社会功能全盘丢弃了。

4. 语言不仅有示差、对立，也有质的同一

索绪尔所谓没有肯定项的对立（没有实在物的对立），这一点也讲偏了。索绪尔认为语言只有差别，其中的对立没有肯定项，只有示差点。按他的看法，一个音的本质没有肯定的一点，只有示差、对立。从示差、对立中看这个音，这才是研究对象，至于音的本质如何是不必研究的。但是他还讲同一，这就有一点矛盾了。同一是差别的反面，有同一就有差别，有差别也必定有同一。索绪尔抛却语言的本质，不讲质的相同，只讲同一。同一，不是质的相同吗？不是有肯定项了吗？所以索绪尔只承认差别，想把语言的质跟语言的形式、关系、结构分开，抛开现实的东西，事实上是走不通的。形式、关系、结构这一切，离开语言的质就不复存在。

5. 任意性是语言记号的重要特征，但不能把语言记号的全部特征归结为任意性

关于语言记号的任意性问题，后来索绪尔学派中的人已经提出修正意见。本维尼斯特（E. Benveniste）认为，语言记号完全没有任意性，必然要受制约。因为对说话的人来说，概念和语音形式在他的理智活动中是不可分割地联系着，在统一之中发生作用的。概念是在语音形式的基础上形成的，如果没有相应的概念，语音形式就不能为理智所接受。苏联学者对语言记号的任意性特征，也有不同的看法。斯米尔尼茨基指出，约定性（即索绪尔的任意性，有时也叫条件性、假设性）的原则适用于简单的、不可分割的单位，也就是说最适合于词素，而词就比较复杂一些。在复杂的结构里则存在着可解释性的原则。当然它又由简单结构构成，其中也有任意性的存在。布达哥夫认为，语言记号一般仅仅在低级形式（音素、部分词素）才是假设的（即任意的）。至于在它的高级形式（词）则是经常倾向于论证性（即可解释性）。这样，他们实际上已经修正了索绪尔的论点，已经否定了语言记号的任意性。本维尼斯特是全部否定任意性，斯米尔尼茨基和布达哥夫只承认词以下的有任意性，语言记号一般是指词而言，所以也等于否定了这种任意性。

索绪尔也看到只讲任意性还有说不通的地方，如派生词就是可解释的。他提出语言可以划分为两类，以此解释任意性和非任意性的不同现象。他认为独立的、孤立的、任意性最大的是词汇语言，可论证性的是语法语言，前者如汉语，后者如印欧语言。这样的说法也与实际不相符合。各种事实表明，汉语也有“了”“着”等近似动词的构形部分；也有派生的“子”“头”等词头词尾，而且还在发展着，“化”“性”“者”等发展很快。如果把汉语看成典型的任意性最大的词汇语言，那就错了。印欧语言也有分析的倾向，词形变化有的已经消失。英语名词已经只有数，没有格，靠词序来决定，说它完全任意也不对。索绪尔这样说法本身就有矛盾：一种语言的发展如果可以由任意而转向论证，或者由论证而转向任意，已足以说明变化是由历史产生的。既然这些现象是在发展中产生的，那么记号的特性便不能说是语言本身所特有的。索绪尔未能看清语言记号具有多方面的特征，简单化地把语言记号的一切归结到任意性，也就必然是错的。

语言记号在交际中要保持它的传承性，但同时又有一定的革新，在时间中进展、变化，这是不变性和可变性的辩证统一。至此，应当怎样去追究它们变化的原因呢？在索绪尔看来，不变性和可变性的原因均在语言自身。这一点，他的说法也是不全面的。语言的历史发展事实证明，语言变化的原因除了自身的规律之外，还有社会历史方面的因素。

三、评兹维金采夫有关语言记号的论述

兹维金采夫认为任意性是记号的一个特性，但不是唯一的特性，其所以成为记号，还有其他的特性。他认为语言不是任意的，不能看作是一般的记号。

兹维金采夫论述了记号的四种特性：

（1）非能产性。记号不会生产，不会发展。内容和记号的联系是任意的，假设的。记号不能使内容有所改变，有所发展，即使把许多记号联系在一起，也无非把许多意义综合在一起，把现成的固定的意义联合在一起，这种联合对于记号的单个内容并不表现任何影响。所以记号是停止的、不发展的。语言并不是这样，环境不同意义就不一样，语言记号是能产的。

（2）缺乏体系性。和前一特性相关，只是从不同角度来说明。记号不仅可以单独使用，有时还可以构成一个体系（数字的记号可以构成数学体系）。这些类似的体系，因为它们性质的不同可能有很大的差别，如果把它们相提并论是不正确的。电码（法语 morse），是用另一种组合方法来表示一种语言的书面字母，但仍和它所表示的字母同一体系，可见电码的这种体系性并不是记号本身产生出来的。交通信号利用颜色，是一种逻辑对立关系，是客观存在的反映，不能看成体系。这种说法很难使人赞成。按照

兹维金采夫说的，语言以外的记号都变成没有体系了，如有体系，也成了逻辑对立关系的反映。事实上，正因为有记号本身的体系，才有机器翻译的出现。当然，所有的记号体系（包括语言）都是必然地反映客观的关系的。如果因为体系的本源是客观反映的事实，就说根本没有什么记号体系，那是讲不通的。在这里，如果偏于另一面，说体系是记号本身所有的，也难以讲通。

（3）自主性。记号和记号所代表的意义有独立自主性。记号和它所表示的内容是完全假设的，因此记号有一种不依赖于意义的自身的价值（红色的价值不以它代表的意义而存在）。意义被能记代表了，它并不因能记存在而存在，它本身就存在（红绿灯表示的信号本身就存在）。

（4）单义性。记号不允许对它所代表的意义作附加的解释，这和它的性质是相符的。记号只表示一种意义，它和具体环境并不发生关系。红绿灯用于交通才有一定的意义，它仅仅和交通有联系，但和交通中的种种具体环境变化无关。放枪表示“起跑”或“攻击”，这是同音记号，并非记号的多义，是两个记号各自处在不同的体系之内。

兹维金采夫考察了这些记号的特性，对语言中的词的适用程度，说明了以下几点：

（1）词能产吗？记号有一种刻板性，红绿灯总是表示一种固定的意义，是静态的。词义却不是刻板的，它有很大变化，在语言的历史演变过程中词义的变化占主要位置。语言的意义不能离开语音而存在，意义的发展受到语音的制约，在语音的基础上变化。但词义的变化有能产性，这是语言记号的特性。一般的记号就不是这样。词义的发展和逻辑概念的发展不一样，不能靠后者来说明前者。各语言的发展都有自己独特的途径，有民族特点。“桌子”，table，二者的发展不一样，table 又可以当“表”讲，“乘法表”（multiplication tables），“时间表”（a time-table）的“表”，不能处处都把 table 译成汉语的“桌子”。词义在一定的独特的环境中发生，所以才必然有民族特点。而且词在组合中也还会发生词义变化，能产性更加明显。“一穷二白”的“白”已经转到新义上来。“飘飘然”用来描写阿 Q 忘乎所以的态度，就是组合中的意义。因此无论从哪一方面看，词都是能产的。

（2）词是否缺乏体系性呢？词并不像一般记号那样孤立地存在着。词存在于语言中，和其他词相联系，发生相互关系，词的意义也在相互关系中发生变化。比如，“生”，多义性，和“生”有反义关系的“熟”也有多义性，“生人”“熟人”，“生铁”“熟铁”，甚至“生番”“熟番”。这说明语言记号并不孤立，是互相制约和影响的，所以语言记号是有体系性的。兹维金采夫还用下面的例子来说明词义在体系之中：三级记分制有及格、不及格、优良，四级记分制有及格、不及格、良好、优秀，虽然同是及格，但各自和其他记分级差的对立不同。在各个语言中，词的意义因为各自所处的环境关系不同而很难相等。特利尔（J.Trier）认为，词之所以有意义，是由于词和交通信号一样，有互相联系的关系。他把词的独立一面取消了，当然是错的，但他指出词的相互联系的体系性则是对的。

（3）语言记号和意义是否适用自主性呢？兹维金来夫认为语言记号和意义缺乏这种自主性。他引用了加尔金娜—菲多鲁克的话：“词的语音方面，可以理解为固着于事物、物件、动作等，即固着于词的内容的记号。”“每一个词，即音组，都是一个记号，它固着于事物，并且得到社会的公认。”接着指出一定的音组代表一定的内容，得到社会的公认，并非词的特征。其他记号如国旗、国徽等也是固着于事物而被社会公认的，并不能当作词来使用。词的语音外壳和意义内容是不可分割的，并且除了表达这种内容之外就没有任何其他功能，这证明词的语音外壳并无自主性。概念方面，也不是在没有词之前就先存在的，它体现在词里，也没有自主性。因此，不论声音方面，还是声音代表的意义方面都没有自主性，这两个方面是不可分割的。

（4）单义性是否适用呢？语言的词大多数是多义的，多义性可以说是词的重要特征。多义，一方面是历史的演变，是历史造成的；一方面可以说是连用的关系，是体系造成的。单义词是少的，术语才是真正单义的。词是语言的基本单位，记号的单义性对词并不适用。多义性使词有一个统一体，有各方面的联系。如“生”，在现代汉语中是相当多义的，“生人”“生菜”“生字”“生硬”“生疏”等，它有一个统一体，又相互联系。如果彼此意义的联系都失去了，就变成另一个词。词的多义性就不能用一般记号的单义性来解释，词没有一般记号的这一特性。

根据以上对照，兹维金采夫认为词不适用一般记号的特性，但有一部分词——术语可以适用记号的特性。术语最重要的是单义，术语非单义时，概念就混淆了，不可能进行科学的探讨，往往阻碍科学的进步。术语可以用符号代替，如“+”“-”表示“正负”，也可以用别的符号来代替，它们自己是不能自主的。术语本身也没有体系性，体系性在于它所反映的科学本身。当然，术语如“加”“减”等可以产生新义，但那是日常用的词，和术语同音而已，因而术语也是不能产的。

兹维金采夫对语言的记号性采取否定的态度。他提出了一般记号的特性，又认为语言记号并不具备这些特性，由此否定了语言的记号性，当然也不承认语言记号的任意性。语言和一般记号比较，究竟有无共同的一方面呢？应该肯定是有的。语言记号和一般记号固然有所不同，但和一般记号相比确实又有相同的一面，这是事实。索绪尔只看这种共同点，是偏了。兹维金采夫只看其中的相异点，也是偏了。二十世纪五十年代以来，科学技术的飞跃发展带来了语言机器翻译的进展。机器翻译就是建立在语言记号性原则之上的，这一点已经有了足够的证明。当然，如果把语言等同于数学体系，这种观点显然是错误的，但应当承认语言和数学体系确实有共同的一面，即有价值的一面。语言还有自身特有的功能一面，但正是有价值体系这一面，有和数学体系共同的一面，才能使语言和数学结合起来。比方统计语言学就是一门新的学科，它可以使用统计方法对多义词各义的运用作定量分析。像“杜鹃”，又指鸟，又指花，便可分开两种使用加以统计。在语言研究中采用数学方法将使语言研究趋于精密化。所以我建议语言研究者如果有机会应当学一点高等数学。

至此，我们可以对索绪尔语言学说三个著名的命题作一个总的估价。

（1）语言是表达观念的价值体系。其中的真理在于语言是一个体系，这一点在当时是先进的，进步的。但他要把这一价值体系从客观现实的联系中割裂开来，独立出来，就是唯心的了。批判这一点是对的，然而也不能把他有贡献的积极的一面全都否定。二十世纪初历史比较语言学片面强调历史演变的影响很深，索绪尔的功绩正在于扭转局面，转到新的方面。

（2）声音和意义结合，产生的是形态，不是实质。批评索绪尔的人根据这一点，判定他是形式主义。我是始终主张语言分析要从形态出发的，别人也批评我是形式主义。我们应当指出索绪尔语言学说是有倾向于形式的一面。但客观事实说明，语言确实有形式的极其重要的一面。现在的事实是语言完全可以作为形式来翻译，而且这种翻译还只能通过形式分析才得以有效地进行。索绪尔在当时已看到形式的重要一面，确是有远见的。我们当然不能不顾意义，不过应当把意义放在一定的位置上，要通过形式来研究它。

（3）为语言而研究语言。这个命题造成很大的误解，其实索绪尔的本意在于为了研究语言，只能研究和语言有关的。他这样提出问题，有点危言耸听，目的是要引起注意，要注意语言体系，不要把非语言的观点带到语言研究中来。可以看出这样提法也有部分真理，在现在的语言研究中，非语言的东西还是常常夹杂进来的。

论语言记号的同一性（提纲）*

一、引　言

1961 年 12 月号的《中国语文》上，朱先生发表了这一篇论文。最引起我们注意的并不是朱先生的结论，而是朱先生所介绍的研究现代汉语语法的新方法。

朱先生所介绍的方法显然是哈里斯（Z.S.Harris）的结构语言学的分析方法。在汉语语法研究的文献中，朱先生并不是介绍美国描写语言学的方法的第一人。在这篇论文里，朱先生深入系统地运用了美国描写语言学的分析方法。这是值得我们语法学界重视的一个新尝试。

在北京话的带“的”的格式里，朱先生判别出“的$_1$”“的$_2$”“的$_3$”，三种不同的“语素”“的$_1$”“的$_2$”“的$_3$”各各构成语法功能不同的三种语法单位。朱先生提出了同一性作为判别这三个不同语素的唯一标准，

朱先生所指的同一性究竟是什么呢？根据朱先生自己的解释，那不外是（1）分布范围的同一，（2）语法功能的同一，（3）语音形式和意义的同一。

朱先生的结论的可靠性是建立在朱先生所认识的同一性上的，假如所认识的同一性是正确的，那末得出的结论，也一定正确。在评价朱先生的论断之前，我们首先应该对这同一性问题，审慎地考虑一下。

“分布范围”和“语法功能”原是美国描写语言学所提出的鉴别形类

---

* 原文载于《方光焘语言学论文集》，这是方光焘在 1962 年“五・二〇”南京大学校庆六十周年科学报告会上作学术报告的提纲。见商务印书馆 1997 年版，第 74—88 页。

（form-class）的标准，朱先生对这两个术语的理解是否混有主观成见在里面呢？这是值得我们细加研究的一个问题。至于“语音形式和意义的同一”这一标准究竟是不是从美国描写语言学方法论中采取来的呢？朱先生没有声明，我们也不敢妄加推测。可是朱先生说的意义既然是可以在词典上找到比较确切的定义的，那末，所谓“语音形式和意义的同一”似乎和美国描写语言学的方法论没有多大关系。这句话却使我们想起《语法修辞讲话》上的“词义不变，词性不变”的那一原则来了。在下一节里，我们要先研究一下同一性的问题。

二、语言记号的同一性

1. 索绪尔对同一性的解释

在《一般语言学教程》中的“共时语言学”里，索绪尔曾对语言记号的同一性，作了详细的解释。他列举了三个比喻：①特别快车的比喻；②街道的比喻；③被窃的衣服的比喻。[①] 他认为语言记号的同一，是关系的同一而不是实质的同一。我们认为，索绪尔的同一性的解释是在研究语法，分析语法现象时有参考价值的。

2. 朱先生对同一性的解释和索绪尔的解释的比较

所谓“分布范围”是指一个语言记号出现的前后环境，这和索绪尔的解释基本上没有多大的差别，可是朱先生在《说“的”》里所指的分布范围似乎和美国的哈里斯的解释有出入。这一点我们在下面还要详加讨论。布龙菲尔德曾经替功能下过定义，他说：“一个形式所出现的位置就是它的功

① 参见方光焘：《语法论稿·索绪尔〈一般语言学教程〉选译》，江苏教育出版社1990年版，第180页。

能。”[①] 这种以位置——相连关系来解释功能是和索绪尔相接近的。可是朱先生所说的语法功能却又和布龙菲尔德的定义不完全一致。我们将在第四节里讨论这一问题。

3. 朱先生对分布范围的规定

朱先生说：“……要确定某一个‘的’是‘的$_1$’‘的$_2$’，还是‘的$_3$’，不能看‘的’字本身的形式，要看这个‘的’前头的成分的类别。”为什么单看前头的成分，而不看后头的成分呢？朱先生认为：“所谓‘后附成分’只是说这三个‘的’跟它们前边的成分组成语法单位，而跟后边的成分不发生直接的语法关系。”[②] 这就是朱先生不看后头成分的理由，我们不能同意这一看法。我们认为，在“白的”这个结构里“的”和“白”的关系是直接的；但在更大的结构，例如“白的纸”里“纸”和“白的”就有直接的语法关系。朱先生的一些不能令人接受的论断，都是从这种看不看后的描写方法所导致出来的。

4. 朱先生的几个很难令人接受的论断

朱先生把不同的东西，看作是同一的（例如，在“白的纸”里的“白的”和“白的好”里的“白的”都被朱先生看成是名词性结构）。

朱先生又把同一的东西，看作是不同的（例如朱先生把“好的书”里的“好的”和“很好的书”里的“很好的”看成是两个语法性质不同的结构）。

朱先生在分析“的$_3$”的时候，一味追求单纯简洁，却把复杂的现象简单化了。我们对朱先生的一些看法不能同意（例如，“我会写的”这句话，

---

① L. Bloomfield：*A set of postulates for the science of language*，*language*1926.2.*Readings in linguistics*，New York.1958.

② 朱德熙：《说“的”》，《中国语文》1961 年 12 月；又见《现代汉语语法研究》，商务印书馆 1980 年版，第 100 页。

可能有两种含义：一种是回答“你会不会写？”这个问句的。另一种却是回答“谁会写的？”这个问句的，朱先生不肯细细分析，一口断定“的”是“的$_3$”，又如，“我买的票”和“我进的城”明明是不同的结构，而朱先生却以为两者是相同的，两个结构中的“的”都是“的$_3$”。朱先生似乎不承认现代汉语中有语气词“的”和时体标志“的”的存在，这也是把复杂现象简单化的一种反映）。

5. 朱先生的成见

我们认为描写语言学的分析方法是值得介绍、值得尝试的一个新方法，这个方法，既然在描写英语语法的实践中获得了显著的成效，那末，对于汉语语法的分析，也一定不会是格格不入的，我们不能把朱先生的一些缺少说服力的论断归咎于描写语言学的方法。我们应该从朱先生的主观成见里找寻造成这些论断的根源。下一节里，我们要谈谈朱先生对形容词的基本观点。我们认为，《说“的”》一文里的一些结论是和那些基本看法有直接关系的。

三、性质形容词和状态形容词的区分

1. 区分两类形容词的理由

早在1956年，朱先生在《现代汉语形容词研究》里就提出把性状范畴的形容词区分为性质和状态两大类的主张。他说：“在现代汉语的形容词里，性质与状态两种概念的区别构成一个语法范畴——性状范畴，甲、乙两类成分（按甲类即指所谓性质形容词，乙类即指所谓状态形容词——焘）正是表示这个语法范畴内部两种对立的概念的语法形式。”[①] 他认为，“甲类成分表示的是单纯的属性，乙类成分表示的属性都跟一种‘量’的观念或

① 朱德熙：《现代汉语语法研究》，商务印书馆1980年版，第5—6页。

是说话的人对于这种属性的主观估价作用发生联系。”在朱先生看来，由性质形容词充任的谓语表示的是事物的恒久的、静止的属性，由状态形容词充任的谓语却含有一种潜在的可变性。他断定在叙述“暂时性”的事变的语言环境里，就只能用状态形容词作谓语。

2. 龙果夫的性状范畴的二元性

朱先生区分性质形容词和状态形容词的理论，似乎受了龙果夫《现代汉语语法研究》的一些影响。可是朱先生的见解却和龙果夫的学说有显著的不同，我想在这里介绍一下龙果夫的性状范畴的二元性，那对于理解朱先生的持论，一定会有很大的帮助。龙果夫把表示性状本身的形容词叫作体词性形容词，而把表示性状的分量、程度、估价的形容词叫作谓词性形容词。这两类形容词构成了现代汉语的性状范畴的二元性。龙果夫着重地指出：“跟俄语的状态范畴一样，汉语体词性形容词的范畴是一个新的范畴，它正处在形成的过程中，远非在所有的方言里都以同样的程度表现出来。”[①] 关于形容词和动词的共同点，龙果夫也曾说过这样几句话：“形容词和动词所表现的都不是事物的单纯的特征，而是或在时间上，或在程度上容许变化的特征。”他又指出：“潜在的可变性和易变性——这就是形容词和动词的共同点，这个共同点根据意义在汉语里把动词和形容词合成一个更大的谓词范畴，并且决定了它们作为没有系词的谓语的可能性。”[②]

3. 两种说法的比较

就表面看，朱先生的主张似乎和龙果夫的说法没有什么大的差别。但仔细一考察，我们就会发现两者之间存在着许多不同的地方。

第一，龙果夫认为，潜在的可变性是形容词和动词的共同点，而朱先

---

① 龙果夫：《现代汉语语法研究》，商务印书馆 1958 年版，第 159 页。

② 龙果夫：《现代汉语语法研究》，商务印书馆 1958 年版，第 146 页。

生却把潜在的可变性单独地归属于状态形容词。朱先生认为，由性质形容词充任谓语表示的是事物的恒久的、静止的属性。

第二，龙果夫认为，体词性形容词，在一定构形条件下，是可以做谓语的。而谓词性形容词，在以语尾“的”作为构形成分时，就会消除了谓语性。体词性形容词和谓词性形容词的对立并不是绝对的：两者在一定条件下是可以互相转化的。朱先生的性质形容词和状态形容词的对立却是绝对的。朱先生虽然承认两者都可以充当谓语，但在叙述“暂时性”的事变的语言环境里，就只能用状态形容词作谓语。

第三，龙果夫从语法特征着眼，认为汉语体词性形容词是一个新的范畴，它正处在形成的过程中。朱先生却从意义着眼，认为：“一般说来，单音形容词是典型的甲类成分，双音形容词则往往带有乙类成分的性质。许多事实表明，双音形容词正处于从甲类成分逐渐转化为乙类成分的过程之中。”[①]

第四，龙果夫认为，“好的书”里的“好的”是体词性形容词，语尾“的”是用来强调“好”这一性状的。朱先生却把“好的书”里的“好的”看作是名词性结构，“好的”和后面的“书”的关系是一种同位关系。

第五，龙果夫认为，在“铁箱子”“玻璃杯”“木头桌子”“金表”里的“铁”“玻璃”“木头”“金”都是关系形容词，而朱先生却认为那些词都是名词；名词可以修饰名词是汉语语法的特点。朱先生还更进一步肯定了“玻璃的窗子”和“木头的桌子”里的“玻璃的”和“木头的”也都是名词性结构。

4. 我们的看法

我们认为，从“意念”上区分性质形容词和状态形容词是有商榷余地

① 朱德熙：《现代汉语语法研究》，商务印书馆 1958 年版，第 6 页。

的。抛开语法特征，专从意义着眼，有时我们就很难分辨性质和状态。单音形容词的“多”“少”“快”“慢”，究竟是性质形容词，还是状态形容词呢？双音形容词的“干净”“美丽”和“伟大”，究竟是属于“状态范畴”，抑或是属于“性质范畴”呢？在具体的句子里，那就更难分辨了。“长”“短”按照朱先生的说法，应该是典型的性质形容词，可是在“冬天日短夜长”里的“长”和“短”是性质形容词，还是状态形容词呢？这里面的“长”和“短”究竟是表示恒久的、静止的属性的呢，抑或是表示“暂时性”的呢？

朱先生根据了这个不很可靠的“性质”和“状态”的区分，才断定了“好的书”里的“好的”是名词性结构，而“很好的书”里的“很好的”却是形容词性结构。我们不能同意在这种结构里“好的”是名词性结构的说法。朱先生只看“的”的前面，而不看“的”的后面，他以为带“的”的结构和后面的成分没有直接关系。可是朱先生却又把“好的书”里的“好的”和“书”解释成同位关系了。难道同位关系不是一种直接关系吗？我们可以同意“很好的书”里的“很好的”是形容词性结构的说法，可是“很好的”和“书”究竟有没有直接关系呢？修饰关系是不是一种直接关系呢？

朱先生正确地指出了名词修饰名词是汉语语法的特点，其实不仅仅汉语有这种现象，就在英语里我们也可以看到相类似的现象。例如：government official（政府官员），gold chain（金链条），fountain pen（自来水笔）等等，H.Bradley 认为，这类 attributive noun（修饰性名词）的性质是处在 substantive（实体词）和 adjective（形容词）的中间的。在现代英语里也有从这种用法变成纯粹的形容词的。例如：everyday occurrence（寻常事），Home Office（内务部），chance acquaintance（偶然相识的人）等等。这是值得我们注意的。我认为汉语里修饰名词的名词，也处在实体词和形容词的中途，已经失去了一部分名词的语法特征。我们能说“一块玻璃”，却不能说“一块玻璃杯”，而只能说“一个玻璃杯”。这不是“玻璃杯”里的“玻璃”

已经不能受数量词组的修饰的明证吗?

朱先生不但不承认修饰名词的名词有向形容词转化的迹象，而且更进一步地主张在“玻璃的窗子”和“铁的箱子”里的“玻璃的”和“铁的”也都是名词性结构。这是很难使人接受的一个结论。

朱先生在《说“的”》里应用了描写语言学的分析方法，已经获得了一定的成就，我们在肯定朱先生的成绩的同时，也应该承认描写语言学的方法是值得采用的一个有效的新的分析法。我们不能不指出，朱先生的一些不很周到的论断并不是分析方法造成的，而是朱先生的一些成见的产物。

四、语法功能问题

1. 叶尔姆斯列夫的功能学说

暂且撇开哲学观点，单从语法学的方法论来看，叶尔姆斯列夫的功能学说对于研究语法的人是很有参考价值的。他认为，功能所指的就是在不同的两个质量之间，一方的量的差异常为另一方的量的差异所规定的依存关系。这就是数学上的函数。叶尔姆斯列夫曾经替语言上的功能下过定义，他说:“语言上的功能就是某一要素排他地专和其他的既定的要素相结合的能力。”对于语法功能，他也曾经作过明确的规定。他认为，语法功能可以有下列两种意思:(1)专与某种既定的形态部(按即指词形变化、词序、虚词等——焘)相结合的能力;(2)专以某种既定的形态部为中介和其他意义部相结合的能力，当然具有这种结合能力的仅仅限于意义部。[①]

在《语言理论导论》里，叶尔姆斯列夫的功能学说有了新的发展。他说:“满足分析条件的依存关系叫作功能。这个功能的两端就是功能体。”“在语

① L. Hjelmslev: *Principes de grammaire generale*, 1928.

言过程（文句）里，功能体之间有一个相连功能，在语言体系里，则有一个相离功能。”①

上面引了一些叶尔姆斯列夫的功能理论究竟对于研究汉语语法有什么用处呢？我们不妨结合区分词类的具体问题来谈一谈吧。词类，按照叶尔姆斯列夫的看法，应该是功能范畴。只有从相互的依存关系中，从相连功能中，我们才能辨认出各种不同的词类来。在语言过程中，没有同一的相连功能的词，就不能归入到同一的类。这样的区分方法不是比较传统的方法更能符合于语言实际吗？把具有同一相连功能的词，归为一类，把具有另一种相连功能的词又归为另一类。各种不同的词类相互制约地构成了词类体系。这样地建立起来的关系不是更能符合于语言事实吗？方法的探索是20世纪语言学的特色。我们相信，新的有效方法的介绍一定能对汉语语法研究起推进作用。

关于传统的词法和句法的区分，索绪尔在《一般语言学教程》里，曾经提出反对的意见。叶尔姆斯列夫在他的功能理论里，也曾说过这样的话：“把功能体分作两类就可以消除语言学里一贯分作词法和句法的传统方法。”① 我们应该注意这句话。

2. 描写语言学的语法功能

在第二节里，我们曾经引了布龙菲尔德的一个定义来说明语法功能这一术语。描写语言学的功能解释大都是以布龙菲尔德的理论为根据的。现在让我把有关功能的布龙菲尔德的定义引几条在下面：

（1）在结构里某一个被安排好的单位是一个位置。

（2）在结构里某一个位置只可以被一定的形式填补。

---

① L. Hjelmslev：*Prolegomena to a theory* of language，1953，pp.20—25.

② L. Hjelmslev：*Prolegomena to a theory of language*，1953，pp.20—25.

（3）位置的意义就是功能意义。

（4）一个形式所出现的位置就是它的功能。

（5）所有具有同样功能的形式构成了一个形类。[①]

让我们再引两段哈里斯的话来和布龙菲尔德的定义相对照吧。哈里斯说：

“一个要素的环境或位置是由一个叙述中的其他要素的邻境所组成。这些邻境的要素也是使用规定这个要素的同一基本手续确定下来的。所谓‘邻境’，指的是在这一要素的前面、后面和跟它同时出现的各个要素的位置”。

“……一个要素的分布就是这一要素出现的一切环境的总和，也就是这一要素和其他要素的出现有相互关系的一切（不同的）位置（或出现）的总和。”[②]

从上面的引文里，我们可以看出，“功能”“位置”“环境”“出现”“分布”等等都是互相联系的术语。假若抛开复杂的术语不谈的话，描写语言学的功能概念基本上可以说是和叶尔姆斯列夫的功能理论，没有多大的差别。但有一点，我们不能不指出，描写语言学仍然保留着传统的词法和句法的划分。在描写语言学的文献里，我们在句法中，可以看到有关句子中的主语、定式动词和宾语等等的讨论。那些话似乎对朱先生有些影响。

3. 朱先生对语法功能的解释

前面，我们已经指出过，朱先生所指的分布范围仅限于出现在“的”前的成分，而“的”后的成分却被排摈在分布范围之外了。这是和朱先生对语法功能的理解有关的，他曾经说过：“这种分析方法的实质是把两个带

---

① L. Bloomfield：*A set of postulates for the science of language*，*language*1962.2*Readings in linguistics*，New York，1958.

② Z. Harris：*Methods in structural linguistics*，1951，Chicago，p.15.

‘的’的格式语法功能上的异或同归结为‘的’的异或同。”[①] 他在“分析方法讨论”里复又声明：“本文所采用的方法是把带‘的’的格式的功能上的异或同归结为后附成分‘的’的异或同。”[②] 显然，所谓功能，所谓语法功能并不是指分布范围或出现的位置，而是指在句子中充当主语、宾语、定培、谓语、状语或补语的功能。朱先生对功能的这种解释究竟是不是以描写语言学的分析方法为根据的呢？把这样的功能概念引导到现代汉语语法研究中来，那究竟能不能帮助我们解决语法上的问题呢？我们都应该细加考虑。

4. 我们的看法

在有些描写语言学的文献里，我们可以看到“句法功能”（syntactic function）这样一个术语。所谓句法功能，按照我的理解应该是词（或词组）与词（或词组）相结合的一种结构关系。这一概念可能包含有主语、宾语和定式动词等等相结合的关系在里面。可是我们应该注意，描写语言学家决不根据句子的意义去分析句子，而是依靠形式，依靠位置来辨认主语、宾语和定式动词等等句子成分的。朱先生从传统的语法里接受了主语、谓语等等术语。可是他对这些旧名称，并没有从“位置”上给出新的规定。我们怀疑朱先生是从句子的整个意义里分析出主语、宾语、定语、谓语、状语、补语来的。假如真是这样，那末，朱先生的语法功能论和黎锦熙先生的句子成分论究竟有什么差别呢？我们应该承认，黎先生和朱先生有一个很大的差别，那就是黎先生主张词类通假，而朱先生却反对词类通假。黎先生的词类通假说所引导出来的结论是词无定类；而朱先生的语法功能论

① 朱德熙：《说“的”》，《现代汉语语法研究》，商务印书馆 1980 年版，第 69 页。

② 朱德熙：《说“的”》，《现代汉语语法研究》，商务印书馆 1980 年版，第 100 页。

所引导出来的结论却是某一个词类可以充当各种不同的句子成分。举一个实例来说一说吧：据说“很好的”里的“的”是“的$_2$”。按照朱先生的说法，“的$_2$”是可以充当谓语、补语、定语、状语的。朱先生又承认“很好的就贵了。”中的“很好的”是体词性结构，那末，“很好的”这一结构不是可以充当六种句子成分吗？我们认为，把语法功能局限在充当句子成分上是不能够解决问题的。

五、“语音形式和意义的同一”的问题

1. 为什么要提出这一个问题?

朱先生仅仅在“分析方法讨论”的一节里，提到“语音形式和意义的同一”，但在《说“的”》全文中，似乎并没有采用这一标准来辨认语法单位的同一性的迹象。我们深深感到，朱先生在辨认形类上，有时还不能不求助于意义和逻辑。前面我们已经指出，性质和状态两类形容词的区分是以“意念”作根据的；而句子成分的划分，似乎也是建立在全句的“意义”上的。仔细审查一下，朱先生究竟在《说“的”》里有没有运用这一标准，这不是毫无意义的事。

2.“锁”和“希望”的辨认

在《关于动词形容词“名物化”的问题》里朱先生曾经分析过“锁”和“希望”两个词。他的结论是：“希望”跟“锁”的情形不同，“有锁”里的“锁”跟“不锁”里的“锁”意义完全不同，显然是两个词。“有希望”和“不希望”里头的两个“希望”意义没有什么区别。我们分得出两个不同的“锁”，可是分不出两个不同的“希望”，[①] 这不是“词义不变，词性不变”的原则的

---

① 朱德熙、卢甲文、马真：《关于动词形容词“名物化”问题》，《北京大学学报·文科学》1961年第4期。

具体运用吗？抽象名词和动词的意义本来是“没有什么区别”的。正唯其如此，才会有人提出结构关系，来作为区分词类的标准。我们却想不到采用分布范围和出现的位置来辨认语法单位的朱先生竟仍然坚持着“词义不变、词性不变”的原则。在这篇讨论里，我们虽然还可以找到一些同样的例子，可是我们所关心的是在《说“的”》一文里有没有运用这一原则的迹象。

3. 几个疑问

朱先生在《说“的”》里虽然没有正面地提出“词义不变，词性不变”的原则，但却透露出一些坚持这种主张的迹象。朱先生只承认“很好的书”里的“很好的”是形容词结构而不承认“好的书”中的“好的”是形容词，这是不是因为“很好的”和“好的”的词汇意义不同呢？“玻璃瓶子”里的“玻璃”固然是名词，可是“玻璃的瓶子”里的“玻璃的”为什么又是名词性结构呢？这是不是因为“玻璃”和“玻璃的”的意义没有什么区别呢？朱先生也不承认汉语里有领有形容词（possessive adjective），他把“我的书”的“我的”也看作是体词性结构。这是不是因为“我”和“我的”的词义相同呢？朱先生能不能从分布范围或出现的位置，对上面这些问题再加以考虑呢？

六、对朱先生《说“的”》一文的几点修订意见

1.《说“的”》一文对现代汉语语法研究的促进作用

在前面的几节文章里，关于“同一性”“分布范围”、性质、状态两类形容词的区分，“语法功能”和“语音形式和意义的同一”等问题，我们曾向朱先生提出了一些个人的不同看法。尽管朱先生的文章里还可能存在着某些缺点和问题，可是朱先生运用了新的有效方法，却也得出了许多正确的结论。我们认为，这篇文章不仅在方法论上具有重要的意义，而且对现代汉语语法研究，也起了一定的促进作用。为了表示欢迎这种新方法的尝试，我想在下面提出一个对“的$_1$”“的$_2$”“的$_3$”的分析的修订方案供朱先

生参考，并且也希望能得到朱先生和读者的指正。

2. **修订方案**

（1）的 $_1$……副词性结构的后附成分

①出现在“的 $_1$”前的要素的范围比朱先生的大，除了朱先生所说的双音节副词和单音节双音节和三音节拟声词外，还包括一些双音节形容词、成语等等。

②出现在“的 $_1$”后的要素是定式谓语或带有介宾结构的谓语。

③朱先生认为充当状语的“的 $_2$”也应该看作“的 $_1$”。

④只能充当状语。

（2）的 $_2$……强调或消除谓语性的后附成分

①这一个“的”是从“好的书”“很好的办法”“雪亮的眼睛”“伟大的领袖”“我的家庭”“中国的士兵”“来的人”“飞的鸟”等等结构中概括出来的。

②所有朱先生的 S 的 M 中的 S 都是出现在“的 $_2$”前的要素。

③出现在“的 $_2$”后面的是名词。

④我们不同意朱先生把“好的书”里的“好的”看作名词性结构，也不同意把“很好的书”里的“很好的”看作形容词性结构。“很好”原是谓词性形容词，只有加了后附成分“的 $_2$”才能消除谓语性，才能作定语。“好的书”里的“的 $_2$”是强调作用的后附成分。

⑤只能作定语。

（3）的 $_3$……部分谓词性形容词的构成要素

①作为部分的谓词性的形容词的一个构成要素，出现在单音节形容词的重叠形式的后面。这种形容词的数目不很多。

②只能作谓语、补语。

③出现在体词前面的“的 $_3$”，我们认为“的 $_3$”已经和“的 $_2$”结合而成为“的 $_2$”了。出现在谓语前面的“的 $_3$”，我们认为“的 $_3$”已经和“的 $_1$”

结合而成为“的 $_1$”了。

（4）的 $_4$……体词性结构的后附成分

①出现在“的 $_4$”前面的要素就是朱先生的S。这里指包括人称代词、动宾结构、主谓结构、联合结构等等。

②“的 $_4$”的整个结构作为主语出现在谓语的前面。“的 $_4$”的整个结构作为宾语，常常出现在动词、系词的后面。

③“的 $_4$”常常出现在主语的后面，独立充当没有系词（或省略系词）的谓语。

3. 语气词“的”和时体标志“的”的问题

朱先生不承认在他所举的“的 $_3$”的例句中，有语气词“的”和时体标志“的”的存在，这是不很符合汉语实际的。

朱先生并没有明白否认在现代汉语中，语气词“的”和时体标志“的”的存在。他更没有断定，在现代汉语中，只有“的 $_1$”“的 $_2$”“的 $_3$”。

我们仅仅对“的 $_1$”“的 $_2$”“的 $_3$”的分析作了一些修订。

我们虽然承认现代汉语中有语气词“的”和时体标志“的”的存在，但这些都不在讨论范围之内，所以也就不多谈了。

我们从《说“的”》一文中学习些什么*

一、《说“的”》一文在方法论上的重要意义

朱德熙这篇文章的重要性在于它在方法上采用了美国结构主义哈里斯（Z.S.Harris）的方法，将这种方法初次运用于现代汉语语法研究。结构主义大致分成美国的、丹麦哥本哈根的、布拉格的三派。我们国内以前对他们持两种态度：上海一些语言学家以为要进行批判，他们常以莫斯科大学某些教授的言论为依据，批评结构主义，生怕不加申明而作介绍会受人指责（以上海出的《文摘》的态度为例）。北京一些语言学家不标榜结构主义，也不多作介绍，但很想用他们的方法来研究汉语，这也是有一定传统的。赵元任最早用结构主义的方法。李荣译的《北京口语语法》用的就是结构主义的方法。科学院语言研究所语法小组编的语法书也受结构主义的影响。陆志韦、丁声树都采用结构主义的方法。现在，朱德熙是明白地提出哈里斯的东西。可见，结构主义在北京得到重视了，以为是新的出路。我们的态度是，作为一种语言的记述方法，只要对记述语言确有成效，我们就可以尝试，可以采用。既然它在记述英语中有效，也就可以拿来用于汉语。判断一种方法的优劣取决于是否一贯、详尽、简洁（simple、implicity，单纯）。这三条是相互联系的，也是结构主义语言学共同讲究的。在这个问题上，不要怕唯心主义的观点会有毒素。我们采用的不是结构主义的语言观点，而是它的方法。只要不搞生搬硬套，只要从汉语实际考虑，就完全可以采用一些新的方法。当然，在吸收中还要加以修订。

---

* 原文载于《语法论稿》江苏教育出版社 1990 年版，第 62—70 页。

朱德熙声明用了结构主义的方法。这样的尝试，是值得学习的，但是，朱德熙文章的结论不能说是完全圆满了。其中有一些论断还不能使人接受、满意。朱德熙认为，“好的书”“这本书是好的”，两个“好的”都是名词性结构，是同一的。而“好的书”与“很好的书”二者却不同，“很好的书”的“好的”是形容词性。一方面方法是可行的，要尝试，介绍。一方面结论又不够圆满，要研究问题出在哪里？这里会有两种可能：一是方法上有毛病，像做数学题，式子摆得不对；二是运用上有毛病，式子摆对了，运算上不对。

对于新的方法，我们是肯定的。描写语言学有一定成果，运用这方法来进行机器翻译已经取得一定成绩，说明结构主义的方法没有大毛病。这类方法对汉语的适用性又怎样呢？是不是它只适用于英语呢？在我看来，汉语固然有自己的民族特点，但它作为一种语言，就有一般的语言规律。汉语近于英语，这一点是语言学家大多承认的，如词序（word order）在英语、汉语都占重要位置。适用于英语的方法，对于汉语不会格格不入。当然，对于具体运用的方法也应作必要的修订。那么，毛病可能出在运用上，即运算上有错。仅仅是这一样，改一下就可以了。但如果属于运算者有自己的成见、偏见，并且以此改变运用中的方法，那就是另一个问题了。我们是不是从这样两方面来研究一下呢？看来是应当的。

二、怎样理解这篇论文

我们应当先从朱德熙在《说“的”》以前的一些文章去看他的基本见解。看清了这个，才能发觉他是不是形成了成见、偏见，是不是忠实地运用结构描写方法。他过去发表的论文中有《现代汉语形容词研究》《关于动词、形容词名物化问题》《定语和状语》等。读了这三篇，才能了解《说“的”》一文的来龙去脉。另外，龙果夫的《现代汉语语法研究》对朱德熙有影响，但朱德熙的见解与龙果夫的并不相同，也可以检视、比较一番。为了讨论这篇论文，还要学习一下描写语言学的方法。哈里斯，格里森（H.A.Gleason），还有弗里斯（C.C.Fries），他们的著作要看一些。国内有些介绍文章，[①] 还有《语言学论文选译》第6辑（结构主义问题讨论专辑）等，都可以读一读。

三、朱德熙论文中的几个基本概念和一些特别的论断

1. 几组基本概念（朱德熙使用的术语解释）

第一组：性质形容词和状态形容词。　　这种方法值得注意。单音节的“红”“好”等是性质形容词，用来限制，也包括双音的“伟大”等。重叠的“红红”，带尾的“红通通”“臭哄哄”等都是状态形容词，用来描写。加程度副词，“很好”，也是状态形容词。龙果夫把形容词看作性状范畴，指全部形容词而言。[②] 朱德熙把形容词分为两部分，能否这样分可以研究。

个体词、概括词。　　朱德熙把词分作两种：个体词，用我们的术语即出现在言语行为中的词。语法研究的是共同性概括起来的词，他叫概括词。“开会了”“明天没有会”“上午开会，下午放假”，这些“会”都是个体词，作为名词用的“会”，是语法研究对象，概括词。

名词性结构、形容词性结构、副词性结构。　　朱德熙的意思是功能等于名词、形容词或副词，只因不能确定是词或词组就用结构这个术语。他又认为凡是一种结构就有一定的标志，即单位标志。如“的”就是一种单位标志，“的$_1$”是副词的，“的$_2$”是形容词的，“的$_3$”是名词的。三种“的”，

① 许国璋：《结构主义语言学述评》，《西文语文》1958年第2期；赵世开：《描写语言学的最近趋势》，《语言学译丛》1960年第1期；李振麟译：《当前语言学的发展趋向》，《文摘》1960年第5期。

② 龙果夫：《现代汉语语法研究》，科学出版社1958年版。

是三种不同的单位标志，是三种不同的结构。他不肯定“的”是词还是词素，因而与“的”结合的“红的”等是词还是词组亦不能肯定，故称为“结构”。

第二组：语法单位和语法功能。　　朱文的语法单位指词、语素、词组，不提词素。语素可能是词，可能是词素。我看，如“着”是词素，但有人看作词，叫时体助词。不提词素，讨巧一些，双方都好讲，但不一定解决问题。朱德熙的“功能”，内涵和我的不同。他指一种作用，即名词功能、形容词功能、动词功能等，起名、形、动的作用。这和高名凯的功能相近。高名凯不承认汉语实词的分类，却有起某种功能的词的说法。“白干”，名词；“白干一下”，发挥了动词的功能，朱德熙的功能即如此。黎锦熙不讲名、形、动功能，而讲主语、谓语等功能，更进一步以作句子成分这种作用为功能（已经叫职能）。朱德熙反对黎锦熙的位次论，但也讲名、形、动功能，看能作什么词，起什么词的作用。我的功能多半和数学上的函数相似，不是指种种不同词类的作用，和哥本哈根学派的功能指相互关系、结合能力相近。朱德熙的功能则和美国描写语言学派的相近。

语法性质、语法特征。　　朱德熙认为语法性质是共性的东西，一类词有共同的性质。如果两类词有共同的性质，则是两类词的共性。而语法特征则指特征，指一类词特有的特性，可以与其他类词相区别。他指出，有些语法性质被看作语法特征，就错了。如作主语，不属于名词特有的特征，而是名词、形容词、动词共有的共性，是名词、形容词、动词共有的语法性质。不受副词修饰这一条是名词的语法特征，可以和形容词、动词相区别。

后附成分、介接成分。　　依附于词的后面，分不开的，附着的，是后附成分，如 my father’s book 中的，s 是后附成分。介于两个词之间，凭它使两个词相接的，是介接成分。The book of my father 中的 of 就是介接成分。古汉语的“之”，近于介接成分，现代汉语“的”，近于后附成分。“我的”

不能译“余之”。也不是所有的“的”都是后附成分，有的“的”并不是后附成分。

直接关系、同位关系。　　朱德熙用直接关系这个术语。（也许不作术语，但用于论文，也应理解它。）一个结构“红的”，“红”同“的”是直接关系。“红的书”，“的”同“书”没有直接关系，“红的”同“书”是直接关系。朱德熙认为，“好的书”，“好的”是名词性，“书”也是名词性，这是同位关系。如“北京中华人民共和国的首都”，“北京”和“中华人民共和国的首都”一样。这一点能否接受可以研究。

第三组：同一性。　　一个要素（词、词组）出现在言语里，所处的环境相同，这个要素被认为同一。“的$_1$”都出现在副词之下，“的$_1$”有同一性。同一性不凭实质决定。dogs，loves 两个 [z] 实质相同，但不同一，因为它们的环境不同。朱德熙叫作分布（distribution），一般叫分配，同一是指分布区域一样。

2. 一些特别的论断（指我们不容易接受的）

（1）朱德熙把形容词分作两种，能不能接受？我不大能接受。性质、状态能否截然分开呢？这是一个问题。“快”“慢”这种形容词究竟是性质还是状态？“好”，可以是性质，也可以是状态的。这样区分以后，意义上有分别了，语法上有没有表现出截然不同的特征呢？“大”，指形状。“大箱子”总是状态吧，而“大人物”却是指性质。“长子”“矮子”是性质，还是状态？要划分，却没有可以依据的形式标志。

（2）语法性质，共性，语法特征，特性。这样来看待是否妥当呢？在一类之中是共性，和别的类对比时就又成了特性了。动物本身的“动”是共性，与植物对比来说“动”可能就是特性了，不是绝对对立的。内部讲是有某一性质，对外部讲就是有某种特性，共性、特性可以互相转化。朱德熙的这一划分偏重于静态，没有看变化。

（3）“好书”“好的书”是不是相同？朱德熙认为都是归类，是限制性的。我看二者有不同，“好的书”是强调属性的，这一点可以研究。

（4）“很好的书”“好的书”是不是不同？朱德熙认为两样，前者描写性的，后者是名词性的。我以为一样，只是程度不同。就语法结构里两个“的”的作用来讲，“好的书”=“很好的书”，是相同的。

（5）“我的”“红的”“来的”都一样吗？朱德熙认为同一，都是名词性的。其实其中是很复杂的。他为了追求“单纯”，结果弄成简单化了，这也是不能接受的。“我的”“来的”“我买的”，朱德熙认为这种“的 $_3$”是名词性，结合在“的”前都是S，即实词性的结构’我认为“的 $_3$”之中很复杂，不能简单化。如果片面地追求单纯性，语法现象就从复杂变成简单化。“来的”是名词性，在“来的人”里，“来的”就不是名词性。回答“你明天来不来？”说“来的”，或“来的，来的”，也不是名词性。

3. 我的看法：朱德熙提出的几个概念有缺点

（1）概念规定得不够明确。如直接关系，仅限于小的结构里，第一级中是直接关系，再高一级上去就不是。他的直接关系仅限于词素和词素的结合。词和词的结合，词组的结合，高一级的结构就不讲直接关系了。又如同一性，也不够明确。他说实质不同没有关系，实质即语音。什么东西同一，也没有讲明。

（2）一些概念对立起来是缺乏科学根据的。如性质形容词和状态形容词的区分就是如此。没有形式标志，仅从意义上加以区别，找不出外部标志，就缺乏科学根据。龙果夫把形容词分成体词性与谓词性的还是比较合理的，朱德熙这样分法不够合理。

（3）解释概念有的也很牵强。如语法性质和语法特征两个概念有什么不同，前者是共性，后者是特性，对立起来有些牵强。其实，就一类词的内部讲，名词所具有的语法性质是它的性质，而就外部讲，形容词和名词比较，名词的性质就是它的特征。

朱德熙的论断有正确的部分，如“的$_1$”，出现于副词之下，可以接受。但关于“的$_2$”“的$_3$”一些结论就不大能令人接受，不够满意。这些不能接受的东西是从哪里产生的呢？是由于描写语言学的方法对汉语不适用呢，还是由于作者的偏见、成见，而与这种方法造成了矛盾呢？应当承认，描写语言学的方法还是行之有效的。至少在音位的分析，形态学的分析，部分或初步结构学的分析等方面，在英语中是可行的。而英语和汉语又是比较接近的，分析英语有效的方法当然可用于汉语。这两个前提既然可以成立，方法方面的检验就不很重要了。重点倒要放在检查方法与成见、偏见的矛盾上，看一下有什么问题。

四、方法与偏见、成见间的问题

1. 语法意义和语法形式结合

意义，在哈里斯那里是排斥的。弗里斯比较中和。他把意义分作三种：lexical，词汇的；structural，结构的；social cultural，社会文化的。他认为语言的意义可以表现或透露某些社会文化意义。例如，“XX 以 49 秒完成了 400 米混合泳”，这句话的语言意义是所有的人都能懂的。对于一般人来说，听到这句话可能无所表示。但如果一个游泳运动员听到这句话，他就会感到兴奋、激动，后者所表现出来的反映是属于社会文化意义的。而这种社会文化意义，只能通过语言意义才得以表现；前两种意义属于语言范畴，后一种属于非语言的。

我们研究语法注意的是结构意义，要从一定的形式标志出发，得出结构意义，而不是从词汇意义出发。研究的重点应当看有哪些形式标志，有怎样的结构意义。在语法研究中，对于个别的词汇意义可以不管，但共同的意义，如“桌子”“椅子”等有事物的名称这一共同的意义，

“跑”“跳”“吃”“讲”有动作这一共同的意义，要不要纳入语法研究之中呢？共同的意义如果没有共同的形式标志，就不是我们研究语法的对象。“跑”“跳”“吃”“讲”都可以加“了”，有了形式标志，才是我们研究的出发点。再看一下，作者是否有偏见、成见。在写《语法修辞讲话》一书时，就有“词义不变，词性不变”的观点。这观点在接受描写语言学的方法时应当放弃。但现在却依然流露出原来的观点，形容词分作性质、状态两类就是从意义出发的，有了这个先入为主的东西，然后再去用描写语言学的方法来证实。结果，“的 $_2$”“的 $_3$”大体以状态、性质为范围来划分。

2. 功能

朱德熙的功能指作用，起一种什么词的作用。这种作用是从哪里来的呢？“你们都喝白干，那么我也白干一下”，这个“白干”发挥了动词的作用，是动词。黎锦熙讲位次，“白干”在谓语位次，是动词。这就是说，动词是因为有了谓语这个位置才得以确认。朱德熙不赞成黎锦熙的倒果为因的说法，而肯定由于是动词，才能做谓语。他们对原因、结果的看法刚好相反。在朱、黎两种意见之间，我们同意朱的解释。但问题还在动词、名词做定语时（形容词做定语没有问题），起动词的作用，起名词的作用又从哪里看出来呢？“好书”，形容词做定语；“好的书”“好的”也是形容词功能，朱德熙为什么要看作名词性呢？到了“很好的书”“很好的”又是形容词了。如此说法，就看出论者早有主观态度。“这个办法是很好的”，“很好的”应当是名词性，他却又归入形容词。这都是为了贯彻他的形容词性质、状态之分，结果自相矛盾。

3. 同一性

朱德熙指出同一不指语音的实质，语音相同并不是同一的要素。但是他忘了意义的相同也不一定是同一。同一性指的是关系的同一，同一不指实质，包括语音、意义两个方面。索绪尔认为，语言记号的同一性建立在关系上，他讲过一些比喻，如被偷去而又在旧衣铺里挂着的衣服，已拆毁而重建的街道，每天同一时间开出的列车等。朱德熙看来也已经注意到这一点，但他的同一却只用“的”之前的关系来论证，关系只限于要素之前的。这一点是有偏见的，是片面的。为什么不进一步去考察“的”后面的关系呢？有些要素可以只看前面的关系，如“们”，只出现在人称代词和名词（指人的）之后。可以说“们”是出现在体词之后的一个要素，和它后面的不发生关系。但是“的”却不能像朱德熙那样撇开后面的成分。“我的”单独看很难确定它是什么性质，而要在“我的书”“这是我的”等等之中，从关系之中看出一些分别。英语 poor 是形容词还是名词？ a poor man，man 决定 poor 是形容词；the poor，the 决定 poor 是名词。又如，this is mine 和 this is my book 之中的两个 this 也有分别，不能孤立地看。

4. 语素

朱德熙的语素实指词素，前面已经讲到，其中矛盾也掩盖不了。

5. “的$_3$”

“的$_3$”很复杂，朱德熙在处理上简单化了。“我今天写的诗，昨天写的文章”，“梅兰芳的虞姬，杨小楼的霸王”，“谁的东道”等是哪个“的”？是不是都归入“的$_3$”还可以考虑。

《说“的”》讨论总结*

这次学习《说“的”》的讨论总结要谈这样几点：收获和存在的问题，需要首先解决的一些问题，也谈谈我个人对“的”分类的看法。

一、收　获

近两个月的学习，收获是很多的。归纳一下可以提出的有如下几点：

1. 参加者大都能以积极的态度学习，以参加讨论的态度学习，这是很好的。敢想敢说的作风也是值得提倡的。黄景欣发表了文章，赵致祥提出形容词的分法意见，要求重新考虑问题的态度都很好。深入钻研的精神（如研究生中提出转换理论的运用问题）也应当发扬。

2. 大家认为，朱德熙的文章提出了新的方法的运用问题，确实有重要意义。20 世纪语言学的倾向是不断探求新的方法，在汉语的研究方面也应当采用有效的新方法。同时也指出《说“的”》一文在方法上有一些缺陷。

3. 讨论中可以一致起来的是：现代汉语有语气词“的”，有时态标志“的”，应当从朱德熙的“的$_3$”里分出来。这是与朱德熙的意见不同的。

“好的书”“很好的书”，两个“的”同一，而朱德熙认为这两个“的”不同一。

否定了“这是白的”“这是白的纸”两个“的”的同一性。朱德熙认为这两个“的”同一。赵致祥还提出这两个“的”同一于形容词。

对于分布与朱有不同的理解。朱德熙看重“× 的”的“×”，我们认为应当看“的”的前后，我们的理解是符合汉语实际的。

---

* 原文载于《语法论稿》，江苏教育出版社 1990 年版，第 71—80 页。

对于语法功能，朱德熙认为是句中的作用，黎锦熙是指位次。我们的功能概念还要大一些，指相互关系，是从互相制约、互相联系中去看问题，比朱德熙的大。这样理解和利用描写语言学的方法也切合一些。

二、存在的问题

这次讨论，时间不够充分，还存在不足之处。

1. 态度方面，个别的同学还抱着旁观者的态度，细心阅读不够，发言也浮光掠影，可能是对这次学习的意义认识不足。在讨论中，责难多了一些，商量讨教少了一些，盛气凌人并不好，这一点以后也要注意。科学不能离开客观事实，但我们有一些探讨是重理论而轻事实的，有些地方片面性也大，有些地方又喜欢扣帽子，不利于解决讨论中要解决的方法运用究竟正确与否的问题。

2. 论断方面，介接成分和后附成分的看法还不一致。什么是变体？“白纸”“白的纸”是不是变体？“红”“红的”“红红的”“红通通的”是不是变体没有解决。转换理论接触还少，究竟怎样转换没有解决。层次分析问题有不一致的看法，“刚好 | 五个人”还是“刚好 ‖ 五个 | 人”，看法不同。副词能不能修饰名词？龙果夫认为不能，讨论中有人认为能。名词能不能独立作谓语？有人认为有些名词作谓语有条件，有人认为名词可以独立作谓语。还有“一张白的”和“白的纸”，两个“的”能否同一于形容词，也有不同看法，有人主张同一于形容词。

三、几个先决问题

有几个问题需要在进一步研究中先求得解决，这样展开下去才便于共同商讨。

1. 发展观点

要注意语言的历史发展，这一点应该说是没有问题的。但是习惯的思想方法总是静止地看问题，老一辈的知识分子常会以不变应万变，静止的观点不容易摆脱。尤其在静态描写时，发展观点的运用更是一个问题。如果没有从历史上真正掌握事实，常常会倒果为因。我向大家介绍一本书 The History and Origin of Language（《语言的历史和起源》），作者达埃蒙（A. S. Diamond）对词的演变提出了一些看法（以前，廖庶谦的《口语文法》曾对词类的演变提出过一些问题，却是想当然的）。达埃蒙认为先有动词，再有名词，后有形容词。语言的起源是一些命令的句子，这是从劳动中产生的。因为在劳动中要求参加者做什么动作，需要用命令句，所以命令句是最多的、基本的句子。之后是叙述句，其中除了动词，又有动作的主体——名词的存在。再进一步，是属性判断句，像“花是红的”，这时就有形容词了。这三类句子相应地有动、名、形三类词的产生。从名词变为形容词，这一点在汉语中可以得到证明。如“红”“绿”都从“系”，可见最早都是“丝”的东西。问题是动词和名词哪个先有。这个问题和黄淬伯讨论过。胡小石同意我的看法，说动词是先起的。按达埃蒙这一看法，劳动中先要求有行动，行动中不断地有要求，所以命令句先出现，是大体合理的。这可以给我们一些启发，任何一类词都有二重性，这二重性又是相互对立、相互转化的。一个名词可以向动词、形容词发展，一个动词可以向名词发展。所以，不要把词类看得很死。这一点，对于名词能不能独立作谓语的问题有可以借鉴的地方。古代汉语系词“是”，洪诚认为早在先秦就有，王力认为在六朝才有，但后起是大家都同意的。既然后起，那么早先的古汉语里名词是不是可以独立作谓语呢？在注释的场合是可以的，而一般都与“也”这样的语气词结合。“君君”的“君”已经向形容词转化了，“君”，是资格，性质。“鲁人”，不加“也”，作用是加以区别，可以独立作谓语。到后来，

"是"产生了，判断性增强。现代汉语名词不能独立作谓语，一般说可以成立，作谓语是有条件的。语法研究应该看到语言中发展的趋势，进一步分析条件，补充一般的原则，以大量的事实来证明补充条件。

2. 历史观点

在我们的研究中应当注意历史观点。体系离不开历史，都是历史的产物。静态描写固然不能和历史相混合，但历史观点可以作为我们的参考。"的"一部分由"之"演变过来。"之"在四书里是介接成分，不是后附成分。"之"的前身是代词。"治国之道"，"之"联下，不只联上，和"的"有显然的不同。"之道"，"这个道"，"之"是代词。说"余之书"可以，但"此书余之也"不可以。"之"不能后附。"的"究竟怎样，可以研究。至少像后面没有东西的那一种，如"我的"的"的"是后附成分。"这件衣服是蓝的"，也是后附成分。"蓝的衣服""白的纸""大的房于"，"的"是什么呢？我认为形容词后加成分的"的"也是后附的，至少是有后附倾向的。也有比较地接近介接成分的，那就是两个名词之间的"的"，如"学校的房子""中国的地图""玻璃的房子"，但有渐渐后附的倾向。要说它们一点介接性也没有，我也不相信，只是后附的萌芽已经存在。据此，可以说作为后附成分的"的"增多了，保留介接性的则减少了。这个问题当然还可以讨论。鲁迅文章里用在两个名词之间的"的"，联后的，这是文言的书面语的残留，并非新的倾向。"之后""之中"，也是残留，不是发展方向。总之，我认为"的"介接的用法减少了，后附的增多了。对于一些例外怎样看？也要应用历史观点来看待。可以测试一下，观察出现"的"的地方能否改"之"，能改的是介接性，不能改的是后附性。

3. 层次分析

层次分析用起来往往切分不一样，这是我们遇到的新问题。许多切分问题都还没有碰到过，汉语的层次分析值得研究。看来要科学地加以规定，才能合乎客观事实地来分析层次。

有一些具体问题，可以讨论怎样切分才合理。“很好的 | 书”，没有问题。“很好的”可以分成“很好 | 的”或“很 | 好的”，哪一种对呢？问题在“好的”，这是一个体词性形容词，不作谓语，同“好”不一样。“好”是体词性，但在一定条件下可以作谓语。“他的病好了”，“这本书好，那本书坏”。“好的”却不作谓语，除非变成名词性，“这本书好的”。“好的”既不能作谓语，也就不受副词性修饰。所以，不是“很”和“好的”切开，而是“很好”和“的”切开，是“很好”，谓词性，加“的”，变成体词性。当然，切分要找客观的标准。我这里说的切分程序是否符合客观，还可以研究。

“小小”，可以独立作副词，“小小一间房子”。但“小小”能不能修饰名词呢？“小小画家”不是可以吗？这里是“小 | 小画家”，不是副词修饰名词。本来，“小”加在名词上就很多，“小小画家”比平常的“小画家”更小一点。

“非常时期”，朱德熙把“非常”看成严格的副词，不能修饰名词，只能“非常好”“非常用功”等。我以为这里的“非常”是名词用来修饰名词。“非常之事”“事出非常”也如此。这也是从层次分析来看的。“最高法院”的“最高”是名词。“学习态度”的“学习”也作为名词。

“热热地沏了一壶茶”，“热热地”修饰“沏了”，还是修饰“沏了一壶茶”？可以看作修饰“沏了一壶茶”，是动宾结构，再受“热热地”修饰。

“有”，单独不受“很”的修饰，不讲“他很有三块钱”，因为已经标明了定量。但可以讲“他很有点钱”，不定量的。“很有经验”，“很”修饰“有经验”，不定量。

4. 变体

不要把变体（variant）和变形混为一谈。transformation 可以译为变形、变换、转换。变体概念是从音位学来的。如 -t 在交际中，在一定条件下，有各种变化，都是 –t 的变体。结构主义者也把变体用到语法和词汇中来，就有了三种变体。我们所指的变体应该是语法变体。以印欧语言来说，语法变体常指词形变化中的格、位变体，都是一个词的词根这一常体的变体。运用到汉语中来，常常会把语法变体和词汇变体混在一起。如把憎称、爱称都看成语法的东西，认为是变体。英语 book、booklet“小册子”，cigar“雪茄烟”，cigarette“香烟”“纸烟”，只能说是词汇变体。汉语的一些形容词，意义相同的，只是词汇变体。如果汉语的实词有变体，那么变体和模式之间的关系又怎样呢？是不是应该把这类关系建立在同一性上呢？变体与变体之间，对于模式来讲不止一个变体之间应该有差异。当然，这也指语法功能的差异。我不反对运用变体理论，而是要求探讨变体的条件。

5. 转换理论

美国的结构主义语言学理论中，转换理论是补救直接构成成分分析之不足的。乔姆斯基（N.Chomsky）在一九五七年发表 *Syntactic Structures*。转换理论是他们提出的。朱德熙已在北京大学作过介绍性的报告。但我没有看过乔姆斯基这本书，坦白地说是不懂的，只能谈点想法，供参考。《语言学资料》上刊载过苏联两篇评介文章，可以读一下。

转换理论不能说是全新的。在我们的语法研究中也曾不知不觉地用过。学习语法做练习也常是用的，就是语法形式的改变等。乔姆斯基书中有二十四种转换，是用于英语的。这是从具体语言的不同情况出发而采用的。我们应当接受这种转换理论，而且要研究怎样用于汉语。转换的范围大小问题就可以研究。“鸡不吃了，鸭子还在吃米呢”“鸡不吃了，鸭倒还可以吃几块”，朱德熙认为这是转换式。研究生里有人认为这太宽了。我以为不看下一个分句，单看“鸡不吃了”，可以有音调的不同。这句话的环境有二：语言的，非语言的。加上下一个分句，使非语言环境语言记号化，而证明前个分句的音调不同，所以也是转换。看来不宜把转换看得太窄了。

这一方面，是值得钻研的。英语的东西如The shooting of the hunters，有二义："射猎人的射击"，"猎人自己的射击"。到汉语，可以"猎人的射击"，"对猎人的射击"，不会含混。所以，转换上也不必硬套。苏联巴尔胡达洛夫（С.Г.БархуДров）讲得很对，转换不是一把万能的钥匙，不能无限制地用转换。朱德熙《说"的"》用了转换，是不是合乎要求还可以研究。

6. 相连关系和相离关系

黄景欣用这对术语包含的原则批评朱德熙的文章。这是叶尔姆斯列夫（L.Hjelmslev）的理论。黄景欣认为，朱德熙只注重"的"的分布范围，即相连关系，不注意从相离关系看问题。

叶尔姆斯列夫（L.Hjelmslev）的理论里有两个术语：语言过程，即言语活动，言语；语言体系，即语言。体系存在于过程中，过程的产生以体系为前提，无体系也无过程。一个语言过程之中，一定有一个语言体系存在。在语言过程里，要素和要素是相连的，并不是孤立的，分析语言就离不开相连关系。哥本哈根学派就采用这个原则。美国描写语言学派以分布看要素是怎样相连的，朱德熙对于"的"的分析也这样看。相离关系指对立，相互制约，不同一，在体系里的要素各占一定位置。名词和代词在汉语里都可以做主语，但又有对立的一面，代词不受数量词的修饰，名词受数量词的修饰。这样，在一个体系里形成了对立的相离关系。体系是由相连关系、相离关系概括出来而成立的。相连关系侧重于过程中的关系，相离关系则构成体系的重要的一面。朱德熙实际上是用两种关系进行分析的。就"的$_1$"出现的范围是看相连关系，但按"的$_1$"和"的$_2$"对立，又是看相离关系的。再进一步讲，这两种关系可以由相连看同一，可以由相离看对立，从而构成体系。它们之间的关系又怎样呢？依我看，叶尔姆斯列夫是以相连关系为基础，相离关系受相连关系决定。这一点，布拉格学派有所不同，认为相连还要看实质的不同，并不能只看相连，还取决于实质。哥本哈根学派只问相连，不看实质，不提实质如何。他们认为相离是常数，决定于相连的变数。

7. 功能

function，一般流行的解释在生物学上常用指“机能”一词，在社会科学上用指“功能”一词。我以前在中山大学教书时也用“机能”这个词。即眼睛的功能是看，耳朵的功能是听。数学上，有函数关系，指两个数之间的相互关系。叶尔姆斯列夫的功能概念近于函数关系。“知道”，动词；“给你一个知道”，“知道”的关系不同，名词。美国描写语言学的功能则近于生理的，指在句中起什么作用。朱德熙接受的是这一派。两派有不同之处，但并不是截然对立的。叶尔姆斯列夫的功能可以包括美国描写语言学的功能。主谓也是一种功能关系，状谓、动宾都表现了功能关系。而描写语言学的功能只看作用，不看作用之中还有相互关系，不包括叶尔姆斯列夫的功能，不包括相互关系。朱德熙是从作用看问题，即以美国哈里斯的功能概念看问题。黄景欣的文章提到，说这两种功能概念是对立的，这样讲也并不妥当。

四、对朱德熙的“的”的修正方案

经过学习，考虑“的”的分析应有几点修正。

1. 分布范围的修正

朱德熙仅仅把分布限于“的”前的要素，而把“的”后出现的要素看作无直接关系。这样的限定原因在于他认为“的”前的要素和“的”是一个结构，而“的”和后面的要素无直接关系。同时，他认为“的”前的要素和“的”的结合是词法的问题，不是句法的问题。“红的”是词法问题，在“红的书”，如把“红的”与“书”联系起来看，则是句法问题了。我们不承认词法与句法有截然分开的可能。“炒饭”与“吃炒饭”相比，前者是句法的，后者是词法的，是不易区分的。所以决定“的”性质的不仅是它前面的要素，也是它后面的要素，不宜只看一边。

2. 对性质形容词和状态形容词区分的修正

朱德熙的这种区分是有问题的。从语法意义上讲是有困难的。“大”是状态，还是性质呢？英语有 large，big，great，像 large box，big man，the great。汉语有“大个子”“大人物”，不同的“大”，但不易分别，没有特别的语法标志可以识别。所以龙果夫只讲性状范畴，不再下分。他的《现代汉语语法研究》有错的地方，但也有对的、好的地方，作为方法、见解有一些独到之处，值得我们参考。他认为有体词性形容词和谓词性形容词（古汉语只有谓词性形容词，现代才分离出来），但不是不能转化的。体词性的如果用某种构形，可以变成谓词性的，而谓词性的在一定条件下可以变成体词性的。“好”，体词性，是一种性状，没有主观估价，不做谓语，不能孤立地说“这本书好”。在一定条件下，回答“这本书好不好？”有主观估价了，可以“这本书好”，也可以在对比之下，“这本书好，那本书坏”，或者加语气词而成立，“这本书好的”；加程度修饰，“这本书好一些”，而比较又有“这本书比那本书好”。同样，谓词性的加“的”，变成体词性形容词。“很好”，谓词性的，“这本书很好”。变体词性，可以“很好的书”。龙果夫这样分析，我以为比朱德熙的性质、状态二分合理，也更近于马克思主义语言学应有的辩证观点。龙果夫从体性词形容词和谓词性形容词的相互转化看问题，朱德熙则绝对地把性、状对立。语言是辩证的统一体，任何词类都可以相互渗透、转化。龙果夫注意到了语言里动的、变化的因素，朱德熙是静止地看问题。看来龙果夫的观点更接近汉语的实际，我们应当作为参考。

3. 我的修正“的”的方案

以朱德熙的三种“的”为限，我们认为可以区分为四种。当然，的$_5$，

的 $_6$……都可能有，但不在讨论范围之内。

“的 $_1$”，出现于它前面的基本上和朱德熙提出的一样。出现于它后面的是状语或谓语。如“全心全意地‖为人民|服务”。朱的“的 $_2$”之中，可以作状语的都是“的 $_1$”，因为它们出现于状、谓环境。“的”是副词性语法单位的标志，它只充当状语。

“的 $_2$”，体词性形容词一类语法单位的标志，从“好的书”“很好的书”“雪亮的眼睛”“我的家庭”“中国的朋友”等结构里概括出来。它出现在体词或形容词的后面，出现在体词的前面。我们不同意“好的书”“很好的书”中，两个“的”不同一的观点。这里“好的”“很好的”都是体词性；“很好”，谓词性形容词词组，加“的”，作定语，和“好的”一样。“的 $_2$”只作定语。

“的 $_3$”，谓词性形容词一类语法单位的标志。它出现在单音形容词重叠式的后面，独立作谓语。“的 $_3$”只做谓语、补语。如“月亮圆圆的”。但如出现在体词之前，是“的 $_2$”，如“圆圆的脸”。“一壶茶热热的”也是“的 $_3$”。

“的 $_4$”，从朱德熙的“的 $_3$”中分出来，是体词性的语法单位的标志。它作为主语出现于谓语之前，作为宾语出现于谓语之后，作为表语出现在系词之后，也可以独立作谓语。

在现代汉语里有语气词“的”，回答“你会不会写？”“我会写的”就是。还有时体的“的”，如“我进的城”。在朱德熙的“的 $_3$”里有语气词，也有时体的“的”，应当分出来。

我们修正的“的”，仅限于朱德熙的三种“的”。

研究汉语语法的几个原则性问题 *

一、引　言

原则性，指如何处理问题，用怎样的态度来处理问题。原则总是概括的，要通过实例来证实。

我是怎样研究起语法来的呢？四十年前在日本学英语专业时接触语言学，吸引我的是语言方面的理论，尤其是语音理论。青年语法学派提出语音规律无例外，指语音规律的演变很严密。我把自己的方言和普通话对照起来考察，引起很大兴趣。1924 年毕业回国教书。1928 年索绪尔《一般语言学教程》日文版刊行。读了以后，对研究语言体系又有很大兴趣，决定终身研究语言科学，也就向往去法国。我是 1929 年去的，在法国学习两年多，研究方向由语音转向语法理论。在这段时间里，也读了叶斯柏森的《语法哲学》和巴利（Ch. Bally）等人的书，回来就教语言学，教语法理论。为了教学方面的需要，收集了一些汉语的例证，涉猎汉语语法著作，马建忠、杨树达、刘半农、金兆梓、陈承泽的书，王力的书，吕叔湘的书都看过。看书是为了找教学上用例，为了理论和汉语的结合。从中也发现了一些问题，注意到其中有些问题在方法上可以进一步探讨。近来我把研究重心放在汉语语法上，我想运用前人的一些理论，趋利去弊，确定自己在方法上的研究原则。

---

* 原文载于《方光焘语言学论文集》，商务印书馆 1997 年版，第 252—272 页。

二、八个原则

1. 时时提防文字的荧惑，必须透过文字看清语言的真实面貌

这个原则和一般的看法不一致，一般的看法往往以为文字属于语言的内部，其实文字是语言以外的。我们认为研究语法不能不利用书面语言，不能不依靠文字，但不能仅仅依靠书面语言，口语是更加重要的。如声调、重音都不能表现在文字上，我们应当重在实际语言，而不能单凭书面语言。苏联已有一些人注意声调，鲁勉哉（M.K.Румянчев）研究了在声调上句子形式做主语的特点。近来，教学上提倡朗诵。文学教学可以从朗诵看意义内容，语言教学则可以从朗诵看语法上的问题。书面语上可以包含二三种意思的一句话，由于文字的障碍而看不出来，但口语则不会误会。朱德熙《说“的”》中“我买的票”，由于语音上的差异，就可以听出含义的不同。研究古代汉语当然要靠文字，靠书面的东西，但还可以靠与同源语言作比较。

文字，尤其是汉字，往往给人带来一些错觉。由于汉字是单音节的，就说汉语是单音节语言。其实现代汉语完全不是如此，即使是古代汉语也不全是单音节，只有原始汉语可能是单音节的。有人对《红楼梦》《儿女英雄传》进行词汇统计，前者于清乾隆时成书，后者成书晚了一百多年，这期间复音词已增加了许多。发展到现代汉语，早已不是单音节的了。

20 世纪 40 年代初我还见过这样的语言学家，企图从汉字的偏旁来讲语法。以为从“言”的都是动词，如“论”“训”等，从“扌”的也是动词；从“草”的都是名词，这是一种很奇怪的说法。果真如此，没有文字也就没有语法了。文字的产生至早也只有一万年，即奴隶社会之始才有的，而语言早在几万年之前已经有了。根据现有的科学资料，北京人距今五十万年，尼安德特人距今十万至四十万年，这时已有了语言的萌芽。因此，说语法取决于文字是讲不通的。

汉字有意义，有人就认为一个汉字是一个词。只看文字，词的界限不清。“的”是不是词呢？“了”“着”是不是词呢？有些是不是词，值得讨论。现在似乎有一个办法，凡和“的”结合都是助词结构。单独不用的一些词素如“了”等，因为是从文字出发，也进而成词，也算词。“点着一盏灯”和“我念着书”，“着”，有人叫时体助词。高名凯把“们”看作词，认为“们”不附于一个单位之后，可以有“先生和学生们”的说法，所以“们”有词的独立性。

看重文字的人就往往只重语源，而语源和现行意义往往违背，是不相符合的。“埋怨”的现行意义只有“怨恨”之意，没有“埋”的意思。从语源上讲，“埋怨”有“怀恨”之意。如果认为“埋怨在心里”不通，就是没有把语源和现行意义分别开来。也有人认为只能说“旗手”，不能说“歌手”，也是只从文字上看语源，没有看到语义的变化。又如“动员”，现行意义是“发动”，“员”的原有意义已经减弱了。在语言里，这种现象是常有的，“危急存亡”的“存”意已失，“缓急之需”的“缓”意也已消失了。

口头语言是生动鲜明的，在各种场合都可以完成交际任务，这是语言学研究的中心。文艺作品的语言，我们也可以参考，可以研究。但它是加工了的，不是野生的。我们不要反宾为主，要把人民口头语言的优越性时时摆在心里。

2. 研究语法不以个别的词（词素）、孤立的词（词素）为对象，而是以词与词、词素与词素、词与词素、词与词组、词组与词组的结合关系为对象

语法是研究关系的，不是研究个别的、孤立的东西。这个原则很重要，必须严格遵守。以词类而论，也是关系中的类，而不是个别的词、孤立的词的类。王力在《中国文法学初探》中提出了词的本性、变性问题，认为一个词有它的本性，在使用中可能有变性。例如“人”是名词，是本性：在“人其人”中，第一个“人”是动词，是变性。这种说法的根源就是孤立地看问题，没有从结合关系来看问题。从意义上看，“桌子”“椅子”等的本性是事物之名，勉强说得过去，但“钉”“锯”“组织”“雨”等就难讲了。“雨”，指现象，动词；指现象的结果，名词。这个词，我主张先有动词，后有名词。黄淬伯认为名词先有。胡小石也说卜辞里动词“雨”指下雨动作。《诗经》里也有“雨我公田”。可见，讲本性就很难，只能从结构里去看，“一种组织”“健全的组织”，是名词，“组织起来”是动词。孤立地看很难定，应当注意的是共同意义，但共同意义而没有语法形式标志的就不是语法学要研究的，而是逻辑学的对象。共同意义而有语法形式标志，才是我们研究的结合关系。

不少语法学家讲内部形态，指的是一个词之内的，如动词的变位，名词的变格等。拿来看汉语的实词，因为在一个实词之内没有这些东西，就认为汉语实词不能分类。这也是孤立地看问题。从结构关系看，一个词的词性完全是由与其他词的结合关系来决定的，即使是印欧语言的变格变位也是如此。叶斯柏森也曾以 sheep 为例，说 sheep 无单复数词形之分，在 many sheep 中 sheep 是复数，在 one sheep 中 sheep 是单数，单复数由 sheep 前面结合的来确定。汉语的“三位先生”，名词受数量词修饰，不要加“们”，也是由前面的结合而定的，这种结合关系和内部形态有相同的作用。

语言是靠各种结合关系来表情达意的。语言的语法存在于关系之中，无关系就没有语法，也不成其为语言。一个句子在分析时，最大的成分主谓之间也是关系。主语讲事物、事件，谓语讲主语干些什么。无谓即无主，无主也无谓，主语、谓语是相对的，它们的关系是互相决定的。汉语语法学里用了一个术语“谓语形式”，指没有主语，近于谓宾而又不作谓语的结构。这样定名就有问题，离开了主语哪里还有谓语，没有主语的谓语实际上是不存在的。本来 verb，谓语，指对主语有所陈述，有所说明，用作谓语的是谓词。如英语，作谓语的是动词，可以包括不动的 is，am 等。verb 之中，就有关系存在。“我读书”，“我”是主语，“读书”表示同“我”的关系。印欧语里，“我”同“读书”有相一致的关系。有词形变化上一致的表示。“读书”，另一方面又有实质的意思。汉语也有这种一致，但用词序表示关系。“读书”直接跟在“我”之后，表示“我”读书。另外，也有一些谓词纯粹表示关系。“我是学生”，“我”主语，“是学生”，谓语，谓词“是”单纯表示关系，“学生”表示实质。

去年我在杭州讲学时，有人提出这样的疑问：从结合关系看问题，不是和黎锦熙的“依句辨品，离句无品”无异么？这里应当说明，这个看法同黎锦熙不同：

（1）黎锦熙的“依句辨品”只限于句，这里讲的结构不限于句，句以下的结合关系也叫结构。如“桌子”是一个结构，因为有两个要素，两个要素之间有一定的关系。“桌”有一定的意义，才能同“子”结合，“扇子”“鞋子”“椅子”“窗子”都可以讲。含有另外一种意义的要素就不能同“子”结合，没有“好子”“伟大子”“干净子”。“子”，起初可能是一种构词法的东西，小称，名词的后缀，有表示名词的作用，结合“子”的是名词。又如“一把刀”含有三个要素，可以看出在这个结构里数量词和名词的结合关系。“一把刀”“一把扇子”“一把茶壶”“一把椅子”等，在“一把”之后的词有一个共同性即名词，也就是说能接受数量词修饰的是名词。但有的名词不能用“把”，没有“一把黑板”的说法，可见“把”必定要放在“有把柄可拿的”事物上，可以接“一把”的是名词中的一个小类。因此，离结构无类，离关系无类，结构并不排斥句子，但也不限于句子。

（2）黎锦熙的“依句辨品”是以句子意义为骨干的。如“台上坐着主席团”，“主席团”是主语，倒装。主语在宾位，叫主处宾位。这是从句子意义出发，而不是从结合、从关系看的。我们不是这样。我们从结构中来看，结构中有一定的形式的结合，例如，名词是受数量词修饰的。所以，我们根据的是结构意义，也就是语法意义，而不是句子的意义。我们如果承认这是倒装，就要研究这种倒装的条件，不是看意义，而是看“主席团”在什么条件下放到动词后面，“台上”在什么条件下可以提到句首。总之，要从关系出发，研究结合条件。

（3）黎锦熙的“依句辨品”是以句子里各个词的职能作为区分词类的标准的。职能，指词在句中作什么成分（主宾谓定状补等），所以才说“依句辨品”。我们也不同意他的说法。词在句中的职务只能作为词类区分的参考标准，而不是唯一的标准。一定要说动词、形容词作主语，词性就变了，就成为名词，这说法并不妥当，但也不能说动词、形容词无论在哪里也不变。要从互相关系来判断，作不作主语倒不一定。如孤立的“出版”，难以决定它属于哪一类。“这本书的出版”，“出版”既然可以受“这本书的”修饰，它已是名词性了。“这本书的销路”“这本书的大小”，“销路、大小”都是名词性。在“这本书的迟迟出版”中，“出版”受副词“迟迟”的修饰，那又怎么解释呢？我们应当从层次上看问题。“出版”的名词性由动词变来，是动名词，仍有动词的性质。结构分析是“这本书的 | 迟迟出版”，又分析为“这本书的 | 迟迟 | 出版”。

我们认为，一个词可能有两种用法，例如“用锯锯了半天”。黎锦熙可能要用通假说，王力可能要用本性、变性说。苏联宋采夫等人则认为，“一把锯”的“锯”是名词，“锯木头”的“锯”是动词；各类词有各类词的一般形态系统，不认为是“通假”，而认为是两个不同类的词，是同音异义词。这种说法，就有些词而论，是能为我们接受的，比方“锯”。但是如果不像“锯”那么具体，而是比较抽象的名词，比方“希望”那就较难使人接受了。“希望”同时具有名词和动词的形态系统：可以“一线希望”“很大的希望”等，就构成了名词的“希望”；可以“希望他来”等，就又作为了动词的形态系统。那末，“希望”是两个不同类的词吗？是同音异义词吗？朱德熙就不承认。他认为“希望”只是动词，而不是名词。

从结构中来看，“通假”这类问题应该如何处理呢？苏联学者关于形态系统的说法能否为我们所接受呢？最近看到美国霍凯特（C.F.Hockett）所著《现代语言学教程》，有新的提法。他认为，在语法模式中出现的词，应该看作是词干，词干可以兼类，甚至可以兼三类；词干是作为模式中的、体系中的，当它进入到言语过程中以后，由于语法环境的不同，由于实现的过程不同，便可能成了动词，或者名词，或者形容词。在“起来、下去”之前的，便是动词；在数量词后面的，便是名词，等等。所以，词干兼类，也不要紧。因为实现了的词干，在语法环境中的词干，只有一种性质，只可以有一个类。这个美国的语言学家把英语实词的模式分为名、动、形、名形、名动、动形、名动形等类。这是描写语言学的方法，我们可以批判地加以接受。

西方传统语法的下位区分是两部分：词法（morphology）、句法（syntax）。morphology 译为词法并不妥当，morpho 在希腊文是形式、形态，相当于英语的 form，直译是形态学。syntax 也是希腊的，直译是“词的结合论”（combination of words）。吕叔湘译成“形态学”“结构学”，译得比较好。结构包括句子，但不限于句子。俄语的内部形态——狭义形态比较丰富，变化的种类也多。英语就比较少，名词无格的变化。语法分作词法、句法两个部分是由拉丁语那样形态多的语言传承下来的。对于形态变化丰富的语言，这样两分还是有必要的。对于词形变化并不丰富的语言，是否还要这样划分就值得考虑。汉语的“了”“着”当作词，还是当作词尾？看作后者，应当放到 morphology，看作词，应归入 syntax，这一点现在还没有一致的看法。

自布龙菲尔德以后，都把粘着单位归入词法，自由单位归入句法。但霍凯特（C. F. Hockett）已提出疑问，twenty-eight 是词法的，twenty-eighth 又算自由，又有粘着。汉语里有许多情况，难讲“自由”还是“粘着”。“很多”是不是一个词呢？“课堂里人很多”。这个“很多”是“副、形”结构。“看的人很多都哭了”，“很多”是不是近于代词性的词呢？汉语里常常有这样情况，在某种结合里是构词的，在另一种结合里又是造句的。“很多见”少用，“很少见”多用，后者比前者倒是自由一些（吕叔湘最近有篇文章发表，就认为汉语里的“自由形式”“粘着形式”很难划清[①]）。语法要从关系来研究，汉语语法关系的表现和希腊语、拉丁语不同，西方的语法学的下位区分不适合于汉语。汉语的灵活很难划分词法、句法，从体现结构的广义的形态来看，词法、句法宜打通而不宜分割。

3. 研究语法应该注意普遍联系和相互制约的原则，不能片面、孤立地看问题

语言是与一定的物质外壳语音相联系的，语音同一定的意义结合，它有一定的次序、排列，语言三要素之间是相互联系的。因此，语法不是孤立的，它同语言和意义有一定程度的关系，有许多词义、语音的变化往往影响语法的变化。就词类来看，也不是孤立的，名、动、形、代等并不孤立而相互联系。以往，常常把词孤立起来看，造成分析上的困难。如副词，大家意见很不一致。《马氏文通》以为副词是实词，后来许多语法学家则看作虚词，到初中《汉语课本》也看作是虚词。胡裕树主编《现代汉语》讲它是实词。如果从普遍联系、相互制约看问题，副词来源于实词，从名、动、形演变而来，实词性很强。副词在演变中，一部分向虚词发展，可能变为语气词、连词，虚化了。如果能把副词在词类中的相互关系规定下来，看哪些词和它结合，就可以把已经虚化的不列在内。“也许明天来”，“也许”

---

① 吕叔湘：《说“自由”和“粘着”》，《中国语文》1962 年 1 月。

可以列入语气词。“他又来了”“又”是实的，表示“第二次”。“我又不是鬼”，“又”不含“第二次”之意，有强调的意思，可算语气词。有的副词已变成连词，也可以不列入副词。如果在联系之中看，副词就不会徘徊于虚实之间了。

汉语的动词应否分及物、不及物，他动、自动呢？有人以为可以分开，但又可以两用，有人以为分与不分都无所谓。从相互制约来看，及物，有一定受事者，即其宾语。要看动词之中有没有区分非动作动词的必要，动词又有怎样的宾语，哪些动词有哪种宾语。由是否有宾语来决定动词的自动、他动是可以的，还应找出其他的条件，不但要看宾语，还要看其他的相互关系。

研究语法切忌片面性。高名凯认为汉语中系词“是”可有可无，“我浙江人”“我是浙江人”都可以。龙果夫指出，这种可有可无的例子是实际存在的，但应当进一步研究原因，并不是在任何条件下都可有可无，其中有一定的条件。[①] 名词在一般情况下无系词不能独立作谓语，但和数量词结合，成了数量名的组合就可以作谓语，如“这张桌子三条腿。”名词带形容性的，或名词加上一些形容词，可以单独作谓语。如“他黄头发”，“我浙江人”。表示资格的名词，如“学生”单独不作谓语，“学生”在“资格”的条件下，“管他学生不学生”，可以单独作谓语。既然经过分析，肯定名词一般不单独作谓语，单独作谓语要看具体的条件，这样系词可有可无的说法就难以成立了。当然，历史上古汉语无系词的名词谓语句倒是常规，而不是特殊的。

又如美国的结构学派常用“向心结构”“离心结构”的术语。“好学生”是向心的，与中心词同类，离心的则与中心词不同类。这种理论用于汉语

---

① 龙果夫:《现代汉语语法研究》，科学出版社 1958 年版，第 58 页。

是否能适应呢？汉语的偏正结构往往与中心词不同类。“心”，名词，“细心”变成形容词，偏正结构反而与偏、限定的同类。这个问题，就应当注意到各方面的联系，不能盲目照搬。

再看兼语式，典型的如“我叫他来”，“他”是宾，又兼主。黎锦熙最先叫兼格，丁声树等著《现代汉语语法讲话》也主张分出兼语式。如果注意到句子中各个要素之间的联系，“我叫他来”，“他”既是宾语，可以变成“我把他叫来”。这样一变，“来”不是和“他”直接有关，而是和“叫”发生直接关系，并非“他”的谓语，只是“叫”的一部分。当然这只是兼语式中的一种类型，可以证明“我叫他来”之中，“叫”和“来”直接有关系，别的类型要用别的方法去处理。

还有代词问题，焦点是代词这个类应该不应该成立。因为代词可以代各种词，集各种语法特征于一身，有人反对成为一类。这个问题，同样要看各方面的联系，进一步研究代词的特征。早期的语法书中的“代名词”是代替名词、代替实词的。代词也代动、形，这动、形也名物化了。但名词接受形容词修饰是普遍的，代词却不这样。如果我们从普遍联系来看代词，代词确有自己的语法形态，就不会限于原来的争论了。

“的”的性质也有不同看法。它究竟是介接成分，还是后附成分呢？可以从“之”的演化，如何演变到“的”，从介词、介接向后附的发展来看。但更为重要的是看现代汉语里的“的”，在各方面的联系中是介接还是后附，哪个更合理些。

4. 研究语法的着眼点应该是语法体系而不是语法要素的演变

索绪尔把语言学区分为共时、历时两种。共时指同一的时间，从相对稳定的时点看问题，时间演变的因素不起作用，历时则从时间的演变观点看问题，他主张语言体系的研究着重于共时。这个区分很有必要，因为语言只有成为体系时，才能交际。这个体系又是历时演变的结果，没有历时的发展结果，也就没有共时体系。至此，索绪尔和我们是一致的。再下一步，索绪尔把历时、共时对立起来，甚至说历时妨碍共时的研究，我们就不能接受了。我们认为共时历时，体现于体系之中，互不排斥。体系是历时演变的结果，历时共时相关而不对立。体系是历时的产物，离开历时也就无法圆满地解决体系问题。比如“吗”表示疑问，离开历时就很难解释。“吗”由“没有”变来，“没有”的前身是“无”。“能饮一杯无”，改“无”为“吗”即可。上海话用“哦”即“吗”，也是从“无”来的。

历时的说明是必要的。以“二”与“两”为例，也说明离开历时无法证明体系的变化。普通话里数词系统是不是只有“一、二、三、四、五……”呢？并不如此，“两”也闯进来了。“两”古代只限于“对、双”，即不能有三个的。从前，有“乾坤两造”。现代汉语里，有时“二”，有时“两”。基数用“两”，“两块钱”，基数的零头用“二”，“两块二”。量词如果是“两”，则说“二两”，不说“两两”。序数用“第二”，“老二”。大家对这个现象的解释，都说是：基数、整数用“两”，“两兄弟”；序数用“二”，“第二个兄弟”。但是，为什么方言里常常不守这个规律呢？普通话的规律在吴语里都变了，上海话有“两号里的人”“两万两千两”“八两八两四”（电话号码）等。东阳话“十二点钟”叫“十两点钟”。“两”闯入“二”的系统里是有原因的。这里我提出一个假设：普通话是以北方方言为基础的，历史上可能在语音的演化中“二”和“五”很接近。“二”，日纽，归泥；“五”，娘纽或疑纽，也是归泥，就不容易辨清楚。这种情况现在还有残留，“二五不清”可能就是那时遗留下来的一句成语。由于“二五不清”造成交际困难，逐渐由“两”来代替“二”。这个“两”原来在“单双、两三”那个系统里是已经有的，逐渐部分地代替了数词里“一、二、三、四、五……”中的“二”“两”先占领基数的地位，还没有占到“第二”的位置。一则序数的“二、五”次序差别明显，混淆不大。二则序数原来就有别的表示方法，如“孟仲”“叔季”，加“第”“老”等。衢州方言“二哥”叫“小哥”。这是序数方面避免“二五，不清”的情况。以苏州话为例，“十五”，“十”，读 so；“廿五”，“廿”读 ȵaŋ，这正是为了要注意下面的“五”。普通话整数用“两”，零数用“二”，正是“两”的影响大的缘故。如果这个假设成立的话，可以进一步提出两点：第一点，体系的演变离开历史就无法证明，这可以修正索绪尔的语言观。索绪尔认为变的只是要素，体系只是接受要素的变化，体系是被动的。我认为要素的变是体系的要求。“二”之所以变“两”，是体系要求变的。体系里因为“二五不清”，交际功能受阻，逐渐引起要素变化。所以说，体系并不是如索绪尔说的那样被动，而是主动的。剩下来的问题是时代问题，“二五不分”在哪个时代，“两”何时进入基数的领域。我以为是秦汉，至晚也在晋以前。“二”作为基数，是对“一”“三”而言。蒋礼鸿认为《孙子》时已有“三三两两”。问题是什么时代“两”替代“二”大量存在还有待证明。第二点，历时的因素可以作为研究的辅助，但不能以历时的分析来替代共时的体系。“的”是由“之”变来的，这是历时的，但现代汉语的“的”是后附成分，这要从现代汉语本身来看，不能因为“之”在历时的演变中是介接成分，就断定“的”也是介接成分。总之，时代发展的因素不能替代语法体系的分析。

5. 研究语法应该注意语法的规范，但我们不能用既成的规则来束缚语法的发展

对于规范，一般人把书面语言看成规范，以为有书为证就符合规范。其实，语言作品保留长久，经过许多伟大的语言巨匠如司马迁、韩愈、柳宗元、曹雪芹、鲁迅、毛泽东等的加工，才成为规范。规范建立在语言发展的内部规律的基础上。语言巨匠的语言作品之所以是规范的，就因为它们合乎汉语语言的规律，我们只能以这一点作为规范的标准。如“一穷二白”，合乎“一清二楚”“一干二净”等四字组合的规律。但是，要注意不能用已经形成的规则来束缚语法的发展。

怎样理解发展观点呢？有些现象看来是不通的，如“考过试”“登个记”，“考试”“登记”都是并列成分，这里却把它们当作动宾结构作了错误的类推。对于语言规范来说，如果这种倾向已经发现，就要严格地加以规范，不能任其发展。以前我有自然主义的想法，以为大家这样说，约定俗成，不必要规范，比如“滑稽”“矛盾”中“稽”“盾”的读音就可以从俗。但现在认为规范是完全必要的，要尽量地排除这种误推。再看“跳个舞”，从来源讲“跳舞”也是并列成分的结构，和“考试”“登记”一样。但“舞”可以单独地作名词用，“试”“记”不单独作名词用，可以有“摇摆舞”等，所以“跳个舞”就可以说了。古汉语的形容词常用作使动性的动词，现代汉语里也是这样。“端正”“健全”“稳定”这类形容词，常用作使动性的动词如“端正态度”“健全组织”“稳定物价”。“苦了你了”这样的用法就多得很，这是因为有内部规律在支持。既然有大量使用的事实，就肯定有发展规律在支持。叶尔姆斯列夫（L. Hjelmslev）认为规范有一定的人工性，他说的人工性就建立在语言发展的内部规律上。

语法形式在演变过程中能产性很明显。在注意合乎规范的发展的同时，也要注意能产性。如现在常用的“化”“性”之类，这种语法形式应该注意。副词“地”，可以无限地加“地”，也是发展的倾向。这些形式的能产性很强，不能因为从前没有或少见而不把它们纳入规范。它们是大量发展的，使用汉语的大多数人已经接受，当然也是规范的。有的人喜欢用语源来解释能产性，其实如“子”的词尾倾向，有一定的语法意义，就不能再讲它的语源上有“小”的意思。

如动补结构：扩大、缩小、吃饱、喝醉等。这些结构究竟是词呢，还是词组？这个格式早就有了，如“打起黄莺儿”“点着”等。中国的语法学者如王力等都主张是词组，苏联的学者如龙果夫等则都主张是词。陆志韦等合著的《汉语的构词法》是折中观点，认为“打倒”是词，因为它只能嵌入“得、不”；“吃饱”则不同，可以嵌入好些个词，比如“吃得十分饱”、“吃得比任何时候都饱”等。其实上例中“吃饱”中间嵌入的“得”已经是表示结果的了，不是表示可能的。这个“得”不是那个“得”；就表示可能与否的“得、不”来说，“吃饱”也只能嵌“得”“不”。所以，吃饱”也是词。

6. 研究语法一方面应注意具体语言的民族特点，但另一方面也应注意语法的一般的共同性

强调民族特点，我们是赞成的。但是既然讲语法，也就有一定的共同性，语法研究应当既注意共同性，也注意民族特点。过去，《马氏文通》过分注意了共同性，以后的一些语法著作在处理这个关系上也有值得商量的地方。实际上民族特点和共同性并不是对立的，个别是一般表现的特殊形式，而一般也只存在于个别之中。如果片面地强调民族特点，抹杀一般性，则会犯见树不见林的毛病。以“数”的范畴为例，不少人都认为汉语里除了用词汇手段表现外，名词没有表示多数的语法形式。事实上，汉语却有不同于印欧语言的表示多数的“们”，是表示普通名词不定多数的，表示定数就不用“们”。汉语的数有特性，和印欧语不同，但作为数，又有一般的共同的东西。词形变化也是这样，有些语法学者强调汉语没有词形变化这一民族特点。这一点，我想不通，汉语真的没有词形变化吗？现在是让汉字掩盖了，所以看不出来，如果拼音化了就明显了。“了、着、过”虽不同于印欧语的格、位，但也不失其为词形变化，也是一种语法的表达手段。有人说这些都是助词。实际却不成词，不独立，没有词汇意义。我认为中国的词形变化是有的，只是不同于印欧语罢了，以后在发展上也可能会增加一点。现在，不承认有派生词的说法仍很普遍。有些人以为汉语只有复合词，没有词头、词尾，这也是见树不见林。汉语里词头、词尾是有的，有的倾向也是很明显的。"头""第"都是。"天性""异性""规律性""思想性","性"有词尾化的倾向,"非""反"就有词头化的倾向,不能认为古代汉语里没有的,现代汉语就没有。我们应该把民族特点放在语言的一般性、共同性里去考察。数,西欧有单数、双数、复数,现代汉语则有不定多数,应该注意这一民族特点,把这一类特殊的表现放在语言学的一般性里,放在共同性的一定位置上。

如果片面地强调一般性的东西,抹煞民族特点,就会犯见林不见树的毛病。一般人以为形容词属静词,或看作静词的一类,表示静止的状态,和动词相对。这是强调了一般的特点。英语的形容词不直接作谓语,作谓语要加系词。汉语的特点之一是形容词可以直接作谓语。为什么可以作谓语呢?因为它和动词有共同的性质。动词之所以作谓语,因为它随时间的变化而变化,德语语法就把动词叫作时间词。现代汉语形容词作谓语时是有变化的,不是静止的,变化由对比、程度和感情估价出来。"这朵花红",不能成立,因为"红"是静止的。"这朵花红,那朵花白",有了比较,程度出来了,就可以成立了。以程度表示的,如"这本书很好","好"加"很",动化了,有程度的估价也可以做谓语。如果把世界的语言的形容词共性加在汉语形容词上,就不能解释。

7. 研究语法应注意一般现象、特殊现象和个别现象的相互关系

研究语法是不是应该重视一般现象,其次才是特殊现象,而个别现象可以不管呢?这三者决不要截然地分开,研究中应当注意三者的相互关系。个别现象可能是旧有现象的残留,也可能是新生现象的萌芽。残留可以不放在重要位置,萌芽则不可不多加注意,不注意辨别,就会看偏了。重视一般现象,从一般现象中探索规律,这是无可非议的。但不能因此就把特殊现象、个别现象撇开不管。丁声树三十年前有一篇论文《释否定词"弗不"》,结论中认为"不"是单纯的,"弗"则包含宾语在内的。当时,语法学界很注意,认为论证很扎实，轰动一时。后来，洪诚指导的黄景欣的论文就否定了这一论点。[①] 同时，武汉周光午也收了很多论据，推翻这一论点。[②] 但也有不同意这样看的，比如王力就认为这是用少数的例子否定多数，用特殊否定一般。[③] 实际上黄、周的结论来自很多材料，发现了特殊的现象就应该重视，完全可以用来推出规律上的问题，不能撇开不管。我以为王力的语法不够公平。固然，能否推翻规律还可以研究，但至少是可作补充。我们不要把特殊现象、个别现象抛掉，而是要在经过研究、分析后，作为规律的补充。

注意特殊现象和个别现象，可以从那些事例中建立起另一语法规律。现代汉语的名词不能单独做谓语，这是一般的规律。但我们已发现一些特殊现象："他北京人""今天星期三""小张二十五岁""小孩子黄头发""这张桌子三条腿"等。有些人认为这些都是例外，个别的；有些人则以此证明，系词可有可无。龙果夫对此有过批评，认为为什么不从这些例外归纳出规律来呢？"他北京人"可以讲，"北京"形容性明显，形容"人"，区别于其他"人"，而"我人"就不可以了。"小孩子黄头发"也同样，"黄头发"，是强调的，可以独立做谓语。"这张桌子三条腿"，"小张二十五岁"，数量结构有两面性，加在名词上面使整个结构有形容词性，下面一点不加则有代词性，可以独立作谓语。"今天星期三"，序数也同数量结构相近，可以独立作谓语。又如"今天中秋""明天元宵""中秋""元宵"区别于其他。可见名词不能独立作谓语，作谓语时都有一定的条件，具有这种条件的已不是纯粹的名词了。这样，就可以有补充的规律建立起来，互相补充，丰富一般的规律。

---

① 黄景欣：《秦汉以前古汉语中否定词"弗""不"研究》，《语言研究》1958年第3期。

② 周光午：《先秦否定句代词宾语位置问题》，《语法论集》1959年第3集。

③ 王力：《中国语言学的现况及其存在问题》，《中国语文》1957年3月。

又如，副词能否修饰名词的问题。张静认为副词能够修饰名词，他是想推翻已有的规律[①]。而邢福义则是以特殊现象来作补充，指出了副词修饰名词的条件[②]，这是很好的。副词修饰名词必须具有一些条件。我基本上同意邢福义的意见，但也有不同之处："就场长没去"，"就"是否可以认作是语气词表示范围，而不认作是副词，不认为是修饰名词的；"数＋量＋名"可以受修饰，如"刚好五个人""恰巧两个星期"等，"刚好人""恰巧星期"则不可以说；"床上净是人"，"净"不是修饰"人"而是修饰"是"；"只有他懂"，"只有"是否可共同看作是一个语气词，表示范围？

8. 研究语法应该在马克思主义和毛泽东思想指导下，发扬汉语语法研究的传统，同时采用一般语法研究的有效方法

贯彻这一原则是极为重要的。片面地排除一般，只局限于传统的语法研究，不吸收新的有效的方法当然不对。但是生硬地搬用一般语法研究的方法，而不顾汉语语法研究的传统，不顾汉语的实际也是不足取的。问题是传统在哪里？当然，可以在前人的著作里发现一些语法研究的成果，但应当看到主要是二十世纪以来的语法研究的成果，不能回到旧的传统方法里去。杨树达的《高等国文法》不注重体系，如果拆散了就等于是《词诠》，这同《马氏文通》相比，不是前进而是后退了，因为马建忠还是注意体系的。

传统的方法与外来的方法是有矛盾的，以汉语的词类分别来说，传统是区分实词、虚词，而来自西欧的方法却是分成名动形各类。这个问题怎么处理呢？现在一般是先分虚词、实词，再分各类，既顾及传统，又吸收一般。问题是词类由词的结合能力为准，虚实词的区分则常从意义上考虑。虚词实词的含义内容也变了。过去实词指实体意义的，范围小，代词都算

---

① 张静：《论汉语副词的范围》，《中国语文》1961 年 8 月。

② 邢福义：《关于副词修辞名词》，《中国语文》1962 年 5 月。

成虚词。形容词也没有实体，只有从实体抽出来的性质。可见，传统的实词意义已经被改变了。《红楼梦》动词也是虚词。《马氏文通》的实词指实义，虚词指关系的意义，它已经修改了传统的说法。《马氏文通》的实义也难贯彻。感叹词、副词都有实在意义，但《汉语》课本中的副词是虚词。外来的和传统的之间的矛盾还可以从接受苏联的词组理论中看出来。苏联的词组理论中，两个以上的实词组合是词组，实词也包括副词、代词。而高名凯的实词只限于名词、动词、形容词，结果象“快跑”之类就不能算作词组了。

这种矛盾就看我们怎样处理。如“了”当助词是传统的，当词素是外来的，必须研究怎样处理才能真正反映语言的实际情况。传统和外来之间有冲突，道并行而不相悖是困难的。苏联的词组理论认为词组只限于两个以上的实词组合，合成一个复合概念的，和英语的 phrase 不同，若按这个观点像 of the school 就不是词组。高名凯并且据此批评王力、吕叔湘，说他们把并列结构算成词组是看错了。实际上，高名凯的实词、虚词划分是按传统的，虚词也包括副词、代词、连词等，而他的词组理论又根据苏联的，这就有了矛盾。“我的书”“我家”，其中有了代词，代词属于虚词，算不算词组就成了问题。“快车”是形·名结合，可以是词组。“快跑”是副·动结合，既有副词，而且副词划入虚词，按苏联词组理论，就不是词组。又如传统的词类当中，《马氏文通》的助词是传信传疑的。后来有的语法学者把助词的范围扩大了，“仁者人也”的“者”是助词，“夫……”也是，“难道”也是，把语气词都包括进去。助词的定义很难下，如“的”字，又称作结构助词。“了、着”又算什么呢？是不是都包括进助词之内呢？怎样定它的功能呢？这类问题是值得重视的。

我们的原则是批判地接受。以符合汉语实际为标准，经过衡量，符合的就接受。若不符合，则无论是传统的，还是外来的，都不接受。所谓精华、糟粕，只能以符合汉语实际为标准。在接受描写语言学的一些方法原则时，也只能从这一标准出发。究竟是向结构主义学一点方法有益于我们的研究呢，还是向清儒学一点方法有用呢？这是值得我们仔细考虑的。清儒有一些正确的东西，但不谈体系，对描写汉语的实际就没有什么帮助。倒是外国的一些现代的研究成果，更有助于我们的语言研究。

三、结束语

我们提出的一些原则，有一些是老生常谈，但不容易贯彻。有一些则是不成熟的，只能作为参考。

这里还没有谈到一般的方法问题。如研究语法可以从演绎法出发，由公理系统出发，也可以从经验来归纳，用归纳法。还有类比法，还有同一语族的比较法。如吴语的指称有三种：近指、中指、远指，北京话只有两种。也还有非同一语族的对比等。

关于语法意义和语法形式相结合的原则，是新中国成立后十多年来语法研究实践的结论。这里没有特别提出这个原则，因为大家对这一结合的理解还不一致。对形式的理解一般认为就是外形、外貌，这是片面的。“我是学生”“我是其言”，两个“是”只是外貌相同，形式并不同。英语不少副词有 -ly，但 manly，“像男人的”“勇敢的”，不是副词，而是形容词。对形式的理解不一致，怎么能运用这个原则呢？关于结构，有些人认为结构是形式的外形。结构之中是有质的不同的。puts，cats，两个 -s 发音相同，前者是动词第三人称单数，后者是名词多数，结构不同，所以不能说外形相同，就是结构相同。对于如何结合也有误解。王力以为在有形式的时候从形式，无形式时就从意义，他的实词的分类就根据这个原则。有的语法书则强调外形，不问其意义。有的论文表面上讲形式，实则偏重意义。

语法是研究关系的，讲意义是指语法意义的关系，讲形式也是指语法形式的关系。这不是原则上承认的问题，而是承认了要认真贯彻的问题。现在我们强调结构、关系的原则，由于结构、关系之中已经包含了语法意义和语法形式两个方面，也就是贯彻了语法意义和语法形式相结合的原则。

试论语言的研究方法（提纲）*

一、引　言

1. 语言的研究方法的探索是 20 世纪的语言学的重要特征之一

（1）索绪尔的《一般语言学教程》的出版（1916）。

（2）现代的结构语言学。

（3）现代的应用语言学。

2. 两年来的学术界动态

（1）方法论在科学研究中的重要性。

（2）资料和观点的统一，理论和实际的结合，务实和务虚。

（3）哲学研究和具体科学的研究结合。

3. 两年来的语言学界的动态

（1）描写语言学的结构分析方法的介绍和运用。

（2）机器翻译与语法结构分析。

（3）结构语言学的前途。

二、方法与观点

1. 马克思主义哲学是世界观和方法论的统一

（1）“这个统一，不是说马克思主义的世界观作为一部分，方法论又作为一部分，这两部分的统一。这个统一，是说整个马克思主义哲学是世界观，整个马克思主义哲学也是方法论；从这一方面看去是世界观，从另一

* 原文载于《方光焘语言学论文集》，商务印书馆 1997 年版，第 336—344 页。

方面看去又是方法论，世界观和方法论是一而二、二而一的东西。”（若水：《马克思主义的认识论是实践论》）

（2）为什么要把科学研究中的方法论提高到认识论的高度？

（3）以“实事求是”的研究方法为例

（4）吸收、采用和批判

2. 方法与方法论

（1）方法是“对待现实、认识自然现象和社会现象的一种手段。”

（2）方法论是“关于科学地认识世界的方法的学说”。

（3）种种的方法论。

（4）方法论的主观性与客观性。

3. 不正确的方法论与行之有效的方法

（1）先从实例来说明这类现象（索绪尔的语言理论，布拉格学派的音位理论，布龙菲尔德的语言学说）。

（2）在世界观之外，有没有其他决定方法的因素呢？

（3）有人认为，介乎方法与方法论之间还有第三个因素，这个因素最好叫作“一般科学原则”。

（4）一般科学原则与世界观的关系怎样？

（5）实践的观点。

三、方法与对象

1. 对象是对研究方法起决定作用的一个因素

（1）以人体解剖为例。

（2）符合对象的要求的研究方法是正确的方法。

（3）方法的客观性问题：①方法是纯客观的吗？②对巴尔扎克的创作方法的解释；③世界观的矛盾。

2. 研究角度与研究目的

（1）角度与方法（以共时语言学与历时语言学的区分为例）。

（2）目的与方法（以直接成分分析法为例）。

（3）角度、目的与对象——主客观的统一。

3. 方法论与方法学的相互关系

（1）兹维金采夫（В. А. Звегинцев）的方法学（методика）。他说："在语言学中方法只是一套具体的研究方式，因此关于这种方法的学说，更正确些应该叫作'方法学'，而非'方法论'。"[①]

他所指的具体的研究方式，似乎就是那些在一般科学原则的基础上所产生的，符合对象要求的方法。方法学就是这种方法的总和。

（2）方法论与方法学的主从关系。兹维金采夫认为，方法学是受方法论指导的（"方法通常处于从属地位"），具体的研究方式只有在正确的方法论的指导下才能发挥应有的作用。但同时他又指出："……方法论与方法间互换位置的事例是屡见不鲜的。"这时候方法上升到主要地位，而方法论反退居于次要地位，或者说得更准确些，方法完全淹没了方法论，即开始包罗万象，变成研究语言的唯一的途径。

（3）在方法学中有些具体的研究方式，虽然与不正确的世界观发生联系，能不能仍旧获得个别的正确结论？这个问题兹维金采夫却没有回答。

（4）对方法与方法论间互换位置的怀疑。

① ［苏］兹维金采夫：《论语言的研究方法》，《中国语文》1962年12月。以下不加注号的，均引自此文。

四、方法与方法学的统一

1. 兹维金采夫仅仅指出两者的不同，而没有提及两者的统一

（1）作为认识手段的方法和在一般科学原则的基础上所确立的具体研究方式，无疑是有些不同的。

（2）但从正确性的角度看，从反映论的观点看，两者应该是统一的。

（3）方法论的正确性应该建立在反映客观的真实上；同样，方法学（符合对象要求的具体研究方式的总和）的正确性也应该建立在反映客观的真实上，这是两者的一致性。

2. 具体的研究方式的使用范围问题

（1）在一般科学原则的基础上，适应特殊对象而产生的具体的研究方式，当然有一定限度的使用范围，超出了限定的范围就得不到良好的效果。

（2）这些具体的研究方法可能都是适应对象的一个侧面而产生的，因此就不能不有一定的局限性。

（3）对象的复杂性（以语言为例：语言有历史的侧面，体系的侧面，声音的侧面，意义的侧面等等）。

（4）兹维金采夫所指的“上升为方法论”的涵义。

①是不是指使用范围？②是不是指接受方法论的指导？③具体的研究方式，当然和不正确的观点有联系，能不能获得良好的效果呢？

3. 作为“对待现实，了解、研究和认识自然现象及社会生活的手段”的方法的使用范围问题

（1）兹维金采夫似乎没有涉及这一问题。

（2）观点、方法和使用范围。

①正确观点所规定的方法在正确的方法论的指导下一定能获得正确的结论；②正确观点所规定的方法在不正确的方法论指导下，可能越出了应该遵

守的范围，得不到正确的结论；③滥用、贴标签、庸俗化。

（3）使用范围问题的关键在哪里？

4. 综合采用不同的研究方法的成效问题

（1）综合与分析的相互关系。

（2）没有分析的综合是拼合、凑合，而不是有机的结合。

（3）分析、改造与综合。

（4）改造与正确的方法论的指导。兹维金采夫正确地指出："……语言科学的任务，它所研究的各种问题，归根结底必然永远要取决于对语言基本范畴的理解，这是采用各种具体研究方式的先决条件。"

五、语言哲学与一般语言学

1. 方法论与根本范畴

（1）作为认识论的方法论仅仅限于决定最根本的一般性的范畴。

（2）兹维金采夫所列举的有关语言的问题（根本范畴）：

第一，语言的本质。

第二，语言的功能。

第三，语言与思维。

第四，语言与人民历史的关联。

第五，语言发展规律的特征。

第六，语言学与其他科学的关系。

（3）必须概括许多语言素材并和正确的哲学观点相结合，才能认清这些根本范畴。

2. 一般性的范畴所构成的学科

（1）从哲学的角度去认识这些根本范畴——语言哲学。

（2）先秦诸子的语言理论都是属于语言哲学的。

（3）从语言的角度去认识这些根本范畴——一般语言学（即普通语言学）。

3. 一般语言学的性质问题

（1）兹维金采夫认为，一般语言学也是一门方法论性质的学科。

（2）一般语言学既然是从语言的角度去探讨这些根本范畴，那末，一般语言学的方法论是不是在一般科学原则的基础上所产生的，符合对象要求的具体研究方式的总和呢？

（3）与一般语言学相平行的学科：语音学、词汇学、语义学、词源学、形态学、句法学、地名学等等。

4. 一般语言学和语言哲学的关系问题

（1）语言哲学是在一般语言学之内，还是在一般语言学之外呢？

（2）一般语言学的阶级性问题。

（3）具体语言的研究与专门方法。

（4）专门方法与方法论的关系。

六、乔姆斯基的语言学说

1. 语言理论与一般语言学理论的划分[①]

（1）作为语言的元理论（metatheory）的一般语言学的理论：它的目的就是为具体语言选择一种最适宜的语法体系。

（2）作为语言理论的语法体系。

（3）正确的语法体系——正确的语言理论应该符合下列两方面的条件：一是语法适应性的外部条件；二是语法共同点的条件（即能够使“音位”“句

① 以下有关乔姆斯基语言学说的引文，均见邵勉：《转换语法的理论基础》，《语言学资料》1963年第1期。

子”这类基本概念的定义不因语言而异）。

（4）具体语言的语法体系应该从一般语言学的理论里演化出来。

（5）乔姆斯基对于一般语言学理论和具体语言的语法体系之间的关系，提出了跟通行的看法完全不同的看法。

第一，通行的看法——一般语言学的理论提供一套能够用来进行形式分析的程序，用了这套程序，就能够一步一步地、循序渐进地描写具体的语言事实，并进而描写语言结构的一般规律。

第二，他的批评——他认为对语言学理论提出这样的目的是不现实的，语言学理论倘仅仅注意那些无穷无尽的细节，那末，这种细节一定会掩盖住语言里的本质的东西，那种理论所制定的一套分析程序，也会把研究人员引导到漫无边际、庸俗繁琐的迷宫里去。

第三，乔姆斯基提出的假设演绎法。

“……我们必须不把分析程序当作建立语言学理论的手段，而用把假设定为公设的方法（这种方法通常叫作假设演绎法）来代替分析程序。”

2. 比较

（1）乔姆斯基一般语言学理论，似乎与兹维金釆夫的“从语言的角度来研究的”、带有方法论性质的一般语言学相对应。

（2）乔姆斯基的作为语法体系的语言理论，似乎跟兹维金釆夫的“和一般语言学这门科学平起平坐的纯属语言学的学科”——形态学、句法学等相对应。

（3）为什么在乔姆斯基的语言理论体系中没有语言哲学的地位？可能的解释：一是在结构主义者看来，语言哲学在微观语言学中似乎不应该有它的地位；二是在唯心主义者叶尔姆斯列夫看来，语言哲学是形而上学的，不能实证的；三是标榜物理主义的美国描写语言学派排拒语言哲学，是可以理解的。

（4）为什么乔姆斯基把具体的语言理论仅仅局限在语法体系上面呢？

可能的解释：一是语法体系是语言结构的集中表现；二是语法体系也包含形态——音位体系和结构词汇学等；三是这相当于索绪尔的“内的语言学”，或描写语言学派的“微观语言学”。

3. 我对乔姆斯基的语言学说的看法

（1）皮萨尼（V.Pisani）对叶尔姆斯列夫的批评。结构主义“和18世纪的普遍语法相仿，都是企图寻找一个可以反映任何语言的普遍形态模式，因此结构主义实际上是在重复马尔蒂这类学者的错误，他曾试图建立一些先于实际存在的语言的抽象模式”。

“无论如何，我们应该坚持这样一种看法，即语符学并不能将全部语言科学包罗无遗。语符学可能是理解所谓‘语言’这种现象的一种手段，但是它并不能告诉我们，人类的这种行为是怎样完成的，为什么语言会发生变化，语言和人类其他活动有什么关系，等等。”

（2）这样的批评可能也适用于乔姆斯基，可是我们应该注意下列三点：一是18世纪的普遍语法是建立在逻辑的基础上的，而20世纪的结构语言学却想从语言本身出发来建立抽象模式。二是结构语言学诚然不能把语言科学包罗无遗，可是作为认识“语言”的手段。它似乎也应该有它的存在权利。三是皮萨尼所提出的问题是应该让宏观语言学来解答的。

（3）叶尔姆斯列夫与乔姆斯基的不同点：

一是过程与体系问题。

二是假设演绎法问题。

谈方法论、方法问题*

方法论、方法问题是值得我们研究的一个问题。苏联兹维金采夫（В.А.Звегинцев）指出，探索语言的研究方法是现代语言学的重要特征之一。我们看到，国内哲学界也在注意研究方法问题，这方面发表了一系列的文章。近些年来，汉语的研究也是在探寻方法中前进的。现在，我们对兹维金采夫《论语言的研究方法》（刊《中国语文》1962年12月）一文，进行了讨论。讨论中，有一致的地方，认为兹维金采夫的文章是针对苏联语言学界开展结构主义讨论后的情况写的。过去全盘否定结构主义，到后来又要接受结构主义的东西，这就需要解决怎样和马克思主义语言学结合起来的问题。大家也注意到兹维金采夫是肯定布拉格学派的，说它和马克思主义接近。对美国学派的，估价为行之有效。而对哥本哈根学派，却是持一种否定的态度。对我们这里讨论中的发言，我感到有一点不满足，即对"综合采用"这个观点未能深入讨论。这个方针我们是不是同意呢？如果我们也同意了，就没有大的分歧。兹维金采夫的文章可以说是代表《中国语文》的观点的，他的文章的主张也就是语言研究所的主张。如果我们不同意，分歧就大了。我认为不能"综合采用"，不能脱离观点只用方法，各种方法都要提高到方法论来看。

一、观点与方法

一般认为观点决定方法，方法与观点——世界观有联系，并且受世界观制约。以文艺的创作方法讲，究竟采用什么方法是由作家的世界观决定的。

---

* 原文载于《语法论稿》，江苏教育出版社1990年版，第102—110页。

兹维金采夫认为，对于方法，如果脱离方法论、认识论来看是不对的。他对方法论的看法是提高到认识论来看的，这一点应当说是对的。有的文章在谈到方法时，只讲技术，只讲方法的使用，那是不对的。

兹维金采夫在方法同方法论的关系问题上也讲得很对。他认为方法是手段，是认识手段，关于这些手段的学说是方法论。我们要注意一点，既然方法论是关于认识手段的学说，那么就应当有种种不同的方法论。有各种不同的世界观，就会有不同的方法论。

这样说来，方法论是不是主观的东西呢？虽然说认识手段是主观的，但不见得没有客观的因素。和客观相符合的认识手段，其方法论是正确的，而不相符合的就是错误的方法论。

再可以考虑，所有的方法是不是全凭观点决定的呢？除开观点，有没有决定方法的其他因素呢？事实上这里的关系很复杂，并不对当，观点不对的，方法却对了。布龙菲尔德的观点是行为主义的，但在语言研究的方法上有了新的创见，却是行之有效的。决定方法的其他因素有没有存在的可能呢？我看可以考虑。

二、对象与方法

对象也是决定方法的，是决定方法的一个重要因素。如进行人体解剖，其方法要以符合这个对象的要求为准。但是对象往往有不同的侧面，符合对象的要求也仅仅指符合对象的某一侧面。人体的解剖方法能用于人体，管不了人的心理意识。因此，方法只要适合于一定对象的某个侧面，是符合客观的，有客观性的，就是有效的了。不过这里也不可能是纯粹客观的，因为使用方法的时候仍是有主观因素的，使用的人总是有主观的。有人认为方法符合客观了，就有相对的独立性。如巴尔扎克的世界观不是进步的，创作方法却是进步的。这一点，还可以进一步研究。要看到进步的创作方法仍是由同一个巴尔扎克使用的，完全脱离主观控制，相对独立的方法是不存在的。作家的世界观往往并不单纯，既有进步一面，也有落后一面。曹雪芹的世界观就包含封建的没落意识，又有求自由解放的意识。因而，若讲方法上的独立性，不如讲世界观有矛盾。回过来看叶尔姆斯列夫的世界观，有极端主观的一面，也有符合客观的一面。连一个绝对正确的钟，也是要经常调整的。何况人是一个复杂的个体，存在这样的矛盾并非偶然。

研究的角度、目的对于方法的确定也有关系。索绪尔讲过观点产生对象的话，许多人因此而责备他是唯心主义的。这句话讲的是从什么角度去看对象，对象就有不同的呈现。索绪尔的话有点语病，但意思可以这样理解。比方一个茶壶放在这里，可以从各个角度去看它，各个角度有所不同，这个对象也有所不同。当然从整体、全面去看，它总是茶壶，不会产生出别的对象，但从不同的角度看，就要有不同的方法。同样可以说，有各种不同的研究目的，就有各种不同的方法。语言的研究也是这样的。从前的语文学以注解古书为目的，有自己的一套方法。现代语言学的研究目的不同了，需要有一系列适应研究目的的方法。还要注意到，对象是客观存在的，而研究的角度、目的似乎有主观的因素，这又怎样理解呢？实际上研究的角度、目的都是客观性的，都来自客观的需要。不管从哪个角度去看，从哪个目的考虑，仍然是那样一定的研究对象，客观性不变。尽管可以有不同的研究角度、目的，但任何研究角度、目的都必须符合客观对象。如果对象本身不可能接受由某种研究角度、目的出发的研究方法，这种角度、目的就不是客观的了。可见角度、目的确定得正确与否，取决于是否符合客观。

三、方法论与方法学的一致性

兹维金采夫区分了方法论和方法学。这二者又处在什么关系中呢？他认为，方法是具体的研究方式。关于这种方式的学说严格地说是方法学，不是方法论。受对象决定的方法是方法学的问题，和方法论有所区别。方法学是不能提高到认识论的高度的，是受方法论的指导的。具体的研究方式只有在正确的方法论的指导下，才能发挥作用，这个看法是对的。同时在他看来，方法学中的具体方式方法是有相对独立性的，他认为，我们可以从不正确的方法论指导下的方法学中，采用一些正确的、有效的东西。也就是说，描写语言学的方法论虽然不行，但相对独立的具体方法还是可以采用的。在不正确的方法论指导下的具体的研究方法为什么会产生良好的效果呢？兹维金采夫没有交代明白。

关于这个问题，兹维金采夫只注意了方法学、方法论的不同，而忽视了二者一致性的一面。事实上方法之中，有的作为认识手段，有的却是由对象本身产生的，这样形成了方法论与方法学有所不同。但是从必须符合客观对象，必须正确地反映客观对象来看，这二者又应该是一致的。反映客观的正确性是马克思主义反映论所要求的。无论是从观点产生的方法，还是从对象产生的方法，都应该在反映论上统一起来。兹维金采夫只注意二者不同的一面，忽略了二者一致的一面。当然，从对象产生的方法在使用范围上有一定的限制，这一点兹维金采夫也提到了，这也是对的。因为方法是由对象的某一侧面产生的，就难以用到其他的侧面上去。语言是历史的产物，有历史一个侧面，但又是一个现行的制度，就同时有体系的另一个侧面。这就要有不同的方法来研究语言的不同侧面，不能主观任意。如地名字，就难讲结构，讲体系，要和民俗学、历史学结合起来。语言有声音的一面，研究语音有一系列的有效方法，但不能把研究语音的方法硬套到其他方面去。所以，我们也就同意兹维金采夫说的，在方法的使用范围上应有一定的限制。

兹维金采夫还提出方法、方法学不要上升到方法论。这个看法如果是指使用范围，还是可以接受的；如果是指方法论、方法“互换位置”，即方法上升到主要位置，方法论退到次要地位，就不容易接受了。在我们看来，任何方法都要受方法论的指导。从客观对象产生的方法在使用范围上要有限制，这是对的。从认识手段方面产生的方法有没有一定的限制呢？这个问题也值得研究。应当看到从认识手段产生的方法还有不同的情况，有的是由正确的观点产生的方法，有的则是由不正确的观点产生的方法。不正确的观点产生的方法在范围上用不着多讲了，正确的观点产生的方法是不是可以漫无止境地到处都用上去呢？这才是问题的焦点。阶级观点是正确的，阶级分析的方法也是正确的，但阶级分析的方法如果没有正确观点的指导，到处贴标签就不对了。因此，方法的使用不能没有正确观点的指导。

兹维金采夫主张在方法上“综合采用”。这是苏联语言学目前的一个方向。怎样看待“综合采用”呢？这个方针问题很值得研究。综合一定要在分析的基础上进行，无分析，只是拼合，那是无机的凑合。我们主张一些有效的方法可以有机地结合，首先应当分析方法产生的背景，分析其效果，然后和我们研究的对象结合起来，再加以必要的改造，使之适合我们的对象。所谓综合，不能拼凑，一定要进行分析、改造。怎样改造？怎样综合？改造以符合对象的客观事实为准，综合则和别的方法一起比较、吸收，总的又要和方法论一致。有人提出结构分析方法如同一种农业生产技术，这个看法不对。这样讲，方法似乎离开了方法论的指导，成为一种单纯的技术。我们的原则是在语言观、方法论的指导之下，吸收、改造一些结构分析方法，化人之长为我所用，不能单讲什么技术。

四、语言的研究能否分成语言哲学和专门的方法论两部分

兹维金采夫讲到和认识论相联系的方法论，只限于一般的、根本的范畴。在语言现象方面，他列举了一系列问题：本质、功能、语言与思维、

语言与人民历史的关系等。怎样研究呢？他指出要有大量的素材，要有正确的哲学观点。这种一般范畴问题，他认为可以叫作语言哲学。在我们的先秦诸子文献里，就有不少讲语言的，王力、邢公畹等对此都作了肯定。孔子、墨子、公孙龙等都讲到一些语言问题。孔、墨、公孙等人关心的是语言同其他现象的关系，不是语言本身，他们所论也都属于语言哲学。如果说这些人是语言学家，也只是语言哲学家。兹维金采夫又提到一般语言学，他说这是一门带有方法论性质的学科，专从语言本身去研究。这里使用的方法论一词，按他的理解似乎是从特殊科学的角度提出来的，不是从认识论的角度讲的。他认为，和一般语言学平起平坐的有音位、词汇、语法等学科。那么，他所说的语言学是不是有两个部门呢？一个部门讲一般范畴，一个部门讲语言本身。如果是作这样理解的话，语言哲学应该放在哪里，包含在语言学之内，还是另在语言学之外呢？如果说在语言学之内，那么一般哲学范畴的就属于方法论的，语言本身的具体问题就是方法学的。这样，就和岑麒祥、吴在扬等的主张相同了。即语言观方面是哲学方面的问题，有阶级性；一些具体问题，没有阶级性。在这里，似乎已经存在不调和的地方，因为说具体问题没有阶级性也是有困难的。如“语言是记号体系”的提法是具体问题而含有哲学观点的。索绪尔认为这个体系是社会心理的，我们当然不能承认。到了叶尔姆斯列夫，他更认为这些体系、模式是先验的，我们也不能同意。事实上语言研究中的许多具体问题都受到哲学观点的指导，像这样把语言学分成两部分是有毛病的。

五、乔姆斯基对于语言学理论的看法

乔姆斯基把语言学理论分成两部分：记述、描写具体语言的语法体系；审查或帮助这一语法体系理论建立起来的是一般语言学的元理论

（metatheory）。如词类由分布决定，分布是语言学的一种元理论。在乔姆斯基看来，描写语言学的一些分析原则还不承认为元理论，而对于叶尔姆斯列夫提出的两种关系（相连关系和相离关系）才认为是元理论。

乔姆斯基认为正确的语法体系——语言理论应该具备两个必备的检验条件。即语法适宜性的外部条件，根据体系创造出来的句子在语言之外的条件下能否适宜；语法共同点的条件，这是内部的，各语言的体系有共同点。他对于语言学理论和具体语言的语法体系之间的关系，提出了跟通行的看法完全不同的看法。通行的看法是一般语言学理论提供一套分析语言的程序、手续。用了这套程序、手续，就可以一步接一步地进行形式分析，循序渐进，描写具体的语言事实，进而描写语言结构的一般规律（这种程序、手续，如哈里斯的一套。格里森的一些分析方法已受到叶尔姆斯列夫的影响）。乔姆斯基对这种语言理论提出了批评。他认为语言学理论倘若仅仅注意无穷无尽的细节，而把语言的本质掩盖起来，这样做法会把研究引向漫无边际的、庸俗繁琐的迷宫里去。乔姆斯基据此批评了哈里斯这样的分析程序、手续。我们这里有的文章，也是经验主义的，细节摆得多，得不出规律，没有要领。

乔姆斯基提出要用假设演绎法来代替分析程序，即从少数事例，列出假设，再经受经验的检验。这和叶尔姆斯列夫的主张一样。我们赞成假设演绎，但不能是先验的。它应该来自实践，在和归纳结合的条件下进行，是受实践的检验而发展的。问题是我倒不明白兹维金采夫为什么对美国学派很赞成，对丹麦学派很不赞成，而美国学派出现了一些新的发展，实际上又和丹麦的很接近。

我们还可以把乔姆斯基和兹维金采夫的两种分析法作个比较。乔姆斯基的语言学理论——元理论，和兹维金采夫的语言理论——从语言角度进行研究，带有方法论性质的语言理论，有相近的地方。乔姆斯基的作为语法体系的语言学理论，和兹维金采夫的纯属语言学的学科理论又相对应。但是，为什么乔姆斯基的语言学理论体系里没有语言哲学的位置呢？解释可能是因为在乔姆斯基看来，语言哲学在微观语言学中不应占有地位，语言学理论是语言内部的，是微观的，和语言哲学无关。同时，在结构主义者看来（这一点乔姆斯基和叶尔姆斯列夫一样），语言哲学是形而上学的，不能实证的。再说，美国学派标榜物理主义，他们排除语言哲学部分也是可以理解的。再一个问题，为什么乔姆斯基的具体语言学理论又只限于语法体系呢？解释可能是因为语法体系是语言结构的集中表现，而在他看来语法体系也包含音位体系和结构词汇学等。这种语法体系相当于索绪尔的“内的语言学”，即微观语言学。乔姆斯基这样规定，说明他的实证主义色彩也是很浓的。

在兹维金采夫的文章里，他引用了皮萨尼（V. Pisani）对叶尔姆斯列夫批评的一段话，这个批评，我认为也可以适用于乔姆斯基。皮萨尼认为，十八世纪的普遍语法曾经企图寻找一个可以反映任何语言的普遍形态模式，现在结构主义实际上是在重复这类错误，试图建立一些先于实际存在的语言的抽象模式。又说，无论如何语符学不可能把全部语言科学包罗无遗。语符学可能是理解语言的一种手段，但它对于语言的性质、变化发展、语言和人类其他活动的关系等问题是无能为力的。这个批评是有道理的。但是我们应该注意到这样三点：一是十八世纪的普遍语法是建立在逻辑的基础上的，二十世纪的结构主义却是从语言本身的结构着眼的。前者无论其出发点还是理论基础都已陷入错误，后者则确实已经探寻到了一个有效的研究途径。而且叶尔姆斯列夫也不是不管事实质料的，美国学派尤其注意实际价值。二是结构语言学诚然不可能把语言科学全部包括进去，但它用在语言（作为言语的本质）的认识手段上还是可行的。结构语言学应该有存在和发展的权利。三是宏观语言学上的问题（语言和其他结构的关系等）是在解决语言内部问题以后的问题，不能含混起来。我们的语言观和叶尔姆斯列夫不同。他可以有体系而无过程，是纯先验的假设演绎。我们则强调体系、过程的一致性，要假设演绎，但要在事实检验下进行假设演绎。

责任编辑：辛艳红
封面设计：石笑梦

图书在版编目(CIP)数据

方光焘集/赵春利 编. —北京：人民出版社，2022.8
(暨南中文名家文丛/程国赋，贺仲明主编)
ISBN 978-7-01-024282-8

Ⅰ.①方… Ⅱ.①赵… Ⅲ.①语言学-文集 Ⅳ.①H0-53

中国版本图书馆 CIP 数据核字(2021)第 254156 号

方光焘集

FANG GUANGTAO JI

程国赋 贺仲明 主编 赵春利 编

人民出版社 出版发行
(100706 北京市东城区隆福寺街 99 号)

北京盛通印刷股份有限公司印刷 新华书店经销

2022 年 8 月第 1 版 2022 年 8 月北京第 1 次印刷
开本：710 毫米×1000 毫米 1/16 印张：22.25
字数：280 千字

ISBN 978-7-01-024282-8 定价：78.00 元

邮购地址 100706 北京市东城区隆福寺街 99 号
人民东方图书销售中心 电话 (010)65250042 65289539